大学生社会实践活动研究与探索

王秋兰　张晓琪 / 著

中国纺织出版社有限公司

图书在版编目（CIP）数据

大学生社会实践活动研究与探索 / 王秋兰，张晓琪著. -- 北京：中国纺织出版社有限公司，2021.6（2024.2重印）
ISBN 978-7-5180-8580-4

Ⅰ. ①大… Ⅱ. ①王… ②张… Ⅲ. ①大学生－社会实践－研究－中国 Ⅳ. ① G642.45

中国版本图书馆 CIP 数据核字（2021）第 098205 号

责任编辑：郭　婷　　责任校对：楼旭红　　责任印制：储志伟

中国纺织出版社有限公司出版发行
地址：北京市朝阳区百子湾东里 A407 号楼　邮政编码：100124
销售电话：010—67004422　传真：010—87155801
http://www.c-textilep.com
中国纺织出版社天猫旗舰店
官方微博 http://weibo.com/2119887771
北京兰星球彩色印刷有限公司印刷　各地新华书店经销
2021 年 6 月第 1 版　　2024 年 2 月第 2 次印刷
开本：710×1000　1/16　印张：12.25
字数：210 千字　定价：68.00 元

前　言

大学生社会实践活动是我国各级党组织和政府机关、共青团和学联等组织大力倡导和支持的学生活动，是高等学校积极组织、推进的育人活动，也是大学校园里持续时间长、覆盖面广并深受学生喜爱的活动。2012 年，教育部、中宣部等七部委联合下发的《教育部等部门关于进一步加强高校实践育人工作的若干意见》（教思政〔2012〕1 号）指出，“进一步加强高校实践育人工作，是全面落实党的教育方针、把社会主义核心价值体系贯穿于国民教育全过程、深入实施素质教育、大力提高高等教育质量的必然要求。”这一规定充分肯定了大学生社会实践活动在高校人才培养过程中的重要地位，提出了加强和改进大学生社会实践工作的重要目标和根本任务。

本书作者是在高校从事团学工作的教育人员，负责学生社会实践、学科竞赛、学生会建设等工作。在多年的一线社会实践指导工作中，作者意识到如何有效激发学生的社会实践兴趣，培养实践动手能力强、具有创新精神的新时代人才是实践教育工作首要解决的问题。本书对大学生社会实践内涵及意义、大学生社会实践教育相关理论、大学生社会实践体系构建等内容进行了剖析并给出了相关的创新创业训练实例，旨在为大学生开展社会实践活动和社会实践基地建设提供一定的借鉴，并为社会实践教育工作者实施教学工作提供参考。本书以杭州电子科技大学校外社会实践基地建设的相关工作为实践基础，参阅了大量实践案例，希望能为相关学科的工作者或对此领域感兴趣的青年朋友们开启实践之门。

本书涵盖了大学生社会实践概述、国外大学生社会实践教育相关理论与实践、我国大学生社会实践的发展现状、大学生社会实践体系的构建、大学生校园社会实践研究与探索、大学生校外社会实践基地建设与探索、杭州电子科技大学大学生社会实践活动等内容，并突出介绍了杭电—杭实高中社会实践基地建设、杭州电子科技大学大学生社会实践活动及实例。本书共 7 章，具体如下：

第一章为大学生社会实践概述，主要介绍了大学生社会实践的内涵、大学生社会实践的意义、大学生社会实践的原则，让读者了解大学生社会实践的特征。

第二章为国外大学生社会实践教育相关理论与实践，通过对美国、英国、德国、日本的社会实践教育理念进行介绍及分析，为社会实践教育工作者如何实施实践教学提供了借鉴。

第三章为我国大学生社会实践的发展现状，介绍了改革开放以来大学生社会实践活动的发展、当代大学生社会实践活动的基本现状和主要问题、改革开放以来的大学生社会实践经验，让读者系统地了解我国大学生社会实践的发展过程及面临的主要问题，为社会实践教育工作者如何更好地开展实践教学提供解决思路。

第四章为大学生社会实践体系的构建，通过对大学生社会实践宏观体系分析、大学生社会实践微观体系分析，让读者了解如何系统地构建大学生社会实践体系及如何拓展大学生社会实践活动的内容和形式。

第五章为大学生校园社会实践研究与探索，介绍了大学生校园社会实践教育的发展与特征、校园社会实践教育的基本方式、大学生校园社会实践教育的实施与探索等内容，让读者了解如何借助校园教育资源开展社会实践活动设计，为社会实践教育工作者如何实施校园社会实践教学探索新方式和新路径。

第六章为大学生校外社会实践基地建设与探索，以杭电—杭实高中社会实践基地建设为例，详细分析了社会实践基地的管理机构、管理制度和管理系统的建设。

第七章为杭州电子科技大学大学生社会实践活动，介绍了杭州电子科技大学社会实践活动的管理办法，并通过介绍多个创新创业训练营实践活动案例，总结该类活动取得的经验和收获，展现社会实践活动缤纷多彩的魅力。

本书第二章、第三章、第五章、第七章的第二节由王秋兰编写，共计 10 万字；第一章、第四章、第六章、第七章的第一节和第三节由张晓琪编写，共计 11 万字。在素材整理方面得到了杭州电子科技大学校外社会实践基地金博辉、余诗波、韩炜洁等同学的帮助，在此一并表示感谢。编写过程中，还引用了许多学者的观点和成果，由于难以查明文献来源而未标注，在此一并致以敬意。

限于编者水平，书中难免有欠妥、疏漏和错误之处，恳请读者指正。

著者

杭州电子科技大学

2021 年 3 月

目　录

第一章　大学生社会实践概述

第一节　大学生社会实践的内涵

关于大学生社会实践，诸多学者的分析理解各有侧重：胡树祥等指出，“大学生社会实践是人类实践活动的重要组成部分；是大学生学习过程中学习知识、理论联系实际的应用与创新的活动；是在成才过程中改造实际、促进自身全面发展的活动；是在走向社会过程中与生产劳动和人民群众相结合的，适应社会、承担社会责任的活动；是高校思想政治教育的重要途径”。这一界定，突出了社会实践的教育性，强调大学生适应社会、承担社会责任的目的性，将其定论为思想政治教育的路径。张子睿侧重从社会实践的具体形式方面进行了归纳，指出“社会实践活动泛指由共青团组织和学生党组织倡导和负责的活动，包括共青团组织发起主办的挑战杯竞赛、大学生暑假社会实践、共青团组织协办的实践类竞赛（调查报告比赛、征文竞赛等），以及由学生党支部组织的学生党建活动，也就是习惯上说的广义的社会实践（相对应的狭义的社会实践专指大学生暑期社会实践）”。倪福全等从较为宏观的视角提出：“我国大学生社会实践活动是大学生按照学校培养目标的要求，有目的、有计划、有组织地参与社会政治、经济和文化等一系列教育活动的总称。”

从制度层面来看，随着我国教育体制改革的发展以及对社会实践与大学生发展、社会发展关系认识的深化，大学生社会实践的内涵在我国高等教育中经历了一个不断发展、完善的过程。《意见》及《若干意见》从国家层面的宏观教育角度，对大学生社会实践做了原则性规定。第一，突出了大学生社会实践在育人中的必要性，是落实教育与生产劳动相结合的教育方针的具体路径。第二，强调了“实践育人”在整个高校教育体系中的独特地位，即纳入学校教学计划与体系、具有不可或缺性与不可替代性。第三，明确了“实践育人”的重点内容，即社会主义核心价值观与素质教育。第四,具体指出了大学生社会实践的具体目标,包括“增强学生服务国家、服务人民的社会责任感、勇于探索的创新精神、善于解决问题的实践能力”。第五，列举了大学生社会实践的主要形式，“包括教学实践、专业实习、军政训练、社会调查、生产劳动、支援服务、公益活动、科技发明和勤工助学等”。

根据上述指导主旨，结合大学生社会实践的发展实际与趋势，我们认为：大学生社会实践活动是以“做中学”“合作教育”为基本教育理念，以高校管理为主导，以各级政府、社会组织与机构的支持为依托，发挥大学生主体性的多样化、系统化社会参与活动，是高等教育的重要路径。通过社会实践的积极社会化，实现增强大学生社会责任担当意识、夯实知识、锻炼能力、激励创新等素质教育目标。

一、坚持“做中学”与“合作教育”的基本教育理念

教育与实践相结合是我国教育一贯坚持的基本路径。我国教育方针从指导思想、目的以及实现目的的基本途径上对教育做了根本性规定。1958 年中共中央、国务院制定的教育方针明确规定了“教育与生产劳动相结合”的基本教育路径；1981 年党的十一届六中全会又提出了“知识分子与工人农民相结合，体力劳动与脑力劳动相结合的教育方针”；1990 年“教育必须为社会主义现代化服务，必须同生产劳动相结合”在教育方针中再次被强调; 2002 年, 我国的教育方针指出:“坚持教育为社会主义现代化建设服务，为人民服务，与生产劳动和社会实践相结合，培养德智体美全面发展的社会主义建设者和接班人。”

随着社会的发展，教育与实践相结合作为基本路径，从过去单一的劳动实践拓展为今天的“与生产劳动和社会实践相结合”，凸显了当下学校教育中社会实践的重要性。教育与实践相结合，从生产劳动实践直至社会实践，对大学生的成长与发展来说，就是要“做中学”。同时，基于实践的“做中学”教育路径，也规定了参与者除了教师、学生以外，还需要诸多的社会合作者的参与，坚持“合作教育”才能得以实现。

“做中学”是从学生主体性发展的角度对中国哲学思想和教育思想中“知行合一”观的发展性阐释，以陶行知提出的“教学做合一”理论为代表。陶行知在对杜威教育思想的吸纳和改造的基础上，提出了“生活教育”理论。1925 年陶行知明确提出了“教学做合一”的教育原理，强调“教育要通过生活才能发生力量

而成为真正的教育"。陶行知提出"社会即学校"的观点，并指出："不运用社会的力量，便是无能的教育；不了解社会的需求，便是盲目的教育。倘使我们认定社会就是一个伟大无比的学校，就会自然而然地去运用社会的力量，以应济社会的需求。"陶行知曾解释说："教学做合一，是生活法，也是教育法。它的含义是：教的方法根据学的方法；学的方法根据做的方法。是怎样做便怎样学，怎样学便怎样教。教与学都以做为中心。在做上教的是先生，在做上学的是学生。"因此，社会实践中强调的"做中学"是密切联系实际、联系社会发展所需与大学生发展所需的一种学习路径，是对以往重课堂、重知识传授、脱离社会实际的教育的矫正。

"合作教育"是学校教育走出孤军奋战困境的一个教育理想，也是世界各国高等教育发展的一个趋势。各个国家"合作教育"的形式各异，但均是为了达成教育最优化目的，在共同责任理论、教育系统生态理论等支持下逐步形成的家庭、社区等多主体参与的教育共同体，以期通过协同合作，获得优质教育。以美国的服务学习为代表，服务学习联结了两个复杂的概念：社区行动，即服务；努力在行动中学习，并把从行动中学习到的东西与自身已有的知识相连接，即学习。服务学习是对以教师为中心的传统教育的变革，社区中的行动者与校园中的教育者期望借此提升社区的领导力并为学生提供有意义的教育。服务学习在美国已成为较为成熟稳定的制度体系，并在不同阶段的教育中有序地展开。这其中，社区与学校、政府工作人员、社工、教师与学生之间的互动与职责获得了明确的规定。借此也证明了，大学生的社会实践要获得多方面的支持与合作才能有效地开展。因此，合作教育是大学生社会实践的理论基础之一。

二、构建以高校为主导的社会实践组织结构与支持体系

完善的组织结构是大学生社会实践的保障，高校在组织结构中的主导性地位是由高等教育的性质所决定的。尽管大学生社会实践中参与的主体具有多样性，但主体间的合作互动需要发起、组织与协调，而高校则是诸多合作主体中的主导者。首先，从群体管理归属以及人才培养规格的制定方面，大学生的培育在制度体系上属于高校的管理范畴。其次，高等教育对大学生的培养规格具有操作层面的规定性与执行力，通过目标设定、课程设计、活动内容的组织与安排，能够主动调控大学生的实践与活动任务。最后，教育是有计划、有目的的过程，需要高校牵头组织协调，依据明确的人才培养目标有意识、有目的地去主动选择合作主

体，协调各类主体介入的方式、设计主体间合作的内容、协调各主体的职责关系。

支持体系是社会实践得以实践的条件保障和促动机制，包括社会实践得以开展的物质条件、知识准备、实践指导与评价反馈。由于社会实践是校社联动的多主体参与活动，因此，需要有高校根据大学生发展目标对社会实践进行设计，充分动员政府、社会各级组织与机构形成合作性互动，为学生社会实践提供合适的物质、制度、技术等多方面支持。

三、发挥大学生主体性、多样化的社会参与

大学生的社会实践包括教学实践、专业实习、军政训练、社会调查、生产劳动、支援服务、公益活动、科技发明和勤工助学等多种形式，是青年社会参与的主要形式。与青年自发的社会参与所不同的是，大学生社会实践是有组织的、围绕教育目标、侧重青年社会性发展的社会参与，是个体社会化与合格公民培养的基本路径。相对于中等教育阶段的学生来说，大学生是具有较高知识修养、实践能力与自我认知较为成熟的学生群体，社会实践活动中主体意识较强。正是由于上述群体特点，大学生在实践过程的各个环节均表现出了极强的主体意识，在实践活动的设计、组织，实践资源的整合、调度，实践成果的总结、反思等各个环节均能够发挥主体积极性。此外，随着社会发展，大学生的社会实践形式也在不断地创新，社会实践参与主体间的合作形式也越来越多样化，因此，大学生社会实践是一个不断创新、多样化的社会参与过程。

四、以责任公民为核心目标的实践

社会实践是高等教育人才培养的一个重要组成部分，是大学生“受教育、长才干、做贡献”的社会化过程，积极的社会实践能够促使其能力、素质获得全面提升。在社会实践中，大学生不仅获得了运用专业知识服务社会、研究社会问题的机会，提升了专业技能。更重要的是，大学生获得了了解社会、接触社会的机会，在社会事务承担过程中，协调自我与社会的各种关系，理解所承担角色的社会责任并能够积极担当。在高等教育的整体结构中，社会实践活动在人才培养方面更侧重从社会化的角度，突出“做人”及责任公民的培养作用，其价值取向则是社会主义核心价值观。

第二节 大学生社会实践的意义

中共中央、国务院《加强和改进大学生思想政治教育的意见》中指出:“社会实践在大学生了解社会、了解国情、增长才干、奉献社会、锻炼毅力、培养品格、增强社会责任感等方面具有其他教育所不可替代的作用。”社会实践架起了学校教育与社会教育的桥梁，学生在学习—实践—再学习—再实践的过程中，获得积极的情感体验，在处理社会实际问题的过程中，认知和行为趋向统一，能力得到发展。同时，它是实施素质教育的重要手段，是服务学生就业的重要举措，是学生服务社会的重要途径，是学校办学传统的重要内容。实践表明，社会实践活动的意义与价值远远超出活动本身，它融书本理论知识于实践中，超前培养了大学生对现实的调查研究能力、对未来趋势发展的判断能力和独立人格的培养能力。

一、大学生参与社会实践的必要性

当代大学生绝大多是家中的独生子女，有着独特的人格心理，独立性非常强，而且知识结构新、知识丰富，理解和接受能力都非常强。但他们也有几个通病，就是不善于与人交往，不善于与人合作共事，动手能力普遍比较差。同时大学阶段是青年学生生理、心理发育的重要时期，大学生富有朝气，又很有可塑性，他们对社会和人生的认识尚未确定，思想也没有完全成熟，正处于人生观、世界观的关键时期，所以要求大学生参加更多的社会实践具有很大的必要性和必然性。

二、开展社会实践活动的理论意义

实践是人类存在和发展的根本方式，是人类实现自我教育的基本途径之一。实践包括生产劳动、科学实验以及处理和变革社会关系的实践 3 种基本形式。《共产党宣言》鲜明地提出:“把教育同物质生产结合起来。”马克思指出:“虽然工厂儿童上课的时间要比正规的全日制校学生少一半，但学到的东西一样多，而且往往更多。”之所以会出现这种情况，就是因为实践不仅为人类的发展创造物质前提，而且具有改造人类思维、优化主体的客观教育功能。马克思说:“未来教育对所有已满一定年龄的儿童来说，就是生产劳动同智育和体育相结合。”马克思还指出:“在按照各种年龄严格调节劳动时间并采取其他保护儿童的预防措施的条件下，生产劳动和教育的早期结合是改造现代社会的最强有力的手段之一。”列宁也曾指出:“没有年轻一代的教育与生产劳动的结合，未来社会的理想是不能想象的；无论是脱离生产劳动的教育和教学，或者没有同时进行教学和教育的生产劳动都不能达到现代技术水平和科学知识的现状所要求的高度。”社会实践是实现人的全面发展的重要途径。毛泽东认为，青年学生除了学习专业外，要同工人农民打成一片，要坚持理论与实际的统一，强调生产劳动与培养全面发展劳动者的关系，主张“学校办工厂”“工厂办学校”，提倡学生参加勤工俭学活动。1958 年，毛泽东在视察天津大学时提出：“要讲实际，科学是反映实际、讲实际的道理，不知道实际，老讲书本上的道理怎么成？”邓小平一贯主张学生应该参加生产劳动，教育必须与生产劳动相结合。1987 年 4 月，邓小平在全国教育工作会议的讲话中指出：“为了培养社会主义建设需要的合格人才，我们必须认真研究在新的条件下，如何更好地贯彻教育与生产劳动相结合的方针。”江泽民在 1998 年 5 月 4 日庆祝北京大学建校 100 周年大会的讲话中指出，大学生要“坚持学习书本知识与投身社会实践的统一。要健康成长，不仅要学习书本知识，而且要向社会实践学习，自觉地投身于火热的改革开放和现代化建设实践。人民群众的社会实践是知识常新和发展的源泉，是检验真理的试金石，也是青年锻炼成长的有效途径”。

2013 年“五四”青年节期间，习近平总书记向青年学生发出“要勇敢肩负起时代赋予的重任，把理想信念建立在对科学理论的理性认同上，建立在对历史规律的正确认识上，建立在对基本国情的准确把握上”的号召。实践是认识的基础，是锻炼和提高大学生社会实践能力的舞台，积极参加社会实践是青年学生成长成才的必由之路。综上所述，马克思主义者的重要论述和基本理论是我们今天推进大学生社会实践活动的理论基础和依据。

三、开展社会实践活动的现实意义

20 世纪 80 年代后期，我国高校大学生开始普遍开展社会实践活动。早期的大学生入学前大都经历过上山下乡、招工进厂等形式的社会锻炼，亲身体验过乡村、厂矿、车间、农场的生产生活。此后，尤其是改革开放后直接从高中考入大学的“天之骄子”们，则明显缺乏社会生活体验，对国情、民情知之甚少，而且有着较强的优越感，表现为轻视劳动、疏离群众、趾高气扬、社会责任感淡漠、理想信念模糊、对前途迷茫而盲动。特别是面对经济全球化、价值多元化的冲击，各种社会思潮直接影响了一些大学生的价值取向、思想倾向和政治判断。针对这种情况，积极倡导大学生开展社会实践活动十分必要。共青团中央、全国学联决定开展以引导大学生利用假期搞社会调查、勤工助学、挂职锻炼。用知识和智力为社会服务的大学生社会实践活动周，得到了全国各高校的积极响应。1984年5月，时任共青团中央书记处第一书记的胡锦涛同志指出："要通过社会实践，让大学生们受教育、做贡献、长才干。"同年，共青团中央在辽宁召开大学生社会实践活动现场观摩经验交流会，并正式确定社会实践活动的指导方针为"受教育、长才干、做贡献"。团中央向全国高校提出广泛开展社会实践活动的要求，后来得到了中宣部和国家教育委员会的充分肯定与指导。1997年，共青团中央又明确把文化、科技、卫生"三下乡"作为大学生社会实践活动的主要内容，21世纪初进一步将活动内容扩展为文化、科技、卫生"三下乡"和科教、文体、法律、卫生"四进社区"活动。2005年，中共中央、国务院《关于进一步加强和改进大学生思想政治教育的意见》明确把"深入开展社会实践活动"作为拓展新形势下大学生思想政治教育的有效途径，目的在于提高大学生的思想政治素质，促进大学生的全面发展。自2014年起，四川大学生每年暑假开展"逐梦计划"暑期社会实践活动，"逐梦计划"是一项以在校全日制大学生进机关、进企业、进科研院所、进社会服务机构、进基层开展实习活动为主要内容的社会实践活动。"逐梦计划"在全省21个市募集2万个以上规模的实习岗位，并建成网上"岗位超市"，大学生在线自愿报名，按照先选先得的方式获得实习岗位，实习活动集中在7～8月开展。

四、开展社会实践活动的社会意义

从社会整体角度来讲，大学生进行社会实践有助于缓解就业难的问题，并有利于社会整体素质的提高及社会主义精神文明建设的发展。

1. 有利于解决就业难的问题

大学生接受了相关专业的系统学习和锻炼，具有了一定的理论水平，是人才资源中的优秀部分。但面对数以百万计的求职人潮，用人单位则倡导"择优录取，有经验者优先"的原则。在这样的现实背景之下，有社会实践经验的毕业生找到工作的概率相对来说就大得多。因此，社会实践在锻炼和提高大学生各方面能力的同时，也为大学生就业提供了契机，为社会减少了就业压力，有利于人才市场的顺畅流通和运作。

2. 有利于社会整体素质的提高及社会主义核心价值观的发展

人是社会存在的个体，也是社会的重要组成部分，局部影响整体，大学生通过社会实践活动，提高了自身的各方面素质和能力，能有效地感染其他人群，这有利于全民素质的提升，对于社会主义核心价值观的发展有巨大的推动作用。

五、社会实践与大学生能力的培养

社会主义现代化建设需要全面发展的人才，这种人才不仅要有一定的理论水平，而且要有参与社会实践、运用理论知识改造世界的能力。理论的学习固然可以大部分在学校教育中完成，但运用理论的过程，必定是社会实践的过程。社会实践可以促进个体知识素质、能力素质、思想素质的全面提高，从而使其充分发展成为一个全面发展的适应社会需要的个体。在校大学生绝大多数是从高中直接考入大学的，由于缺乏必要的社会实践，在思维能力、独立生活和工作及人生信念、价值观等方面都表现出一种不成熟，而通过参与社会实践则可改变这种状况。大学生在社会实践中会遇到一系列的具体问题，促使他们对学过的知识进行复习、运用和深入思考。其中正确的得到证明，错误的得到修改，不足的得到补充和完善，使知识结构更趋于合理。通过实践，对当今社会领域中知识更替的日新月异有了深刻体会，对没有过硬的科学文化知识和专业技能就要遭社会淘汰这一事实有了感悟认识，对业务学习有了危机感和紧迫感。社会实践是大学生走上理论和实践相结合的成才之路，在实践中不断改善自己的知识结构，提高自己的知识和能力素质，从而成为全面发展的人才。能力是人们在实践中顺利完成一定活动的本领，或者说掌握和运用知识的本领。能力不是与生俱来的，它的形成和发展源于人们认识和改造世界的活动，是主要依赖于后天的教育、社会实践和个人的勤奋努力，并在实践中不断汲取集体的智慧和力量而逐步发展起来的。大学教育是一个综合教育的过程，融科学文化教育、思想道德教育、社会实践教育于一体，而社会实践育是实施素质教育的重要环节，是促使大学生素质全面发展的重要环节。因此，大学生各种实际能力的形成和发展，是需要在实践中不断培养和锤炼的。

1. 有助于大学生将专业知识实践化

（1）加强专业知识的理解。大学生在课堂上学习的专业知识是抽象的，抽象的知识在实际工作中也是“纸上谈兵”。只有经过实践活动消化、理解和吸收，专业原理才能在动手操作中融会贯通。教学中的实践环节的意义是巨大的，无论教学是在多么高深的理论水平下实现的，只要学生还没有把他们的知识有机地运用到教学实践活动中，那么他们的知识就必将带有抽象性。只有这种运用才能克服对象知识的抽象性与具体性之间的矛盾。

（2）查找专业知识的不足。社会实践活动能够检验专业知识学习的情况，同时，带着问题去学习，获得的专业知识将会更加深刻。

（3）促进专业知识的创新。当代大学生是富有创新的一代，在动手、动眼、动脑中，迸发灵感，从而产生新的思想，提出新的改进方案，研发出新的产品。

2. 有助于大学生将书本知识社会化

马克思认为“人的本质并不是单个人所固有的抽象物。在其现实性上，它是一切社会关系的总和”。大学是人生观、世界观和价值观形成的关键时期，大学生是生活在“象牙塔”中的人，实践活动能使他们受到活生生的教育，成了他们了解社会、融入社会的有效平台。第一方面，有助于了解国情民情，关注社会热点问题，充分体会改革开放所取得的巨大成就，认识到贫富差距，增强社会责任感和使命感。第二方面，明辨是非，通过自己所见所感，解决对当前社会问题的思想困惑，提高自己的为人处事能力。第三方面，有助于良好思想品德的形成。

3. 社会实践的社会化功能

（1）促进大学生政治社会化。大学生走出学校这个相对狭窄的范围，深入实际、接触群众、熟悉社会，投身沸腾的现实生活，能够全面了解和认识社会，具体而真切地了解我国社会的政治、经济和文化变迁，把握基本国情，帮助他们剔除思想中不符合实际的因素，使他们正确对待个人与社会的关系，培养为祖国为人民的奉献精神，在现实生活中领会并坚持以马克思主义指导思想、中国特色社会主义共同理想、以爱国主义为核心的民族精神和以改革创新为核心的时代精神、社会主义荣辱观为主要内容的社会主义核心价值体系。

（2）促进大学生职业道德社会化。学校注重对大学生专业知识、专业技能的培养，忽视职业道德教育，大学生职业道德教育边缘化倾向明显。社会实践场所处处体现职业特色，大学生接受职业环境文化的熏陶，按照职业道德基本原则和规范，在实践活动中进行自我教育、自我改造、自我完善、学会求知、学会做人、学会做事、学会共处，使自己形成良好的职业道德品质和达到一定的职业道德境界。

（3）促进大学生生存和发展能力社会化。一名在校表现优秀的大学生，到工作单位后不一定成为一名优秀的职员，两者是否相同取决于学生个人的生存和发展能力。在社会实践中，大学生可以发现知识结构和实际工作能力方面的欠缺，逐渐适应激烈的竞争环境和快节奏高效率工作的需要，从而激发学习热情，自觉调整和完善知识结构，提高专业技能，锻炼意志和毅力，健全心理素质，培养创造能力、实际操作能力、组织管理能力和随机应变能力。此外，通过与各种不同角色的人交往，提高社会交往能力，积累社会经验，适应社会需要。

（4）促进大学生角色社会化。大学生就业难，一个重要的内因是毕业生角色社会化不足。由于各种主客观因素影响，不能正确认识和估价自己，摆正自己在社会中的位置，弄不清自己的社会角色，突出表现为角色期望值过高。大学生参加社会实践活动，能发现“现实中的自我”与“理想中的自我”的差距，并自觉进行调整，通过主观努力进行角色调适，从而认识自己的社会角色和价值，扮演好角色，更好地融入社会生活中。社会实践有利于大学生给自己准确定位，增强自己的社会角色活动能力，从而更好地适应社会生活，加速社会化进程。

4. 有助于大学生将个人能力素质化

素质教育是指一种以提高受教育者诸方面素质为目标的教育模式，重视人的思想道德素质、能力培养、个性发展、身体健康和心理健康教育。当代大学生大都是独生子女，他们没经过生活的磨难，像“温室的花朵”，对困苦知之甚少，合作意识差，艰苦奋斗意识淡薄，实现“素质化”而非“应试化”，倡导素质教育而非“应试教育”，实践活动是大学生进行素质教育最有效的培养基，可以磨砺大学生意志品质，不断提高他们行为的自觉性，克服盲目和轻信，不断提高决断能力。

（1）有利于大学生正确认识自我，对自身成长和发展产生紧迫感。对个体生存价值的充分认可和积极张扬是当代大学生心理变化的重要表现之一。毫无疑问，这是伴随着全面的现代化进程的震荡而蓬勃生长的自尊、自信、自立、自强精神。遗憾的是对个性匮乏与泯灭的理性反叛却滑向另一个极端，导致了个人主义的滥觞，出现了狭隘的“自我设计”“自我奋斗”“自我实现”等“唯我”的倾向，困入了“自我”的樊篱。有些大学生甚至认为“我”就是自己的主宰，可以任意地设计自己和熔铸自己。此外，学生时代其思想中也存在相当大的片面性，总会认为好即好、非即非，从而走向极端。

但是，每个人只有沿着历史走过来，才能成为一个真正的现代人；他必须扎根于社会之中，才能成为一个真正的个人。个人的生命若不是深深根植于社会历史的土壤之中，便只能成为局限于自我池塘中的一叶浮萍。因此，个体的自我价值绝不能脱离一定的社会条件自创造，而必须在变革现实的实践过程中解剖自我，认识自己。

因此，当代大学生必须冲出自我的封闭，投身到广阔的社会生活之中，在广泛的社会实践活动中认识自己和自己生存的社会环境以及这二者之间的关系，看到自己与社会需要之间的差距，看到自身知识和能力上存在的不足，从而比较客观地去重新认识、评价自我，逐渐摆正个人与社会、个人与人民群众的位置，同时产生一种紧迫感和危机感，使他们能够潜心思考自身的发展问题，不断提高自身的素质和能力，以适应社会发展的需要。通过社会实践，大学生在对主观能动性和现实可能性的综合考察中选择切实可行的"理想自我"的目标。既依据现实自我的思想深度、兴趣浓度和意志强度，又参考社会的知识厚度、人才密度、需要程度、竞争难度，在冷静的思考与坚韧的求索中，在自我反省的"内逼"和社会反映的"外压"交互作用下建构自己的成才道路。通过劳动、创造、奉献，赢得社会的承认，也展现出个体生命的意义，在实践过程中实现对自我的质的飞跃，完成对自我的超越、更新和升华。

（2）有利于发展大学生的组织协调能力和创新意识。俗话说："一个篱笆三个桩，一个好汉三个帮。"在市场经济竞争十分激烈的时代，特别强调团队协作精神，也就是要求个体具备与人合作的意识，能够和别人精诚合作，协同工作，这样才有可能取得成功。另外，如何将分散的人群召唤在一面旗帜之下，分配任务以便快速完成工作，这需要组织协调能力比较强的人来指挥。社会实践活动，一方面为大学生锻炼组织协调能力搭建了有力的平台。另一方面社会实践活动没有固定的场合，也没有固定的模式和对象，一般是在一个比较开放的环境下，面对着不断变化的对象，学生也成为一个主动的参与者，大多数情况下，他们要自行组织活动，要独立面对和解决各种问题。在这种情况下，没有了课堂教学的太多束缚和校园生活的限制，学生们的积极性被充分调动起来，兴趣高涨，思维也空前的活跃起来，往往会产生一些创造性火花，在实践中敢于开拓、敢于创新。而且通过与人沟通，与人合作，可以增长见识，并有利于锻炼大学生的人际交往能力。

（3）有利于提高大学生适应社会、服务社会的能力。随着社会的不断发展，对各种人才的要求也随之不断变化，竞争已成为社会的基本特征。因此，专业面狭窄、社会适应性较差、综合能力不强的人在激烈的市场竞争中必然会处于劣势，而社会实践使大学生能够广泛地接触和了解社会，不断地参与社会活动，在实践中不断动手、动脑、动嘴，直接和社会各阶层、各行业人员打交道，有利于培养和锻炼大学生实际的工作能力，并且在工作中发现不足，及时改进和提高，使之更新知识结构，获取新的知识信息，以便于毕业后更好地适应和服务社会。

面对复杂多变的世界，大学生需要智慧、能力，而智慧、能力的形成离不开社会实践。在社会实践中提高大学生能力，增长才干，突出表现在四个方面。

（1）提高认识能力、选择能力。智力的核心是认识能力。人的认识要经过感性认识上升到理性认识，必须在实践的基础上占有丰富而真实的感性材料。大学生通过社会实践，主观认识见之于客观，在发现、分析和解决问题中，将主观认识系统与行为系统有效地连接起来，达到知与行的统一，从而推动认识能力的提高。人的一生是选择的一生，提高大学生的选择能力十分重要，而选择能力也只有在实践和比较中才能逐步提高。

（2）培养社会活动能力、独立工作能力、社会适应能力。社会实践具有开放性、社会性。大学生在社会实践中，通过独立设计实践方案，与各方面人士广泛交往，多次反复试验，解决实际问题，总结实践成果等，其社会活动能力、独立工作能力、社会适应能力等得以提高。

（3）培养创造、创业能力。大学生创新、创业是时代发展的要求。社会实践中遇到的一系列问题，迫使学生深入思考，综合分析，激发创造灵感。创造新的成果，改变了他们被动接受知识、实践机会少，因而动手能力差、创造能力低的状况。创新、创造是创业的前提。通过到企业公司兼职、助工助学、创办企业和注册公司等方式，可将自己所学知识、创造成果应用于社会，从而培养创业能力。社会实践应双向受益，一方面，大学生从社会实践中得到锻炼；另一方面，通过社会实践，回报社会，奉献社会。

（4）锤炼意志毅力，培养优良品格。大学生正值心理品质的培养和发展时期，现代社会激烈的竞争，需要大学生有足够的承受压力和挫折能力。组织学生参加“三下乡”社会实践活动，对于锤炼大学生的意志毅力，培养优良品格有着重大意义。“三下乡”活动使大学生亲自去尝试、接触各种复杂情况，在遇到困难和解决困难的过程中，包括成功与失败的切实体验中提高心理承受能力，锻炼出坚强不屈的意志。能够培养学生的自我认识能力、情绪控制能力、抗挫折能力，总结经验战胜失败的能力。在目前的高校教育体制下，许多同学往往厚此薄彼，注重书本知识的学习，崇尚个人奋斗，突出个人之间的竞争，这在一定程度上削弱了教育的另一个重要方面，即集体主义、互助协作精神的培养。事实证明，缺乏这种精神的人才，已经越来越无法适应当今要求全面提高质量和高效运作的社会需要了，只有集体的智慧和力量才会产生更大的效能，创造更大的价值。“三下乡”活动是大学生作为一个集体走近农村、服务农村的社会实践活动，从策划、前期准备到正式实施的每一个环节，都需要所有参加者发扬集体主义精神，求同存异、克服摩擦、互相配合、互相协作，否则，团结无法保证，大家的劲就使不到一块。“三下乡”服务队是一个团结的集体、战斗的集体，在这里团结协作的精神能够得到最充分的体现，大学生们可以从中体验团结协作带来的工作效率，以便于他们自己有意识地培养自己的集体精神。

人的思想品德形成离不开实践。任何思想品德都是由知、情、意、行 4 个因素构成，只有这 4 个因素都充分发展了，良好的思想品德才能形成。人的道德品质只有在行动中才能养成，才能体现。大学生通过社会实践，置身于具体活动环境中，耳濡目染，将社会公认的法律制度、道德规范、价值观念等因素吸收到个人思想中，内化为个人人格的重要组成部分；同时，个体内的知识通过适当的方式“转化”，在与他人的互动过程中体现出来实现对社会的认同感，形成自己的个性。社会实践活动有助于大学生培养健全的人格，促进德、智、体的全面发展。当代很多大学生是家中的独子，往往从小就是家中众星捧月的“小皇帝”“小太阳”，父母精心呵护，生活条件优越。由于欠缺生活的磨砺，很多大学生身上存在“骄娇”二气，主要体现为：抗挫折能力差，奉献、吃苦精神不足，集体观念不强，拜金主义、享乐主义倾向明显。古人云，“天将降大任于斯人也，必先苦其心志，劳其筋骨，饿其体肤”，在课外社会实践中经受磨炼有助于大学生人格的全面发展。只有德、智、体、美、劳全面发展，大学生才能成为未来社会的栋梁，肩负起时代赋予的重任。

由此可见，通过实践活动，能使大学生的思维角度由单一向多样，由固定向发散，由任性思维向集体性思维的转变，树立目标，健全道德准则，最终归属自己的思想、语言和行为，对自己的思想、语言和行为产生责任感。

5. 激发学习兴趣，提高参与意识

俄国教育家乌申斯基曾经谈道：“没有丝毫兴趣的强制性学习，将会扼杀学

生探求真理的欲望。”教育学和心理学研究也表明：当学习内容与学生已有知识和生活经验相联系，学生对学习会更有兴趣。如果将政治理论与学生现实生活有机结合起来，学生的学习兴趣一定会提高。在思想政治课教学中开展社会实践活动便是一种有效举措。学生通过考察社会现象，将教材内容与社会生活紧密联系起来，使理论知识成为学生看得见、摸得着、听得到的现实，让学生感受到生活化的思想政治课，运用思想政治课的有关理论知识分析现实生活中的问题，从而唤起学生的学习兴趣，激发学习欲望，引领学生积极主动地参与社会实践，达到学与做、知与行的真正统一。

6. 有助于思维的矫正与成熟

目光敏锐但易于偏激、开拓创新但不乏幼稚、热情奔放但缺少经验，是大学生的显著特点。黑格尔指出：“青年人喜欢驰骛于抽象概念之中，反之，有生活阅历的人决不允许陷入抽象的非此即彼，而保持其于具体事物之中。”这就是说，大学生缺乏生活和实践经验，使得他们在认识中难以把抽象的规定上升为思维的具体，并把事物各个部分有机地统一起来，只是用手中的理想之尺衡量现实的运动，造成了理论与实践脱节，理想主义和形而上学的色彩浓厚。应当说，具有浪漫“书卷气”的大学生尤其如此。由于缺乏实际经验，他们的意见往往脱离现实，多半属于咬文嚼字，专抓弱点之类。这就使他们只看到生活表面的残枝败叶，体察不到社会底层滚涌的热流和现代意识的活化升腾。即使感触到了现实生活中的一些“闪光点”，也以轻描淡写的“没什么了不起”而一言以蔽之，陷入了虚无主义的泥潭。思想的胚胎只有经过实践的催生才能成功分娩；认识事物的方法也只有经过实践的磨砺和雕刻才能向成熟的境界发展。

7. 大学生社会责任感的提升

改革开放以来，我国经济和社会发生了巨大的变化，与此同时出现了一些诸如贪污腐败、极端个人主义、权钱交易等不良社会现象，这些必然会对尚未成熟的大学生的思想产生消极影响，加之当代大学生生活经历单纯，缺乏对个人与社会、现实与未来的全面认识和了解，缺乏理性思辨和分析选择的能力，常对现实社会形成一些片面或者错误的认识，导致社会责任意识和社会责任感的缺失。然而，当代大学生作为 21 世纪社会主义现代化建设的中坚力量，作为具有较高文化水平的公民，往往承担着更多的社会期望和责任，其社会责任感的强弱将直接影响社会的和谐、国家的强盛、民族的兴衰和社会主义事业的成败。所以，加强大学生社会责任感教育是时代发展的需要，也是大学生健康成长成才的需要，大学社会实践是提高大学生社会责任感的重要途径之一。

社会责任感，也叫社会责任心、社会责任意识，学者们从社会学、伦理学、政治学以及心理学范畴都有界定。如谢伟华认为“社会责任感是个人对自己所应履行的各种义务及应承担的社会责任的自我意识，是对社会责任的一种觉悟。它是一种自律意识，是个人对自身行为的约束，同时也是对自身发展所提出的要求。它有三层含义：一是个体自发、自愿地履行义务和职责。二是个体履行职责是遵从社会公正规则和具体文化背景下的正面行为规范为前提。三是在社会责任心的心理品质成分中，只有道德责任和义务的成分而无责任过失的成分”。

社会责任感是指个体对自己在承担人类社会的责任中做出的行为选择、行为过程以及后果是否符合内心需要而产生的不同态度的情感体验。从心理学的角度分析，一个人的社会责任感是由知（责任认知）、情（责任情感）、意（责任意志）三种心理成分构成的一个多层次、多侧面的系统，其中责任认知和责任情感是主观的，责任意志是主观见之于客观的表现。从三者的关系来看，责任认知源于责任情感的理性觉悟和后天教育，是责任感产生的基础和前提；责任情感是责任行为的激励因素和内驱力，是责任感产生的必要条件；责任意志是责任认识能动作用的体现，是人利用自己的毅力支配行为的力量。一个人的社会责任感最终体现在他的一系列行为中，体现在当个体的行为可能影响他人或者集体的利益时个体所做的行为选择中，行为表现是一个人社会责任感发展状况的重要标志。

社会责任感是个体从责任赋予者那里，接受责任后，内化于自身内心世界的一种心理状态，是个体履行社会责任行为的精神动力。任何社会群体为了保障自身的有序运行，必然对个体提出相应要求，规定相应社会责任，处于不同社会地位的个体，将会承担不同的社会责任。这就是说，责任是社会对个体的要求，是一种外在的社会压力，作为一种环境因素影响或施压于个体。初期，个体处在社会群体中，不得不依据社会群体的责任和要求去行事，迫使个体的行为选择要符合社会群体的基本要求和责任的需要。后期，随着时间推移，个体逐渐感受并认识到实施社会责任的必要性与重要性，这时，社会责任就会由外部要求逐渐内化为个体自身的内部需要，由他律转变为自律，由外在责任形成的那种压抑人束缚人的力量，转变为推动行为主体自觉履行社会责任的巨大动力。社会责任更注重的是事先的责任意识和责任情感。所以，当一个人将建立美好社会而应承担的社会责任的义务形成一种自我意识和情感体验时，社会责任感就会通过他们对社会责任的态度和个体行为表现出来。

马克思主义认识论告诉我们：人的认识必然经历由实践到认识，再实践到再认识的过程；必然经历有感性上升为理性，进而形成人的品质、道德和人格。社会学把人的社会化定义为“个体转化为人的过程”。大学教育是大学生步入社会的一道关口，大学生“社会性发展”的水平决定着其对社会的适应和贡献。教育意味着以一种预定的目的状态或目标对受教育对象的发展做某种有意识的指导或干预。现代社会，提高大学生“社会性发展”的水平是大学教育的要义和目标。社会性发展是指个体社会生活适应性的心理特征的发展。社会生活适应性心理特征的发展表现在群体意识、社会交往能力，社会规范性行为等方面。可见，无论是个体的群体意识习取，还是社会交往能力的获得，以及他的社会规范性行为的养成，个体的社会责任感都是其发展和成熟的重要标志。

大学生的社会责任是指大学生对自己在承担人类社会发展责任中的情况是否符合内心需要而产生的情感体验。其核心是大学生认识到自己对社会的安定与变革、人类的生存与发展应负的责任。当前，大学生能在一定程度上认识到自己肩负的社会责任，主动关心他人、关心社会、关心祖国的未来，主流是好的，然而，当代大学生成长的社会环境比较复杂，在市场经济浪潮的冲击下，对大学生的思想产生了前所未有的冲击，对大学生承担的社会责任也提出了严峻的挑战。他们脆弱的激情往往多于冷静的思考，消极的职责往往多于客观的分析，大学生中不可避免地存在一些令人担忧的、社会责任感弱化的倾向。再者，大学生正处于青年期，是生理与心理由不成熟走向成熟的转折时期，是掌握知识，形成能力，确立人生观、价值观和世界观的关键时期，同时也是社会责任感逐步确立、发展和巩固的关键时期。所以，对大学生社会责任感缺乏和弱化现象及时进行有效的教育和引导是十分必要的，加强大学生社会责任感教育是时代发展的必然要求。

大学社会实践是高等院校按照高等教育培养目标的要求，有目的、有计划地组织大学生参与社会政治、经济和文化等一系列教育活动的总称。它既是学生认识社会、改造社会的行为过程，又是进行思想道德修养和人格塑造的实践活动。多年来的实践证明，社会实践可以促使大学生走出“象牙塔”，接触社会、了解民情、提高认识，激发民族自豪感和社会责任感，培养自强自立、艰苦奋斗的奉献精神。加强社会实践在培养大学生社会责任感中的作用非常必要。从根本上说，社会责任感的形成发展是人的主观世界与社会实践相结合的过程，是主体与客体不断互动的过程。个体从接受社会责任到形成社会责任感再到履行社会责任行为，呈现出一个完整的心理过程，即责任认知——责任情感——责任意志，大学社会实践有助于提升学生的责任认知，激发学生的责任情感，锻炼学生的责任意志。

大学社会实践有助于提升和深化大学生的责任认知。责任认知是指个体对自己承担的社会义务的认知，包括自己承担着怎样的义务，承担这些义务的最终原因与价值。一般来说，责任认知是社会责任感形成的前提和基础。大学生整天生活在“象牙塔”之中，对社会的认识往往比较肤浅，多数情况下只看到社会问题的严重性，很少去思考和分析出现问题的社会根源，更不会主动寻找解决问题的办法，似乎他们只有批判的权利而没有改造的责任。社会实践为大学生提供了走出书本课堂，接触社会，增强亲身感受和体验，调整思想偏颇，深化认识的良好机会。在实践活动中，许多学生目睹了贫困山区人们的疾苦，亲耳聆听了人们对大学生的殷切期望，亲身感受了一双双渴望求知的双眼。通过实践活动，大学生认识了当代中国的基本国情民情，了解了农村落后状况，领悟了自己肩上的重任和社会责任。所以，深入社会、了解社会，可以帮助大学生端正思想认识拓展视野，使其思路更加明确，感受更加深刻，树立起强烈的忧患意识，增强为国家和民族发展贡献力量的责任感和使命感。

大学社会实践有助于激发和丰富大学生的责任情感。责任情感是指个体对自己履行责任状况进行评价时而产生的情绪体验与愿望，它根源于个体的良心和对利的需要。人们具有了正确的责任认识并不意味能自然而然付诸行动，只有将认识与积极的社会情感相结合，才会形成正确的行为态度和产生履行责任的动力，使社会责任感体现在行动之中，所以，从责任情感角度加强大学生的社会责任感的培养非常重要。在大学社会实践中，学生通过开展一些专题凋查，走进社区，直接接触下岗人员和老年人；走进山区，直接接触贫苦群众和因贫困而无法读书的孩子；走进社会福利部门，直接接触福利院的孤儿和残疾人，与不同层面、不同类型的人群进行面对面的交流，感受他们的痛苦和烦恼，从而激发起大学生的爱心、同情心和责任心。如在大学生自愿服务贫困地区的活动中，许多大学生对我国尚处在较低生活水平的人群产生了诸多复杂的情感，面对贫困的人们，他们一方面感到了辛酸，另一方面也意识到了自己的责任，认识到作为一名有良心的大学生应对社会有所回报。这种内心的体验和感受定会对他们的思想与行为产生重大影响。

大学社会实践有利于激发学生的爱心和同情心，这种情感是最朴素的、最基本的社会责任感的表现，是主体给予他人关怀、快乐和利益的一种心理倾向。如果一个人具有爱心与同情心，便能感受他人疾苦，驱使自己帮助他人摆脱痛苦，获得快乐，便能引发主体无私利他的责任行为。爱心和同情心是引发主体责任行为的原动力和内驱力，因此，在社会责任感教育中不能忽视对学生的爱心和同情心的激发与培养。大学社会实践丰富和完善了学生的情感世界，只有这样，他们才会积极向上，愿意为社会承担更多的责任。

大学社会实践有助于锻炼学生的责任意志。责任意志是指个体从思想到实际实现的心理过程中表现出来的责任行为。社会责任感的形成，不能仅仅停留在责任认知和责任的情感上，更重要的是体现在履行社会责任的具体行为上。这就需要在校内外的实践活动中，加强学生的行为训练，促使他们的责任行为得以强化，并逐渐形成习惯。学生在社会实践活动中，常常会遇到许多困难，如进行专题调查时问卷设计的反复修改，走进贫困山区时生活上带来的不便等。我们常鼓励和帮助学生以坚强的毅力，克服各种困难。经过多次实践，学生的主人翁意识不断增强，责任认识不断深化，对责任感产生了坚定的信念。有了这种信念，他们就会将外在的责任要求内化为自我需要，不断以强烈的“自我命令”的形式作用其心理和行为，以自觉抵制各种不利于履行责任的思想观念和心理问题的出现，自觉践行社会责任。这种实践活动循环往复，学生由坚定的责任信念最终则会转化为顽强的责任意识，表现出持续的责任行为。大学生社会责任感的形成是一个由感性到理性，由对自己负责到对他人、对社会、对国家、对民族负责的递进过程，大学社会实践为学生运用知识施展才华，锻炼意志，实现自我价值，形成强烈的社会责任感提供了重要平台。

8. 社会实践是加强高校德育的有效措施

社会是个大课堂，社会实践使大学生受到的教育更为直观、具体而深刻，因此进行世界观、人生观、价值观的教育不能忽视社会实践，更不能离开社会实践。社会实践使大学生走向社会、走向基层，深入农村、工厂，耳闻目睹改革开放带来城乡经济快速发展、人民生活显著改善的事实，思想感情与广大人民群众发生强烈的共鸣，从而更加拥护党的路线、方针、政策，增强投身改革、维护稳定的政治意识和大局观念，进一步树立奋发成才、报效祖国的责任感。实践表明，在开展德育工作过程中，更多地采取社会实践的方式，能够使大学生从理念和实践的结合点上获取亲身的感受，从而提高自我教育的能力，重新审视自己的思想，矫正认识上的偏差，促使思想觉悟的提高，从而树立正确的世界观、人生观和价值观。

社会实践有助于大学生树立科学的世界观和方法论。通过参加社会实践，大学生可以深刻体会到国家取得的伟大成就，对党的路线、方针、政策认识从感性认识上升到理性认识，增进他们对国情、乡情和民情的了解，对我国的政治、经济发展状况的体会。同时，社会实践活动的开展可以让他们深切地感受到现代化建设离不开安定团结的政治局面，坚定自己的信念，明确今后的发展方向，形成科学的世界观和方法论。

社会实践有助于培养大学生艰苦奋斗的作风。由于长期生活在“象牙塔”中，大学生普遍缺少艰苦奋斗的精神。在参与社会实践的过程中，通过直接体验劳动的艰辛，大学生会逐渐树立起热爱劳动、珍惜劳动成果的思想情感，逐渐地培养了他们的艰苦奋斗的作风。

社会实践有助于大学生明确今后发展方向。相当多的大学生临近毕业就业时，对自己所学专业能够从事的工作认识模糊，通过社会实践活动，特别是专业性很强的实践内容，大学生可以充分认识自己专业的优势，对今后发展形成明确的认识与定位。

第三节　大学生社会实践的原则

一、坚持以正确的思想为指导的原则

人的活动必须以一定的思想作指导，大学生社会实践活动也应坚持正确的指导思想，只有这样才能达到预期的目的，收到应有的效果。大学生在实践过程中必须自觉运用马列主义、毛泽东思想、邓小平理论、“三个代表”重要思想、科学发展观和习近平新时代中国特色社会主义思想去观察问题、分析问题和解决问题。只有这样，才能形成正确的世界观、人生观和价值观，才能在政治上、思想上进一步成熟，才能真正在实践中增长才干，才能为社会做出应有的贡献。一切工作都离不开这一根本的思想作指导，离开了它，就会犯错误，可能会一事无成。

高等学校加强大学生思想政治教育工作是培养社会主义现代化建设者和接班人的必然要求，社会实践活动的首要意义是将思想政治教育的目标、任务和内容紧密结合起来，使大学生通过社会实践逐步树立正确的世界观、人生观和价值观，能够运用辩证唯物主义的基本观点，全面、客观地观察问题、分析问题和解决问题；能够运用历史唯物主义的观点和方法看待社会和人生，正确分析和评价现实生活中的政治、经济、文化道德现象和各种社会思潮。

二、坚持理论与实践相结合的原则

马克思主义认为，理论的基础是实践，同时理论又为实践服务。高等学校在人才培养过程中必须遵循这一基本规律，把理论教育与实践活动紧密结合起来。毛泽东同志曾将知识分为两种，即理论知识和实践知识。只有理论知识而无实践知识不能算拥有完善的知识。某一学科的理论知识，是直接参与该学科实践的人们的实践经验的概括和总结，对于创立这一学科的人们来说，他们完成了对实践与理论的整合和统一，但对于学习这门知识的人来说，还只是间接地得到别人的经验，只是有了这种间接经验，还不能说已经有了完全的知识。只有经过自己亲自到实践中去验证后，才能将理论知识变成完全属于自己的知识。大学生从小学到大学，接触的大部分是理论知识，十分缺乏实践经验。从一定角度看，他们的知识是不完全的、肤浅的，他们的动手能力也较差。此外，从可持续发展战略来看，一个民族的持续发展力和竞争力更多地取决于其智力开发的状况。由此，高等教育面临着一个紧迫任务，就是在教育中开发学生的智力。“实践是检验真理的唯一标准”，要让大学生把在校内学到的理论知识运用到实践中去，在实践中检验和巩固原有的理论知识，并在实践中拓展和创新理论，使之指导新的实践。

坚持理论与实践相结合的原则，通过形式多样的实践活动，提高大学生思想政治素质、观察分析社会现象和解决实际问题的能力，让大学生能将大学所学知识应用到实际生活中。一方面，社会实践可以检验大学生的才德乃至整个受教育的情况；另一方面，大学生也可以探索社会实践其本身的运作规律和实质性作用，这尤其有助于大学生锻炼和提高实际动手能力。这样，将理论与实践两者统一起来，互相促进，相得益彰，才能完善学生的知识、开发学生的智力。

当今的世界，科技发展迅速，新的知识不断涌现，旧的知识日益被淘汰，高校教师虽努力把新成果、新信息引入课堂，但由于受到多方面的限制，远远不能适应形势发展的需要，要弥补这些不足，只有指导大学生多参加社会实践。同时，大学生在社会实践中也会遇到一系列问题，这些问题使他们对所学到的知识提出疑问，促使他们对所学的知识进行重新思考，从而完善书本理论知识。学校培养人才的一个重要方面就是使学生具有运用知识分析、解决实际问题的能力，大学生在社会实践过程中必须自觉坚持理论知识与实践知识相结合的原则，在理论与实践相结合的过程中，获得较为完善的知识，总结新经验，创造新理论。

三、坚持育人为本、实践育人的原则

21 世纪的竞争是人才综合素质的竞争，高校大学生作为青年中的优秀人才，其综合素质的高低直接影响到我国经济社会的发展和精神文明的进步。然而，人才素质是随着社会实践的长期锻炼和个体自身的不断努力逐步形成、发展和成熟的。因此，必须将高素质人才的培养置于社会大环境中，促使大学生经受社会实践的锻炼和检验。大学生参加社会实践的根本目的在于接受教育，育人为本是大学生社会实践区别于一般人类实践的地方，也是社会实践活动的根本价值所在。实践不能偏离育人的主题，否则就会本末倒置。坚持育人为本就是在组织大学生参加社会实践活动的过程中，要把优化大学生的知识结构、促进大学生知识的转化和拓展、增进大学生专业技能、完善大学生个性品质、树立大学生社会意识等作为主要目的，其他一切活动都以此为中心。同时，在社会实践活动中应注意培养大学生为社会服务的意识和能力。为社会做贡献是衡量社会实践活动价值的一个重要方面，也是社会实践活动寻求社会支持、保证健康发展的必要条件。

要实现青少年全面发展的教育目标，必须为他们寻找一种现实可行的发展方式，而帮助和指导青少年学生参加必要的社会实践、运用实践育人是其中一条不可缺少的重要途径。所谓实践育人，是指以学生在课堂上获得的理论知识和间接经验为基础，开展与学生的健康成长和成才密切相关的各种应用性、综合性、导向性的实践活动，促使他们形成高尚品格、创新精神、实践能力的新型育人方式。实践育人的观念：一方面，要求高校教育工作者引导学生在社会实践中提高思想政治品德修养、社会责任感和历史使命感，激发他们的爱国主义精神，从而调动他们学习的主动性和积极性，充分发挥社会实践锻炼人、教育人、培养人的功效；另一方面，也体现了以学生素质发展为本的理念。大学生社会实践的目标之一就是促进自身素质的全面发展。实践活动为学生从社会中学习知识提供了窗口，而实践过程本身也为学生增强实践能力、树立创新意识、培养团队精神提供了机会和条件。

四、坚持受教育、长才干、做贡献的原则

大学生社会实践活动是高校进行大学生思想政治教育的有效措施，是促进大学生早日成才的正确途径，是推动社会主义和谐社会建设的巨大力量。大学生在社会实践过程中，必须把受教育、长才干与为社会做贡献有机结合起来。坚持这一原则，既是大学生社会实践活动目的实现的要求，又是大学生社会实践活动取得应有效果的保障。“受教育”就是要按照党的教育方针，按照建设中国特色社会主义事业对青年一代的整体要求，通过社会实践活动使广大青年大学生受到理想信念教育、改革开放教育、国情社情教育，激励青年大学生肩负起历史赋予的重任，引导他们走与实践相结合、与人民群众相结合的正确成长道路。这是组织开展社会实践活动的一项政治责任。“长才干”就是要根据改革开放和发展社会主义市场经济对人才成长的新要求，通过社会实践活动培养大学生的实践动手能力和社会适应能力，使大学生丰富阅历，增长见识，磨炼意志，不断提高综合素质。“做贡献”就是要充分发挥大学生的知识技术优势，为社会经济发展做出力所能及的贡献。“受教育、长才干、做贡献”三者密切联系，相辅相成，集中体现了党的要求、学生的愿望、社会的需要之间的统一，体现了目标与途径的统一。

“受教育、长才干”是大学生社会实践的目的，只有通过社会实践，大学生才能受到教育和锻炼，巩固和深化理论知识，增长解决实际问题的才干，提高综合素质。“做贡献”是“受教育、长才干”的途径，社会实践通过大学生能动地参与而发挥教育作用，大学生“做贡献”的过程也就是大学生能动地参与社会实践的过程。学校要精心组织和安排大学生社会实践的内容，使大学生在“做贡献”的过程中受到教育、增长才干。忽视了“受教育、长才干”，社会实践活动就没有了灵魂，失去了方向；忽视了“做贡献”，社会实践活动就丧失了现实的基础，也就无法实现育人的目标。只有在工作中全面把握和坚持三者相结合的原则，才能够激发和调动各方面的积极性。

开展大学生社会实践，只有始终坚持“受教育、长才干、做贡献”的指导方针，才能使社会实践更好地为大学生的健康成长服务，更好地为地方经济建设和社会发展的实际需要服务，更好地为改革开放和现代化建设的大局服务。

五、坚持锻炼和提高学生综合素质的原则

21 世纪的竞争是人才综合素质的竞争，高校大学生作为青年中的优秀分子，他们的综合素质直接影响到我国社会的发展和社会精神文明建设的水平，中共中

央、国务院《关于深化教育改革全面推进素质教育的决定》中对培养和提高大学生综合素质提出了明确的要求。关于综合素质，对于个人来说，遗传起一定作用，但更重要的是后天的发展变化，综合素质是随着家庭、学校、社会三方面的教育影响、社会实践的长期锻炼和个体自身的不断努力逐步形成、发展和成熟的。社会对人才的要求是随着时代的发展而发展的，目前已经进入了信息化时代，知识经济初露端倪，由于社会的生产实践活动已经转化为智能化的社会化大生产，因此，对高素质人才的培养必须置于社会的大环境中，特别是要经受社会实践的锻炼和检验。

在社会实践活动的内容和形式安排上，要坚持以人才培养为目标，提高大学生的全面素质。思想政治素质是最重要的素质，要通过社会实践活动，有意识地重点培养大学生胸怀祖国、热爱集体、服务人民的思想品质，培养大学生吃苦耐劳、勇于挑战、不怕挫折的心理素质；要针对大学生所学专业和兴趣爱好，着力提高其专业素质和文化素质。大学生如果在社会实践中无法学有所用，无法全身心投入，也就无法实现自我价值，社会实践将流于形式。在具体活动上，大学生既可以开展以专业知识为依托的科技服务，如科技咨询、科技扶贫、新技术推广，也可以开展以锻炼意志品格为宗旨的情感体验活动，如深入贫困农村、工厂、部队体察国情、民情，深刻领会中国特色社会主义理论的正确性，还可以开展以宣传党的路线、方针、政策为目的的社会宣传活动，如法律宣传、科普宣传、文化服务。

六、坚持学生的主体作用与教师的指导作用相结合的原则

大学生社会实践活动是学生自我教育、学校教育和社会教育相结合的一种教育形式。社会实践活动的主体是在校大学生，各级领导、指导教师和地方工作人员都是辅助人员。在社会实践中要贯彻学生主体原则，充分发挥学生的主观能动性，调动学生的积极性、主动性、创造性，特别是在分散的社会实践活动中，充分发挥学生的主体作用尤为重要。坚持学生主体原则，要求教师与学生之间的关系是平等的、民主的，学生的主体地位必须得到充分的尊重。个性的充分发挥与解放是大学生社会实践能力培养的重要基础，社会实践能力强的大学生往往具有鲜明的个性，尊重学生个性是发展大学生社会实践能力的必要条件。对于学校来讲，应有长期的计划安排，应将社会实践纳入学校年度工作计划，精心设计、统筹安排；在教学计划中加强实践环节，把社会实践作为教育教学改革的重要内容，

纳入学期或学年的教育计划，实行学分制的高校要规定一定的社会实践学分，使之规范化、制度化，成为学校教育教学工作的有机组成部分，使大学生社会实践有章可循、有计可依。

同时，为了保证社会实践活动取得良好的效果，必须加强教师的指导和教育作用。第一，必须加强对大学生进行社会实践活动的目的与意义教育，要教育大学生以服务社会、增长才干为实践目的，以社会效益为重，防止学生在社会实践过程中"一切向钱看"，单纯追求经济效益。第二，教师应帮助大学生制订社会实践活动的计划和措施。大学生社会实践活动不能随心所欲地进行，教师必须根据大学生社会实践的目的和大学生的实际情况，帮助其制订出周密的计划和相应的措施，选择合适的实践题目，以确保社会实践活动能顺利进行；还要给学生提供技术支持，帮助学生分析在实践中遇到的社会问题，提高学生的思想认识水平、技术水平。第三，要加强对大学生社会实践活动的考核，要了解大学生在社会实践中的体会和收获，听取社会对大学生社会实践活动的评价、意见和要求，把学校满意、学生满意和社会满意作为衡量社会实践活动效果的标准。学生的主体作用应与教师的指导和教育有机结合起来，教师要爱护和尊重大学生的创新精神，鼓励和帮助大学生创造性地解决问题，同时又要善于疏通引导，把握大学生社会实践活动的方向，最大限度地调动大学生的积极性、主动性和创造性，不走过场，不搞形式主义，真正达到对大学生教育和指导应有的效果。

七、坚持课内课外相结合、集中与分散相结合、点面相结合的原则

大学生社会实践活动的形式多种多样，其中有些在校园内就可以开展，如青年志愿者活动、勤工助学活动、科技学术活动等，这些活动往往是经常的、大量的，学生参与的面广、人多，效果也较好。对于校外的实践活动，学校也要给予充分重视，支持和引导学生利用假期走向社会。校外实践活动与校内实践活动在内容上、形式上都有较大差异，校外实践活动多以社会调查、文化服务、志愿者活动等形式为主，人员较为分散，社会实践教育的效果不易把握。因此，为了使学生的社会实践活动取得预期的效果，学校应有计划地建立大学生校外社会实践活动基地。

组织大学生参加社会实践活动旨在使大学生的思想水平和知识能力得以不断提高，因此，应立足于"面"。但社会实践又是一个深入探索、不断创新的过程。

任何活动若没有广泛的群众基础将无法深入持久，而没有榜样和先导的作用也是难以启动的，所以应该点面结合、以点带面。“点”上活动是学校组织的“示范活动”，要讲求“精”，即组织精细，安排周密；“面”上活动是对全体学生的明确要求，要讲求“广”，即每个学生必须结合自己的特点和实际开展形式多样的社会实践活动。具体而言，就是学校一方面要面向全体同学，采取多种形式开展社会实践活动，使之在活动规模、组织形式、活动内容和主体结构上体现出不同的特征，保证“面”的扩展；另一方面，还要根据不同的活动类型和活动主体、活动方式，有主次、有区别地对待各种活动，保证重点，从而带动和引导整个社会实践活动的全面展开和普遍提高。

八、坚持整合社会资源、互利双赢的原则

大学生参加社会实践，是认识社会、锻炼能力、接受教育的过程，是学校利用社会资源对大学生进行教育服务的过程，这种教育服务是有成本支出的。在市场经济条件下，单向的付出不符合经济规律，是不能长久的。只有双向服务、合作共赢，才能适应市场经济的要求。所以，通过社会实践架设起高校与企业、高校与地方合作的桥梁，构建高校与社会间的双向服务体系和长效机制，才能实现学校资源和社会资源的双向服务和合作共赢，才能进一步促进社会资源对大学生社会实践的支持，真正实现社会实践的长效性。在此过程中，对于高校而言，加强大学生社会实践基地的建设是关键所在。

在当前学生社会实践基地建设中，要充分发挥学校的学科优势和智力资源优势，建立足够数量而又相对稳定的社会实践基地，使之既有利于大学生奉献智慧，锻炼成才，又有利于学校教学科研的发展和地方经济建设。如可以根据高年级大学生的学习生活特点，将大学生毕业实习、订单式培养、就业培训、就业选择有机结合起来，让高年级的大学生到毕业后可能去工作的单位参加社会实践活动，从而达到提高能力、培养素质、双向沟通、增进了解、促进就业的目的，使之成为一种新的大学生社会实践基地模式，同时也为大学生更多地了解企业、服务企业、在企业建功立业、发挥聪明才智拓展新的领域。

第二章　国外大学生社会实践教育相关理论与实践

国外大学生社会实践教育相关理论与实践较为丰富。在理论方面，美国、英国、德国、日本等从高等教育哲学理念、能力教育宣言、双元制学生培养模式、体验式就业体系等方面做了大量探索，以至于高等教育哲学理念、能力教育宣言、双元制学生培养模式、体验式就业体系既可以看作理念、宣言、模式、体系，同时也成为大学生社会实践教育的相关观念，在教师学生、高校领导、企业、社区乃至国家教育部门和其他行政部门被广为接受。在实践方面，美国、英国、德国、日本等国也在实践教学、生产劳动、社会服务、社会调查、科技发明、学习参观、勤工助学等方面开辟了许多重要的途径，此外，国外高校在构建大学生社会实践教育机制方面，也做了有益探索。上述这些方面对于我国进一步加强和改进大学生社会实践教育有重要借鉴意义。本章将对这些方面加以介绍。

第一节　国外大学生社会实践教育理念

在大学生社会实践教育理念观念方面，美国、英国、德国、日本等国先后提出了四种类型的理念：实用主义的高等教育哲学观念、能力教育观念、双元制观念、体验式就业观念。这些观念都从哲学角度、宣言角度、制度角度、就业角度等方面反映了他们对大学生社会实践教育重要性的认识。这些认识，对于我们把握大学生社会实践教育的现实背景、发展趋势有重要意义。

一、美国的实用主义高等教育哲学观念

实用主义的高等教育哲学观念是美国著名教育家约翰·布鲁贝克在其所著的《高等教育哲学》一书中提出的。该著作被誉为西方第一部高等教育哲学典范性著作，作者从教育哲学角度，提出了以实用主义的理念培养学生的思路。

布鲁贝克的这种以实用主义的理念培养学生思路形成，有着深刻的时代背景。在殖民地时期，学生大多数为谋职业岗位而求学，拉丁语、希腊语和数学被公认为是那些专业的准备性学科。19世纪开始，美国大学有了新的根本性的变化，阿姆斯·伊顿在润斯利尔多技术学院、托马斯·杰弗逊在弗吉尼亚大学以开设包括实用性更强的课程向传统提出挑战。高等教育是以追求真理的自由教育为基点还是以职业教育为目的，大学是研究高深学问的“象牙塔”还是为社会服务的“服务站”等问题引起了广泛的争论。社会需要的是一种普遍性的解决办法，它要求用共同背景中的各种方法探讨所有的问题。首次正式提出高等教育理念的是《耶鲁学院1828年报告》，该报告认为“训练心灵高于装备心灵”。

布鲁贝克的教育理念来自美国自身的哲学传统——实用主义。实用主义的高等教育理念直接来源于美国高等教育哲学的论争即认识论与政治论之争。认识论哲学认为大学是一个“按照自身规律发展的独立的有机体”，追求的是高深学问的客观性，因此要摆脱一切价值的判断，崇尚学术自治与自由；而政治论哲学则认为探讨深奥的知识不仅出于闲逸的好奇，而且还因为它对国家有着深远影响，因此大学不能摆脱价值判断，首先考虑的应该是如何为社会服务。

在美国建国初期，政治论哲学是主导的，也就是美国高等教育把大学看成是培养牧师、教师和医师的场所。随着德国大学理念的引进，19世纪约翰·霍普金斯大学一类研究性大学的建立，意味着认识论哲学地位的上升。在实用主义哲学影响下，政治论哲学和认识论哲学在美国的大学里并存，虽然二者都牢固地建立起来了，但是它们是分别起作用的，或者是在不同的学校里，或者是在同一学校的不同系里。

认识论与政治论是否可以统一，学者间存在不同的看法。有的评论家认为，我们不必非得做出二者必居其一的选择，有的则认为确实存在非此即彼的情况，而布鲁贝克认为二者可以调和。从哲学上看纯粹的客观知识是否可能本身就存在着争论，有学者认为甚至自然科学也不可能完全摆脱价值判断，例如，研究人员对科学方法的信念、对问题的选择以及解释问题时的倾向，都不可避免地存在着价值判断。布鲁贝克认为现实主义的认识论必须用实用主义的认识论作补充。这种方法大概可以使高等教育哲学的政治论和认识论之间达到最有效的和谐。

当然，他并非学院哲学家，并非从纯粹哲学领域进行论证，而是更多地从高等教育的实践出发，以实用主义的哲学原则来阐发自己的高等教育理念。首先，他认为认识论的统治地位在当今时代面临着挑战。在当时的社会，贯穿 19 世纪的不断加速的工业革命的力量，给学院和大学所发现的知识以越来越现实的影响。学术知识特别是占优势地位的研究性大学所提供的知识，带来了工业生产上的奇迹，也被用来减少发展生产时所引起的弊端。结果，政治论的高等教育哲学与认识论的高等教育哲学并驾齐驱，甚至压倒了认识论的哲学。大学的纯理论研究被用于确定政治目标，并被用于指明如何最有效地实现这些目标。许多私立、公立院校，都接受了这一思想。最好的例证就是当威尔逊在普林斯顿提出“为国家服务的大学”这理念时，他受到了拥护而不是反对。随着 20 世纪的进展，大学越来越经常地被喻为“服务站”。为了生存并产生影响，大学的组织和职能必须适应周围人们的需要，它必须像社会秩序本身一样充满活力和富于弹性。大学作为知识的生产者、批发商和零售商，是摆脱不了服务职能的。其次，尽管政治论哲学获得了胜利，但认识论哲学仍然具有强大的生命力。布鲁贝克指出：“在 20 世纪，象牙塔的存在不是没有根据的，它摆脱了外界的束缚，放弃了暂时利益，成为保护人们进行知识探索的自律的场所。”

历史也证明二者的结合往往会使大学更富有活力。如果大学不可避免地卷入复杂的社会中去的话，那么我们就既需要专业方面的高深学问，也需要研究方面的高深学问。经验表明：当这两方面相互结合起来的时候，它们各自都得到了繁荣和发展。专业学院通过利用大学其他部分的研究指导自己的实践，而研究则可通过在实践中的验证更加充实自己的成果。正因为是站在实用主义的哲学立场上，他不仅对认识论和政治论进行调和，而且认为高等教育理念应该是多元的、变化的。

布鲁贝克用实用主义哲学综合高等教育是“服务站”与“象牙塔”的教育理念，揭示了高等教育的目标是要为社会培养有用人才的正确思想，这一思想为推动大学生社会实践教育为各国政府及其教育部门所重视起了重要作用。同时，这种教育理念也为我们把理论教育与实践教育相结合作为大学生思想政治教育的根本原则做了很好的参照。

二、英国的能力教育观念

能力教育观念是由英国“皇家文学、制造和商业促进会”于 1979 年颁布的一份《能力教育宣言》中提出的。能力教育观念的提出，也有着深刻的时代背景。20 世纪 90 年代以来，伴随着世界科技、经济的飞速发展，美国高等教育经历了一场空前的大变革，这场变革起源于有关高等教育的社会责任质量和效益的讨论。随着高等教育投资体制与管理体制的改革，英国高等教育彻底走出了 20 世纪 60 年代以来辉煌的发展时代，进入了全面的改革时期，大学被迫转变其传统的我行我素、高度自由与高度自治的办学思想，开始更多地关注社会的需求，研究社会发展及其对人才提出的要求，注重学生作为教育的要求与感受，改革人才培养模式，致力于提高教育的“社会相关性”，培养适应社会、经济、科技需要的社会人才，而不是造就自娱自乐的学术精英。“能力教育”运动是这场教育改革的主要推动力量之一，这种致力于提高教育“社会相关性”的倾向与美国高等教育是“服务站”的思想遥相呼应，形成一股改革英国高等教育人才培养模式的强劲浪潮。

长期以来，英国高等教育致力于传授知识和培养智力，而对社会的需求，特别是学校教育的“社会相关性”重视不够，培养的学生“知行”有余，“善行”不足。鉴于此，英国皇家文学、制造和商业促进会于 1979 年颁布了《能力教育宣言》。该宣言指出：英国教育在培养人才的素质构成方面存在严重缺陷。由于受传统、学术精英型人才教育思想的影响，学校教育既没有培养也没有训练学生掌握从事实际工作的技能，学生“知晓”过于“能做”。专业划分过于狭窄和细化，学生强于具体的专业知识和技能，弱在校外社会环境中有效运用和发挥专长的能力。这种缺陷不仅对学生个人，而且对整个社会、经济、工业都是有害的。宣言认为：良好的教育既应包括对新知的探求，也应包括对探求新知、应用所学和解决实际问题等能力的培养，特别是培养敢于面对挑战、解决实际困难、应对日常生活和团队协作等方面的能力。学生综合能力的培养依赖“能力教育文化”的培育，这种文化应有助于学生将学习与实践有机结合，鼓励学生开展自主式、创造性的学习，达到寓教于乐、寓学于做的目的。因此，“能力教育”必须立足客观实践，鼓励学生通过自主发现问题、解决问题、服务社会的实践活动培养和锻炼实际工作能力。即通过“做”达到学的目的，以“做”带学，培养适应社会生活和生产实践所需要的人才，国家及社会将因此而受益。

《能力教育宣言》的发布立即在教育界、产业界、社区及政界产生了强烈的反响，社会各界呼唤并支持学校进行教育改革，更新教育思想，转变培养模式，强化能力培养。20 世纪 90 年代以来，英国高等学校已普遍认同“高等教育能力教育”的思想，并开展了积极的改革探索，普遍认为“能力教育”不仅可以增强学生自主学习的意识，而且可以帮助学生更好地理解学习的真正目的，引导学生更加重视培养适应未来生活、学习与从事实际工作的能力与素质。许多学校结合“高等教育产业机制”“大学教师评估与培训计划”“培训与职业教育行动计划”和“教育质量管理运动”等项重大改革，积极推行了高等教育能力培养模式。到90年代中期，几乎所有的大学都已进行了能力教育改革，并取得了显著的成绩。正如约翰·哈威乔尼斯所说：“我们都清楚只有知识是不够的，重要的是掌握从事实际工作的能力，而能力的培养需要一种更广泛意义上的教育，而不只是考试成绩。我们国家与社会发展依赖于学校提供高水准的能力教育。”

英国高等教育强调“社会相关性”，强调能力教育，与美国高等教育强调“服务站”的思想有异曲同工之妙。在一定意义上，把“服务站”的思想落实到“能力教育”上，这就更加推进了一步。毫无疑问，英美的高等教育“社会相关性”与“服务站”思想绝对不是偶然的巧合，它反映出当前高等教育的必然走势。这一走势，对于我们充分认识加强和改进大学生社会实践教育的重要意义增强了信心。

三、德国的双元制观念

双元制观念来源于德国的职业教育及以“双元制”为核心的职业技术教育模式。德国高等职业教育的“双元制”模式是其在世界竞争日益激烈的情况下，始终使自己的新产品、新工艺处于世界领先地位的根本条件，被称为德国经济振兴的“秘密武器”，也成为世界各国研讨德国经济长盛不衰的起因，并已扩展到普通高等教育领域。

“双元制”成为德国职业教育发展的一个代名词，是一种国家立法支持、校企合作共建的办学制度，同时也是学生在企业接受实践技能培训与在学校学习理论知识相结合的一种职业教育模式。“双元制”中的“双元”指的是职业学校和学校外的实习场所，其中学校主要负责传授与职业有关的知识，而实习场所则是让学生接受职业技能方面的专业培训。这种制度注重的是技能和实践能力的培养，强调为未来工作而学习。它是政府对职业教育进行宏观管理的由学校行业主管部门和企业实施的三重负责制。

“双元制”模式所表现的主要特性：一是职业培训是在企业和学校两个不同的机构进行并以企业培训为主。二是企业的培训是由行协会负责监督与管理，它受政府的《职业教育法》约束；职业学校的组织、管理则由各州根据自订的“学校法”负责。三是受训者既是学徒身份，又是学生身份。四是教学文件由两部分组成：企业严格按联邦政府颁布的培训规章及培训大纲对学徒进行实践技能的培训。职业学校则遵循州文教部制订的教学计划、大纲对学生进行文化素养及理论知识的传授。五是培训者的培训分别由培训师傅和培训教师担任。六是职业教育经费来源于两个渠道。企业及跨企业的培训费用大部分由企业承担，职业学校的费用由国家及州、地方政府负担。七是培训与考核相分离。考核由行业协会、企业、学校三方选出的工会代表或企业代表、培训企业的培训师、培训学校的教师组成考试委员会。同一职业或者不同职业的相同科目的考试在同一时间举行，体现了公平公正的原则，使岗位证书更具有权威性。

“双元制”教育模式的优点主要表现在以下几个方面：一是与生产的紧密结合，针对性很强，有利于学生培训结束后马上上岗。二是企业的广泛参与，有利于学生培训的效果，可以调动企业和学生的积极性，减轻学校的培训成本和培训负担。这样培养的学生就业率很高，如职业学院毕业生就业率达 90% 以上，而且 70% 左右的毕业生被培训企业留用。但是这种办学模式也存在一些不足：企业培训和学校教学之间相互协调较为困难；不同场所教学三阶段的衔接较为困难。

由美国高等教育强调“服务站”的思想到英国高等教育强调“社会相关性”，再到德国的国家立法支持、校企合作共建的“双元制”办学制度，反映出高等教育一定要服从服务于经济、政治、文化、社会发展才有生命力的规律，更反映出人们对社会实践重要性认识的深化。

四、日本的体验式就业观念

日本的体验式就业来源于英美国家医师培养等领域实施实地研修的一个概念。在美国主要有两种形式：一是以企业为实施主体，学生参加的社会见习等职业体验活动。二是大学与企业合作，是大学教育的组成部分。1997 年以来，被日本政府机构大力推行的体验式就业基本上涵盖了以上两种形式，甚至包含更为广泛的内容，其概念的界定随着实践的深化还在不断变化之中。

关于体验式就业的内涵，主要有两种解释：一是日本文部省、通商产业省和劳动省的定义，即体验式就业是指学生在学期间结合所学专业和未来的职业，发展所从事的就业体验，这一定义是以理工科大学生为基本对象的。二是有关行业管理协会的定义，认为体验式就业是指学生在学习期间，作为学校教育的一个环节，在企业进行的一定期间的职业体验及提供其机会的体系。后一定义较前一定义其内涵有较大的扩展。归纳以上两种定义，与实践层面较为一致的体验式就业定义是：大学生在学习期间，作为教育的一个环节，由企业提供机会并在企业指导下的一定期间的就业体验的制度。大学生体验式就业政策适应了20世纪90年代以来日本政治、经济等社会结构的变化，加上有关行政部门的制度推动，这一活动在全国教育机构被迅速推广。

体验式就业政策的动力来自经济改革的需要。为推进大学实行这一政策，日本文部省、通商产业省和劳动省共同设立推进体验式就业的联席会议，并结合各自的职责范围分别做出积极应对。通商产业省早在1992年组织人员实地考察了美国实行的产学合作的人才培养制度。文部省在1997年1月发布的教育改革计划中明确了要推进体验式就业活动，建立以教育行政部门为主体，贯穿从小学到大学的职业体验制度。劳动省从1995年7月起以大学毕业但尚未就业者为对象，实施未就业毕业生的职场体验计划，针对近年来大学毕业生就业难和初职就业3年内离职率激增的问题，把体验式就业作为学生在就业前体验职业世界、理解职业内容和防止人才市场供求脱节的重要措施。

体验式就业活动适应了企业用人制度的改革。自20世纪90年代以来，日本企业终身雇佣制度逐渐走向废止，年功工资制开始转向实力主义，统一的企业内人才培养和录用制度被融入了灵活的招用方式，大学毕业生的就业环境日趋严峻。为了减少企业用工因员工频繁变换工作而产生的成本，企业重视在就业前对于准备录用的新员工进行考评。因此，许多企业将接受实习生、为大学生提供职业体验机会作为录用新员工的手段。当然，在日本许多企业特别是大型企业在传统上把接收实习生作为企业应尽的社会责任。

体验式就业是传统大学教育改革的需要。长期以来，日本大学强调教育自律，将知识传承作为大学的使命。除了一些职业类大学以外，大学的教育内容与特定的职业领域之间不存在直接的联系。在大学毕业生就业上更强调大学序列与相应层次的企业相对应。因此，在大学教育阶段的职业体验往往被排除在学校教育活动以外。但20世纪90年代中期以来的大学生就业难，要求大学必须正视现实职业世界的需要，重视与职业世界的衔接，积极开展大学生体验式就业活动。同时，具有产学研合作传统的学校，把体验式就业活动作为人才培养的重要环节，学生通过实践活动提高学习效果、加深对学习内容的理解，培育学生的职业意识。特别是职业类大学的企业实习成为学生理解职业世界、学习职业知识和技能、提高职业适应性的重要手段。

由美国高等教育强调“服务站”的思想到英国高等教育强调“社会相关性”，由德国的国家立法支持、校企合作共建的“双元制”办学制度，到大学生在学习期间由企业提供机会并在企业指导下的一定期间的就业体验的制度，体现了高等教育对其发展规律的把握。

第二节　国外大学生社会实践教育途径

从对国外关于大学生社会实践教育内容、途径和载体的归纳概括可以看出：国外关于大学生社会实践教育最常采用、最有实效和最有保障的是实践教学、生产劳动和社会服务；其次是社会调查、科技发明和学习参观。这里仅就实践教学、生产劳动和社会服务加以比较。

一、国外大学生实践教学

下面我们从国别比较角度分别考察美国、英国和德国等国的实践教学，并试图从中概括出各国的共同特点。

1. 美国大学生的实践教学

对于美国大学生社会实践教学，我们分别从文科、理科的角度加以介绍。

在美国的文科中法学和商学最有特色，我们以这两个学科为代表加以介绍。法学教育实践环节课程化是美国法律教育最大的亮点。为了适应职业实践的要求，美国法律教育增加了三类非常重要的职业训练实践能力的实践性课程。

第一类是法律实习课程。采取讨论课形式或者其他形式，主要采取了专门的实习学习形式，着重培养学生动手能力，从实习角度消化知识。覆盖面非常广泛，有日常性的家庭法、移民法、行政法和雇佣法等。第二类是非实习性的法律实践课程。比较多地采取了讨论形式，覆盖的主要是与学生日后从事法律实践有关的基本职业技巧，例如法律写作或研究、民事案例课堂实践训练、争议解决的选择方式学习训练、多方协商训练、法律教学思考和证据研习等。第三类是法律职业规范和伦理课程。主要训练学生的职业意识，这类课程是非常重要的，是培养法律职业人士从事律师行业敬业意识和自律意识的基础，可以有效地在一开始就使新手与职业律师阶层相接触。其中最主要的课程有一般性的法律职业介绍课，也有法律和律师职业道德、刑事诉讼的策略和法律道德等专题性课程。在商业方面，以哈佛大学为例。它不仅有第一流的教授讲课，而且还以重视社会实践闻名于世。哈佛商学院的教师到世界各地去旅行，发现和整理各式各样的企业问题，形成案例，供学生在课堂上讨论。学生还利用假期打工或承担科研项目，直接去企业参与实际工作，以此达到学以致用、理论与实践相结合的目的。哈佛商学院的乔治·罗杰教授说："我们的教育方式与其说是学院式的，不如说是实用主义的。这对培养真正的经理人员十分必要。我们的方法是实际第一，理论第二。"近年来，美国商学院掀起改革热潮，内容是进一步完善社会实践。密执安大学研究生院要求：新生必须先去公司实习 7 个月，然后再进学校学习有关专业知识。田纳西大学商学院将新生分成小组让他们去管理一个志愿者公司。其目的是培养合作精神，树立一种观念——必须面对实际问题，不能纸上谈兵。

对于美国的理科，以麻省理工学院的实践教学典范进行重点介绍。实践教学在培养计划中有着非常重要的地位，实践环节包括独立自主研究、实验课程和夏季学期的实习。

独立自主研究一般是在没有正常上课的月份开展，学生独立学习或者研究自己感兴趣的问题。独立自主研究也是正常学制的一部分，这期间学校或者系里鼓励学生参加指定或者自选的课题，也可直接参加学校组织的专门独立自主研究活动，在校内外进行均可。独立自主研究期间有的系还要求须完成一门不超过 12 学分的课程学习，例如机械系要求学生完成"机械工程工具"课程的学习。

实验课程。实验课一般包括在相关的课程中，在入学后的前两年完成。在导师指导下学生要设计实验，选择适宜的测量方法和设备，决定如何获得有效的实验数据，对预期的与实际测试的结果进行比较分析。实验课不同于专业实践教育，它针对所有学生的共同要求而设。因此，这些实验课都是低年级的基础课程。学生至少选择一门 12 学分或两门 6 学分的实验课程。学生所在系也会指导学生选择哪些实验课。实验课也包括课程讲授和课外准备的内容，实现了理论教学和动手实验的紧密结合。

学校提供各种各样的实习机会，并针对不同年级进行。最为典型的主要有如下方面：其一，F/ASIP。这是新生入学后第一年夏季学期的实习，该计划注重帮助新生如何获取实习机会和顺利完成实习的过程。学校给学生配有导师和校友，实习方式多种多样，从金融机构、计算机公司到电子工程单位，从艺术、应用数学到生物技术等。F/ASIP 计划培养学生有智慧、能力以及兴趣来完成许多不同的事情。其二，UPOP 。这是一个教育性的实践计划，主要包括三部分内容：在独立自主研究期间进行为期一周的课程学习，将获得 3 学分；夏季学期的实践练习，用来加强该研究期间所受的教育，将获得 1 学分；完成实习后的秋季学期进一步总结学习，将获得 2 学分。教育性实践计划主要是针对二年级学生，培养他们在各种环境中如何取得成功的能力。该项目强调培养学生的目标是为了让他们能够成为工业、政府、非营利机构以及教育机构中的领导者。教育性的实践计划为能帮助学生达到这一目标，就必须给学生机会让他们能够把课堂所学用于现实世界。在夏季实践中帮助学生确定并获得工作经验，并将这些经验反馈到课程学习中去。教育性的实践计划也能使教师们更加深入地关注学生的决策能力和生活经验的培养，时间一般为 10 ~ 12 周。

学校各系设置的实习很多，主要参加对象为二、三年级学生。学校还给学生提供去意大利、印度、中国、法国和新加坡等国实习的机会。

总的来说，学校培养方案框架简洁。他们的课程教学与我们相比，最大的特点是课程教学的深度和强度较大。教师的主要精力放在教学上，每门课对学生的要求高、难度大、知识面宽。课程不追求数量多，而强调少而精。在实践环节上，他们更强调与社会的融合，强调将知识融入社会的能力和经验。

2. 英国大学生的实践教学

对于英国大学生社会实践教育的实践教学，英国高校是将本科阶段实践作为其课程的一部分，这些课程使学生真正了解不同职业并提高相应的就业技能。

许多课程具有吸引力是由于学生的就业率高。学生们在一年内通常会得到合适雇主的帮助与指导。尽管如此，在工作或教学岗位上你可能得到较低工资收入，也可能不合格。

许多知名、受欢迎的毕业生招聘者提供关于工作的结构性题目，并且这种竞争是很激烈的。申请一般工作岗位与申请研究型工作岗位相同，经常使用结构性表格。在招聘工作中，会用到甄选、面试这些程序。有时，评价中心也会参与到这项工作中来。在获得招聘的学生中半数以上的学生继续受雇于这些机构，因此，他们能创造一种真正双赢的环境。许多院系会同当地大大小小的雇主建立联系，并且能够寻找工作的帮助和指导。同时，如果帮助学生就业是课程教学的一部分，将会有老师为指导和建议学生的就业工作负责。

现在许多课程允许学生从传统的三年学位教育中拿出一年来，在国内或国外从事相关领域的学习或研究。如果你打算这样做，你首先需要得到所在院系老师的许可。

这个案例是基于能力教学观念构建的实践教学，这就是英国莱斯特大学的“项目教学”。莱斯特大学使用的项目教学法是许多大学对高年级学生进行综合训练的通用方法，而莱斯特大学的物理化学课却是一门为一年级学生开设的项目教学课。该课程共设立大约30个项目供学生选择，每个项目均是经过精心设计和挑选的开放式课题，是具有实际意义的应用型或研究型题目，没有标准答案，需要学生使用综合性复杂仪器设备，从定量化数据测量与采集入手，经过数学建模、计算、分析等方式完成研究任务，目的在于使学生体验和掌握现代物理化学研究方法、过程和基本思想。

学生以小组的形式自主选择某个感兴趣的题目。第一周主要用于分析课题要求、从事项目规划和进行任务分工，旨在培养学生自我组织和进行策划的能力。第二、第三周进行集体学习和方案设计，做进入实验室前的准备，培养学生如何查阅文献与手册、开展讨论、设计实验方案与步骤等。第四周学生正式进入实验室，实施实验方案，记录、测试实验数据，进行数据处理、建模、计算与分析。第五周讨论方案并准备报告，每个小组形成一份研究报告，阐述其研究的问题、方法、实验步骤、结论和参考文献等。每个小组的研究报告需在全班公开展示，并要求在课程验收报告会上进行汇报答辩。答辩会由学生轮流主持，全体学生参加，同时邀请部分教师参加。每一小组的成绩均由全体学生按一定的规则和标准进行评议，学生评议组提出的成绩经教师评议组审议和修正后认定，最后给出每个课题组的实际成绩。学生非常欢迎这种“项目课程”，他们认为该课程为他们提供了一次真刀真枪、自主式的科学研究的机会，使他们体验到了化学家从事研究的真实滋味，像科学家一样到图书馆查阅各种原始资料、文献，设计自己的实验方案，分析、计算自己观察和记录的数据，向化学家报告自己的研究成果，心中的自豪感、成就感难以言表。

3. 德国大学生的实践教学

对于德国大学生社会实践教育的实践教学，我们将介绍一个案例：德国亚琛工业大学的实践教学。他们的实践教学由以下三个方面构成：

（1）实践教学安排。德国高度重视实践教学对学生的培养，实践教学贯穿整个教学过程。亚琛工业大学的实践教学在一学年中有三段时间：4月初开始约半个月的工厂实习或项目研究；6月初为期一周的工厂参观和交流；8月中旬开始约一个月的工厂实习和项目研究。实践教学在整个教育计划中占很大比重。

（2）课堂练习对实际能力的培养。亚琛工业大学一般把课程教学划分为授课和练习两部分。授课主要是课堂讲课，由教学水平较好的教师担任，如教授和部门负责人，重要课程必须由教授亲自讲授。而练习课一般由助教担任。课程教学不仅包括教材编写、课件和幻灯片制作，还包括练习课上各种习题和实验装置的准备，重要课程还需要安排参观，如内燃机和汽车工程等课需要安排一定量的参观。教授上课的讲稿既和教材密切相关又有所不同，教授讲授较多的是课程 的重点、学生自学困难的章节，以及工程中比较琐碎难以用文字表达但又很有必要的经验性知识，例如技巧、参数值的范围等。还经常讲解工程项目的具体案例以及教师的见解等。因此实际上讲授的每节课既有中心内容又有很大的随意性，往往是讲一些更加宏观和吸引学生注意力的东西，当然也必须讲解课程的主要知识点。

练习课程主要是补充授课的不足，即具体知识细节的掌握。练习的目标明确，题目具体，格式严格，步骤清晰，目的是使学生遇到类似问题如何按照规范的步骤来解决。每一套练习题都是由浅入深、由简单到复杂的设计。练习使学生们分析和解决问题的能力得到提高，使学生培养了如何将实际科研问题分解为理论问题，然后再逐个解决的能力。可以说，练习就是工程中技能的训练，是培养学生严谨学风的具体环节。这个环节要求按照给定的模式来完成既定任务。学生之所以能够适应各课题型多、题量大的特点，就是因为他们在各课学习中通过练习培养实际的计算技巧和能力，一个学生经过2 ~ 3年的实践练习训练，能够养成有条不紊、认真严谨的作风和习惯。德国人认为这样才能得到工程中技能的训练和基本素养的培养。我国大学生由于缺少这样大强度练习，因此到德国留学之初难以适应考试。事实上，没有经过练习的人考试效果很差。

这种练习训练可能会在一定程度上抹杀学生的个人创造性，造成其成长方面的损失。另外，标准接口、循规蹈矩能造就整个集体和社会的统一和协调，能使团体超越个人的效率，使其最终达到 1+1 >2 的效果。这就是其优点所在，故值得借鉴。针对目前我国大学生相对聪明但缺乏耐心的特点，针对当前社会相对浮躁、缺乏踏实作风的实际情况，加强他们练习的基本素养和技能训练是非常必要的。

（3）科技活动中的实践教学，主要包括工厂参观、工厂实习、学校的科技节、企业在学校组织技术讲座。一是工厂参观。在夏季学期的第7周，专门用一周时间安排学生参观工厂或研究所。参观单位一般与学生所学专业相关，且其技术骨干和负责人大都是该校毕业的校友，他们负责给学生们做技术报告，带领参观生产线和组织讨论及安排午餐等。学生们通过参与加深了对实践知识的了解，同时也促进了理论知识的学习。不少研究生还通过参观决定了毕业去向。二是工厂实习。这是研究生培养的重要环节。学生去工厂实习半年左右，并负责指定的项目研究。有的项目也可以在研究所内进行。这有点像我国的研究生课题，不同的是他们直接去工厂实习，与工厂的直接接触缩短了与社会融合的过程。三是学校的科技节。亚琛工业大学有全校范围的科技活动日。在科技活动日当天亚琛工业大学全校学生放假，各系所在校园中展示自己最新、最好的科研成果，由老师负责讲解。可以说这个节日对于使学生了解各研究所的特点、专长具有非常重要的意义。同时还能以此来吸引学生到本研究所学习、研究和工作。四是企业在学校组织技术讲座。几乎每个研究所和相关企业之间都有非常好的学术交流和联系。教授们经常邀请企业界的同行介绍专业领域的最新进展，并在开学之初就定好技术讲座的日程和内容。

总的来说，德国的企业对学校影响很深，亚琛工业大学教学与企业发展之间的关系十分密切，这通过多重关系来体现，并最终落实在教学上。于是就形成了亚琛工业大学非常注重实践，非常关注工业界的实际动向，直接为工业界提供合格人才的教学特点。这不仅和我们而且和美英俄等国的教育模式均有很大差别。这种模式使学校与企业相互沟通和支持，培养人的目的性更强。

二、大学生参加的生产劳动和社会服务

国外高等学校组织大学生参加生产劳动和社会服务，其目的是培养大学生具备社会所要求的人生价值观、社会责任感，职业精神和职业道德，以及个体的主体性和同情心。

1. 培养大学生人生价值观、社会责任感

大学生人生价值观、社会责任感培养主要通过开设社区服务课、组织社会服务活动等途径来实现。

首先是开设社区服务课。美国学校重视开设社区服务课。每个学生都必须修

一定学分的社区服务课方能毕业。社区服务课都要求学生直接参与社区服务工作，如帮助无家可归者寻找住所；组织无家可归者向社会呼吁，要求社会为他们提供更多可支付的住房等。另外，学生可以以投稿或参加社区服务研讨班的形式反映其社区服务经历。通过社区服务工作，学生对社区一些特殊群体更加了解，对社区存在的问题能更深入地理解；同时训练了解决问题的实践技能，增强了社会责任感，培养了社会参与意识，锻炼了社会参与能力，强化了社会价值观。事实证明：社区服务课对于培养学生的社会参与意识和能力是行之有效的。美国密歇根大学的研究者发现：参与社区服务的本科生比那些仅限于课堂讨论的学生更能将课堂所学知识灵活运用于新情境，更能深入地理解社会问题。美国 500 多所大学和学院校长结成联盟并达成校园协定：一致认为要开设社区服务课。美国高等教育协会陆续出版了 20 多本涉及各学科的专门针对社区服务的书籍。美国大学协会和其他高等教育协会还就此课程举行了专门的研讨会。北美的墨西哥大学为大学生设立了“社会服务”必修课。参与社会服务时，学生们走向工厂，走向农村，走向落后山区的印第安人聚居区，热情地传播科学和文化，切实扶助贫苦民众。学校规定：在社会服务现场，学生不得有家人探望，不得恋爱同居，不得饮酒，在生活上与当地民众相一致，不许搞特殊化，以维持大学生的形象。“社会服务”这门社会实践课的目的，是使大学生树立这样的价值观：任何专业人才必须履行公民义务，具有民族感情和对人名群众的责任感；必须把业务理论与社会实践相结合，把所学专业与国家的实际需要相结合。

其次是组织社会服务活动。美国学校重视社会服务活动，就是要把校园环境和社会环境联系起来，一致起来。把校园和社会联系起来的基础是美国的价值观，即适合美国社会需要的政治思想观念。正如教育家杜威所说：“不能有两套伦理学原则，一套为校园生活，另一套为校外生活。因为行为是一个，因此行为的原则也只是一个。”所以，美国学校把校园环境和社会环境联系起来的根本目的，是为了促使学生形成美国的价值观念，树立社会责任感。美国高校的学生经常参加社会实践和服务活动，包括有组织的和无组织的两类。例如筹集基金、服务性活动、教堂服务项目、慈善机构的项目、选举和竞选活动、为老年人和退休者服务、环境治理项目、校外工作计划和参与学校管理等。

墨西哥社会服务的重点是农村，文教部明文规定高校师生必须用 3 至 6 个月的时间，开设为农村服务的“实际工作课”。学生们在农村中对工、农、渔、牧业、医疗卫生、节育、教育、扫盲、兴修水利桥梁公路、组织及开发农村经济各方面的建设，进行调查研究或具体的协助与指导，在工作中写出工作的阶段总结、社会调查报告，部分学校把这门课还计入学生的学分中。正是通过学生上“实际工作课”，一方面对社会经济的发展、改变农村落后面貌起到了实际作用；另一方面又通过学用结合，对大学生进行了一次生动活泼的思想政治教育，使他们深入到社会中去了解社会、接触社会、增强社会责任感、增长实际工作的能力，为今后走出校门为社会尽职尽责打下较好的心理——行为基础。

2. 培养大学生职业精神、职业道德

培养大学生职业精神、职业道德通过开设活动课、组织志愿者工作等途径来实现。

首先是开设活动课。美国学校重视开设活动课，组织学生积极参与社区或社会活动。活动课一般是与社区合作，学生在学习期间或假期志愿为社区提供服务，如做家教，为难民营的难民做饭等；也可以努力争取改变社会和政治现状，如改善贫困者的生活状况以降低因贫困而引起的文盲率，或组织无家可归者要求社会为他们提供更多可支付的住房。这些活动对大学生而言是非常可贵的人生经历，为他们毕业后走向社会提供了丰富的经验，也为其职业生涯的开始奠定了基础。一些大学制订计划试图将传统课程与活动课相结合，主要做法是建立住宿学院、组织群体对话。通过社会化的住宿生活，将不同学生的生活联系起来，有利于培养学生与人相处的能力，也有利于不同学科的交流，扩展了学生的知识范围。群体对话有助于增加不同个体间、群体间的交流和理解，使学生和社区成员间更好地相互理解，有利于学生对社会生活的了解，并为日后走向社会做准备。

在日本不少高等学校将志愿者活动作为学校的授课内容和研究对象，特别是日本的教育专业毕业生。他们要想成为教师，在参加教师资格考试之前，必须到福利机构如敬老院、残疾人康复中心、孤儿院等进行为期两周以上的服务，否则得不到教师资格。

其次是组织志愿者工作。英国高校非常重视组织志愿者工作，许多大学的职业指导机构都举行不同种类的志愿者工作。地方政府经常开办不同主题的工作来计划帮助学校孩子以及年轻人参与社会实践，例如慰问老年人或是社区，并提供诸如整理花园、购物等实际的帮助。学生可以有选择性地参加某个时间的工作，一个下午或是一个周末的傍晚。另一个选择则是参加暑期或短期的实践项目，学生将从志愿者实践的活动中获得很多有益的经验。许多学生通过在业余时间或是假期参加志愿者工作获得了有益的经验。志愿者工作的种类是非常多的。你可以从事一些与你职业规划相关的行业以获得工作经验，也可以进入一个与职业规划完全不同的领域或是不熟悉的领域以获得完全不同的职业感受。

3. 培养大学生的主体性和同情心

培养大学生的主体性和同情心通过社会参与性学习、社会公益活动等途径来实现。

首先是社会参与性学习。美国各州范围内的不同学区和学校实施的社会参与性学习课程是五花八门，重点在于参与社会生活领域，接触社会现实，注重开展各种社会参与性的活动，如社区服务、社会调查、考察与访问。社会参与性学习往往体现不同地方的历史文化传统、社会生活方式和发展状况，它反映在不同学区的课程方案之中。这些都体现了大学生个体主体性、综合实践性、社会参与性、真实生活性等基本特征。

其次是社会公益活动。社会公益活动有两种方式：学校组织学生群体活动、学生个人活动。美国大中小学的社会公益活动一般由学区制定基本标准，由学校组织实施，如养老院公益活动、为非洲灾民募捐活动等，以便培养学生的同情心、社会责任感和义务感。

第三章　我国大学生社会实践的发展现状

中华人民共和国成立以来，尤其是改革开放后，大学生社会实践取得了显著成绩，对经济社会发展发挥了十分重要的作用，积累了正面经验，但也存在着薄弱环节。大学生社会实践必须坚持以正确的理论做指导，遵循现代教育发展基本规律，坚持理论联系实际的基本原则，紧扣时代主题，不断与时俱进，坚持走与工农相结合的道路，兼顾青年特点，服务学生成才，注重与国民经济发展相适应，加强和完善组织领导机制。当然，大学生社会实践仍然存在着认识和重视程度不够、学生参与面不广、社会实践经费不足、功利和形式主义严重、实践基地无法满足需要、社会支持力度不够、实践教育体系不完善、服务保障制度不够健全等问题。

第一节　改革开放以来大学生社会实践活动的发展

1949 年中华人民共和国成立后，党和国家领导人坚决贯彻马克思主义“教育与生产劳动相结合”的指导方针，坚持人的全面发展的思想，高度重视大学生社会实践活动。一届又一届的大学生在丰富多彩的社会实践活动中“受教育、长才干、做贡献”成长为社会主义现代化建设各条战线的栋梁之材。回顾改革开放以来的大学生社会实践活动，其发展历程大致可以概括为以下五个阶段。

一、大学生社会实践初步恢复阶段

20 世纪 70 年代末期，全国上下百废待兴，教育尤其是高等教育首先得到发展，重新恢复高考，在全国招收大学生。如何引导大学生认识国情、关注民情、提高他们的社会责任感，使他们摒弃那种“天之骄子”的优越感，充分调动他们的积极性，让他们全身心地投入社会主义现代化建设的伟大实践，成为当时大学生思想政治教育的重要课题。

我国高校社会实践活动在20世纪80年代初逐步兴起，既有大学生自身发展需要的内在原因，也有外部环境激发的原因。从大学生自身的发展需要看，这时的他们大都刚从高中考上大学，思想敏锐，充满朝气，思维方式各异。在校时就渴望有机会到社会的舞台中去接受锻炼，了解实际生活，获得直接经验，他们希望通过社会实践与人交往，砥砺斗志，初试锋芒，在社会的天平上进行自我评价，力求取得社会的理解与尊重。从外部环境看，20世纪80年代初期，中国进入了改革开放新的历史时期，改革开放和现代化建设对大学生的能力培养提出了更高的要求，对高校的教育改革提出了新的要求。大学生们渴望在实践中进一步了解改革，投身改革的浪潮。

1980年，教育部重申了学生参加劳动的规定，要求每个大学生在校四年中都必须参加两周的生产劳动。1980年2月，国务院批转了吉林省《关于开展勤工俭学情况的报告》，肯定了勤工俭学是全面贯彻党的教育方针的重要措施，此后在各学校开展了多种形式的勤工俭学活动。1980年，清华大学学生提出“振兴中华，从我做起，从现在做起”的口号，在全国大学生中引起了强烈的反响。许多高校因势利导，从开展“学雷锋，送温暖”活动入手，逐步将活动由校园扩展到社会，引导学生把思想付诸实践，参与到为人民服务中去，引起全国各地高校的广泛响应和积极参与。为了贯彻落实《关于建国以来党的若干历史问题的决议》，许多高校的团委和学生会组织了展览会、参观革命遗址等实践活动。1981年2月，共青团中央等九个单位联合发出了以“五讲四美”为主要内容的《关于开展文明礼貌活动的倡议》，开展了文明礼貌活动。1982年2月，中共中央办公厅转发的中宣部《关于深入开展“五讲四美”活动的报告》中规定，每年3月为“全民文明礼貌月”。同年3月，在党中央和国务院的领导下，全国开展了第一个“全民文明礼貌月活动”，北京、上海、辽宁等地的学生纷纷走上街头开展“人民送我上大学，我献知识为人民”的咨询服务活动，取得了显著的效果。1982年2月，受原国家农委的委托，北京大学等高校155名家在农村的大学生，在寒假期间，就农村实行家庭联产承包责任制以来各方面的情况进行调查，写出调查报告157篇。这就是有名的“百村调查”，标志着大学生社会实践活动在新的形势下得到初步恢复。

20世纪80年代初是大学生社会实践活动的初步恢复阶段。社会实践逐步成为高校对大学生进行思想政治教育的新形式。就其内容来看，农村着重于调研农村土地承包责任制实行后的巨大变化，城市侧重于街头服务；就其形式来看，主要是调查研究、咨询服务和参观考察等；就其作用来看，大学生自发地逐步融入社会，消除了高校和社会之间的隔阂，转变了大学生上大学读书的目的，并在社会上引起了极大反响，为今后社会实践的深入开展打下了良好的基础，同时创新了大学生思想政治教育的形式。这一阶段的社会实践活动虽然逐步开展起来了，但由于各种原因活动效果没有完全发挥出来，仍然存在着一些不足。具体体现：一些高校对社会实践活动的认识不统一，造成社会实践活动的发展不平衡，未能形成规模；高校组织的社会实践活动形式单一，难以调动学生的积极性；学生参加社会实践大多是一种自发性质的，对社会实践的重要性认识不够，不能自觉主动地投入社会实践活动的广阔天地去锻炼自己。1983 年 10 月，共青团中央、全国 学联发出《纪念“12・9”运动 48 周年开展“社会实践活动周”的通知》(以下简称《通知》)，号召大学生开展“社会实践活动周”，得到了各地高校团组织和学生会的响应。《通知》充分阐述了开展社会实践活动的意义，对新时期如何组织好大学生社会实践活动提出了具体的指导意见。这标志着高校社会实践活动已经冲破了零散、自发、单一的格局，逐步向正规化方向迈进。

二、大学生社会实践逐步规范阶段

随着社会实践活动的开展，许多高校十分重视引导学生参加社会实践活动，使之成为生动活泼地进行思想政治教育的重要途径和形式。1984 年 1 月，南开大学团委利用寒假组织学生开展了“让南开校徽在祖国各地闪光”的为人民服务活动，既服务了人民，又增强了大学生的集体主义荣誉感，受到了学生的热烈欢迎。同年，在上海有 25000 多名学生参加以结合专业为主的各种勤工俭学活动。在辽宁有 40 多所大中专院校在校外建立了 700 多个社会实践基地，把突击性的活动发展成为与工农相结合、与实践相结合、为祖国服务的长期活动。共青团中央、全国学联及时总结了社会实践活动的有效经验。1984 年 5 月，共青团中央在辽宁召开了规模较大的“社会实践活动现场观摩会”，进一步推动了高校社会实践活动的开展。时任团中央书记处书记的胡锦涛同志在会上提出了“受教育、长才干、做贡献”的口号，并被确立为大学生社会实践活动的指导方针。1984 年 9 月，中宣部、教育部制定了《关于高等学校学生参加生产劳动的若干规定》，指出“要坚持德智体全面发展、又红又专、知识分子与工人农民相结合、脑力劳动与体力劳动相结合的方针”。1985 年 5 月，中共中央发布了《中共中央关于教育体制改革的决定》，进一步强调了积极参加社会实践、理论联系实际对青年学生成才的作用。1987 年 5 月，中共中央颁发的《中共中央关于改进和加强高等学校思想政治工作的决定》把积极引导学生参加社会实践作为一个重要方向，指出“青年学生只有在学习科学文化知识的同时积极参加社会实践，更多地了解国情，了解社会主义建设和改革的实际，了解人民群众的思想感情，才能树立起为建设社会主义祖国而献身的信念，逐步锻炼成为有用人才”。为了贯彻中央的精神，1987 年暑假前，原国家教委、共青团中央联合下发了《关于广泛组织高等学校学生参加社会实践活动的意见》，在指导思想上明确强调了组织学生到建设、改革的第一线去，深入群众，了解实际，向工农学习，向实践学习，为社会主义建设服务。此后，大学生社会实践活动受到各地党政领导和高校的重视和大力支持，在全国范围内开展起来。在各级党组织的支持下，一些地方开始建立大学生社会实践基地，在寒暑假出现了集中开展社会实践活动的势头，先后以“社会实践周”“社会实践建设营”等形式开展有组织、大规模的社会实践活动，深入基层参与经济建设，进行技术协作、技术培训、社会调查和义务劳动等社会实践，取得了良好的效果。社会实践活动由自发开展到有组织地进行，由在局部的高校开展发展到向更大的范围推广。

在这一阶段，高校的社会实践活动有了规范性的文件和明确的要求，高校逐渐认识到社会实践活动在课堂教学的补充和延伸方面、在学生的思想政治教育等方面具有重要作用。活动的形式逐渐丰富起来，规模也有了扩大，取得了一定的效果。但也存在一些问题：一些学校对社会实践活动的重视只是体现在文件上，不能统筹规划，缺乏资金投入，只是靠团委、学生会来组织，活动发展不平衡；有的学校只是片面追求活动表面热闹，急功近利，使活动流于形式，对活动的效果缺乏了解，忽视了社会实践活动的人才培养效益，使活动效果受到影响；高校对社会实践活动的评价方式也不够科学，有的学生因为一篇调查报告或论文就受到表彰，有的仅凭社会实践活动的登记表就被认为合格，不科学的评价体系直接导致了学生的创造热情和活动积极性受到挫伤。这些问题影响了高校社会实践活动的深入开展，直到 1989 年年底，在党中央、国务院的领导下，经过高校的努力工作，这些问题才得以解决，高等教育的改革和发展才又继续向前推进。

三、大学生社会实践蓬勃发展阶段

20 世纪 80 年代末 90 年代初，世界格局风云变幻，西方资本主义国家的和平演变严重威胁中国社会主义制度的存在。由于受到西方资本主义自由化思潮的侵蚀，一部分青年学生对社会主义建设取得的成就不满，甚至有些学生对社会主义事业产生了怀疑。如何加强大学生的思想政治教育工作成为当时党和国家首要解决的问题。新形势下开展大学生社会实践活动成为解决青年学生思想政治问题的重要途径。1989 年 6 月召开的党的十三届四中全会为吸取经验教训、纠正“最大失误”、切实加强思想政治工作提供了新的转机，1989 年 8 月，江泽民同清华大学的部分师生亲切座谈，恳切地希望青年学生向广大工农群众虚心学习，在理论与实践的结合中努力克服自身的弱点。在“国庆 40 周年和纪念五四运动 71 周年”的大会上，江泽民代表党中央反复强调，广大知识分子特别是青年知识分子应该走与社会实践相结合、与工农群众相结合的成长道路，不断从人民群众的历史创造活动中汲取营养，在祖国社会主义建设中发挥自己的聪明才智。1991 年 5 月，中共中央组织部批转的共青团中央、国家教委党组《关于加强高等学校共青团建设的意见》明确要求：“组织学生参加社会实践活动，引导他们自觉走青年知识分子健康成长的正确道路。”

1992 年，邓小平同志南方谈话和党的十四大的召开进一步解放了思想，把改革开放和现代化建设事业带入了新的发展阶段，高校的社会实践活动也进入适应社会主义现代化建设发展需要，为“两个文明建设”服务的全方位深化发展的新阶段，展现了蓬勃发展的势头和强大的生命力。1993 年 10 月党的十四大隆重召开，通过了我国建立社会主义市场经济体制的决议，我国的改革开放事业不断深入发展，市场经济价值的取向在一定程度上促使大学生的价值观和人生观发生了改变。1993 年 12 月，时任共青团中央书记处书记袁纯清同志就高校社会实践问题发表了纲领性讲话，指出“社会实践教育与教育的改革与发展相一致，与地方的经济发展相一致，与学生自身成长的渴求相一致”，袁纯清认为适应市场体制、转换实践机制、深化实践内容是高校社会实践面临的核心问题，并在当年提出和开展了“百县千乡科技文化服务工程”，成为大学生社会实践活动蓬勃发展的重要标志。1993 年 12 月，共青团十三届二中全会通过的《在建立社会主义市场经济体制进程中我国青年工作战略发展规划》，提出实施“跨世纪青年文明工程”和“跨世纪青年人才工程”。作为实施两个重点工程的“青年志愿者”活动和“大学生科技文化服务”活动，成为大学生社会实践活动的主要形式。1995 年，共青团中央开始实施“中国大学生志愿者五年扫盲行动”，计划每年扫盲 200 万人，五年达 1000 万人。当年组织了 15000 支大学生志愿者服务队深入农村、基层、少数民族地区开展扫盲实践活动。面对新形势和社会、学生新的需求，各高校纷纷组织科技文化服务队，共有 40 万大中专学生深入贫困地区、城镇进行科技文化服务，收到了巨大的经济效益和社会效益。1994 年，为提高青年学生服务社会的自觉性和适应改革开放对人才素质的要求，共青团中央、全国学联、国家科委、《光明日报》、《中国青年报》等 15 家单位联合发起了在 1994 年暑期开展“万支大中专学生志愿服务队暑期科技文化活动”，当年全国共有 300 多支服务队近 6000 名学生骨干投入了长时间的服务活动。

在这一阶段，在共青团等单位牵头组织下，高校普遍加强了实践环节，注重把学校教育与社会教育结合起来，规模空前地开展社会调查、考察访问、挂职锻炼、科技咨询、人才培训、技术服务等丰富多彩的社会实践活动，让大学生深入社会、深入基层，了解国情民情、了解建设和改革所取得的巨大成就，培养他们对人民的感情和艰苦奋斗、吃苦耐劳的精神，主要表现：改进教学方法，加强教学的实践环节，把组织学生参加必要的社会实践列入学校教育的整体计划，制定严密的实施方案加以落实并使之制度化；认真改进和加强劳动教育，把劳动课作为必修课对待，学生必须完成劳动课必修的学分，完不成的不予毕业；开展军训试点工作，北京大学、复旦大学从 1989 年开始，连续几年将新生送入军校接受为期一年的严格军事训练，收到了良好的教育效果；大力开展以了解改革和建设发展状况为核心内容的社会调查活动，组织学生到企业、农村、学校参观，到老少边穷地区考察，到革命根据地、革命遗址、革命纪念地学习等。学生社团活动蓬勃开展，为大学生参加社会实践活动开辟了新的途径。社团活动的兴起，使越来越多不满足于课堂教育的学生将较多的注意力转向课外，把社会实践活动当作人才培养的重要途径。同时，学生社团内部结构的多维性，为学生之间的学科交叉、相互渗透、相互影响提供了可能。在这一阶段无论是社团数量还是规模都发生了很大变化，青年学生通过社团活动增进了对社会的了解，加强了参加活动的主动性。

四、大学生社会实践深入完善阶段

党的“三个代表”重要思想提出和十六大全面建设小康社会的方针的确立，实施西部大开发的重大战略决策，为大学生社会实践提供了新的指导方向和广阔的活动空间。1999 年 6 月第三次全国教育工作会议召开，中共中央、国务院颁布《关于深化教育改革全面推进素质教育的决定》强调指出:“教育与生产劳动相结合是培养全面发展人才的重要途径……高等学校要加强社会实践，组织学生参加科学研究、技术开发和推广活动以及社会服务活动。利用假期组织志愿者到城乡支工、支农、支医和支教。社会各方面要为学校开展生产劳动、科技活动和其他社会实践活动提供必要的条件，同时要加强学生校外劳动和社会实践基地的建设。”同年，教育部、共青团中央在全国部分重点高校组织了中国青年志愿者扶贫接力计划、研究生支教团的工作，每年挑选一批品学兼优的大学生在国家贫困县开展为期一年的支教工作。2000 年共青团中央组织了以博士生、硕士生为主的“博士团三下乡”服务队，通过高学历的人才把科学技术送到农村，既为基层解决了实际困难，又对高层次人才进行了教育。2001 年，江泽民对当代大学生提出了“四个统一”和“五个希望”，进一步指出了当代大学生成才的途径和目标。为了贯彻落实“三个代表”重要思想，在全国高校组织了“三个代表”实践服务团。2002 年，为了宣传公民道德建设实施纲要，又组织了大学生“公民道德”实践服务队，全国每年有几十万大学生参加这些活动。同年，共青团中央、教育部、全国学联下达了《关于实施大学生素质拓展计划的意见》的通知，通知要求“大学生素质拓展计划”的基本内容是以开发大学生人力资源为着力点，进一步整合深化教学主渠道外有助于提高学生综合素质的各种活动和工作项目，在思想政治与道德素质、社会实践与志愿服务、科技学术与创新创业、文体艺术与身心发展、社团活动与社会工作、技能培训六个方面引导和帮助学生完善智能结构、全面成长成才，成为推动大学生社会实践活动创新发展的重要推动力。

2004 年 10 月，中共中央、国务院发出《关于进一步加强和改进大学生思想政治教育的意见》强调:“社会实践是大学生思想政治教育的重要环节，要建立大学生社会实践保障体系，探索实践育人的长效机制。”2008 年 5 月，胡锦涛在北京大学讲话中鼓励大学生“积极参与社会实践，向人民群众学习，磨炼意志，增长才干，切实提高创造能力和创业能力，为今后走上社会、成就事业打下坚实基础”。2008 年 6 月，胡锦涛在同共青团中央第一届领导班子成员和团十六大代表座谈时指出:要努力参加社会实践，把“读万卷书”与“行万里路”结合起来，自觉向实践学习，向人民群众学习，在实践中汲取丰富营养、提高综合素质，真正成为既学识广博又能干实事的新一代建设人才。2011 年 4 月，胡锦涛在庆祝清华大学建校 100 周年大会上讲话时指出 :“要坚持理论联系实际，积极投身社会实践，在基层一线砥砺品质，在同人民群众的密切联系中锤炼作风，在实践中发现新知、运用真知，在解决实际问题的过程中增长才干，不断提高实践能力、创新创业能力，切实掌握建设国家、服务人民的过硬本领，为走上社会、成就事业打下坚实基础。”

在这个过程中，中宣部、教育部对大学生社会实践活动给予了充分肯定和具体的指导，各地党政也给予了积极的支持和有效的帮助，中国青年志愿者扶贫接力计划研究生支教团、农村青年增收成才服务团、大学生“三个代表”实践服务团以及西部计划志愿者等成为这个阶段大学生社会实践活动代表和重要组成部分，各高校和参加实践的大学生都能积极发挥主观能动性，创造性地开展工作。把高校社会实践活动和对大学生科学创新精神的培养、指导大学生开展创业实践、对大学生进行创业教育结合起来，是这一阶段的一个突出特点。创业教育是要教会学生逐步具备自己开创业绩的素质、知识和能力等的必要条件，通过创业教育，学生全面了解了创新的作用与价值，深刻领会到创新对创业的重要意义。共青团中央、教育部等单位在全国高校组织开展了两年一次的“挑战杯”大学生课外科技学术作品竞赛和创业计划大赛，学生在老师的指导下，利用课余时间开展社会实践活动，到社会上进行问卷调查，到科研单位、工厂企业检验自己的科研成果，开展创业计划设计和实践，提高自己的创业能力和团队合作精神，直接促成了大学生科技成果规范化转让，实现了大学生科技实践成果为现代化建设服务。利用课余时间组织学生参加科研活动和创业活动，引导和激励了大学生实事求是、刻苦钻研、勇于创新、多出成果、提高素质，促进了高校社会实践活动的完善发展，发现和培养了一批有创新能力的优秀人才。从服务支教到生态保护，从实践“三个代表”到建设“和谐社会”，将社会实践和国家政策、社会倡导、人民需求紧紧地结合在一起，成为大学生社会实践活动的一大特色，同时也说明大学生社会实践活动成为对学生进行思想政治教育不可或缺的重要手段，标志着大学生社会实践活动在组织领导上得到了进一步加强，在内容和形式上更加丰富和全面，在层次和水平上有了进一步的提高，高校大学生社会实践活动步入了深化完善的新阶段。

纵观这一时期大学生社会实践活动的历程，可归纳出以下特点：一是大学生社会实践活动经历了一个由自发到自觉、由单一到全面、由小规模到大规模的发展过程。从开始时由共青团系统组织的小规模的考察，到有组织有系统，上自中宣部、国家教委、团中央，下至各校党委、校长亲自负责的大规模的社会实践。二是大学生社会实践内容丰富，形式多样，时代特色越来越鲜明，更加突出了“三贴近”的要求。社会实践活动从初期的社会调查、勤工助学、挂职锻炼扩展为“三下乡”、“四进社区”、创业实践、科技发明、“红色之旅”参观考察等，尤以文化、科技、卫生“三下乡”和科教、文体、法律、卫生“四进社区”活动为品牌项目，已经成为新形势下大学生参加社会实践的有效载体。三是大学生社会实践活动呈现出由被动实践向主动实践、由认知社会向服务社会、由改造思想向全面提升自身素质的转变，已越来越引起全社会的关注，得到全社会的支持和帮助，正在日趋系统化、规范化和制度化。大学生社会实践已成为共青团实施大学生素质拓展计划的重要组成部分。绝大多数高校都探索建立了社会实践与专业学习、服务社会、勤工助学、择业就业、创新创业相结合的管理体制，把大学生社会实践作为对学校办学质量和水平评估考核的重要指标，纳入学校党的建设和教育教学评估体系。

五、大学生社会实践开拓创新阶段

2012 年 1 月，教育部、中宣部、共青团中央等七部委下发了《关于进一步加强高校实践育人工作的若干意见》，要求充分认识高校实践育人工作的重要性，统筹推进实践育人的各项工作，推动实践教学、军事训练、社会实践活动的紧密结合，切实加强对实践育人工作的组织领导，努力推动高校实践育人工作取得新成效、开创新局面，标志着高校实践育人工作进入开拓创新的阶段。2017 年 5 月，习近平总书记在与北京大学师生座谈时指出：“广大青年要树立和培育社会主义核心价值观。要笃实，扎扎实实干事，踏踏实实做人。青年有着大好机遇，关键是要迈稳步子、夯实根基、久久为功。青年要把艰苦环境作为磨炼自己的机遇，把小事当作大事干，一步一个脚印往前走。”从此，大学生社会实践活动在党的十八大精神和习近平总书记系列讲话精神指引下，以“实现中国梦”为主题，为实现中华民族伟大复兴这个宏伟目标而努力奋斗。

2017 年 10 月 18 日，习近平总书记在第十九次全国代表大会上指出：“青年兴则国家兴，青年强则国家强。青年一代有理想、有本领、有担当，国家就有前途，民族就有希望。中国梦是历史的、现实的，也是未来的；是我们这一代的，更是青年一代的。中华民族伟大复兴的中国梦终将在一代代青年的接力奋斗中变为现实。”这是期待“时代新人”有所作为，希望年轻的大学生能为“中国梦”贡献自己的力量，希望他们能够将“中国梦”与自己的成长紧密联系起来，并在实现“中国梦”的过程中树立社会责任感。从习近平总书记的系列重要讲话中可以看出总书记对青年大学生给予厚望，并期望大学生能将信念化作行动，以实际行动为“中国梦”添砖加瓦。通过积极参与社会实践活动，大学生能明确自己所负担的责任和使命，舍去“小我”，成就“大我”，时刻将个人的发展与国家发展、民族复兴紧密结合，为“中国梦”画上浓墨重彩的一笔。2020 年，教育部等八部门联合印发《关于加快构建高校思想政治工作体系的意见》指出:“深化实践教育，推动构建政府、社会、学校协同联动的实践育人共同体”。

我国经济总量已跃居世界第二，人民的生活质量不断提高。在经济较好发展的大环境下，国家发展对人才的要求不再是单一的技能，而是着重培养更全面的人才，全面发展成了大学生的内在要求。对大学生的正确教育，是要使学生对自己有正确的认识，谦虚地向他人求教，从而有更大的发展空间。引导大学生积极参与社会实践活动，将学到的知识运用到实践中，然后从实践中学习新知识。不断从实践中锻炼大学生的动手能力、创新能力，真正让教育促进大学生的全面发展。大学生的全面发展不仅关系大学生自身价值的实现，更重要的是国家和社会的发展。这一阶段国家出台了一系列推动大学生社会实践活动政策文件，使得社会实践开展越来越顺利，育人功能越来越明显。

以上就是我国高校大学生社会实践改革开放以来的发展历程，纵观这一历程，大致可以看出：第一，改革开放以来大学生的社会实践主题与时代主题，与国家经济社会发展的重大决策总是相吻合的，这也成为社会实践具有强大生命力的一个重要原因。第二，社会实践在其育人上，与青年学生成才的关系上，一直体现着“受教育、长才干、做贡献”的作用，只不过是在不同时期，活动的内容与形式发生着变化。第三，社会参与面越来越广，参与方式从自发走向自觉，从组织走向自己寻找实践机会。从服务的角度来讲，大学生社会实践在改革开放至今的这些年中有一个特别突出的表现，就是与社会需要、与大学生自己成长的需要，特别是与大学生自己未来就业的需要紧密地结合了起来。还需要特别说明的是，大学生社会实践活动在高校思想政治教育体系中占有越来越重要的地位。

第二节　当代大学生社会实践活动的基本现状和主要问题

改革开放以来，高校大学生社会实践活动蓬勃开展，为国家和社会带来了巨大的社会效益和经济效益。同时促进了大学生综合素质的提高，为社会主义现代化建设培养了大批建设者和接班人。

一、当代大学生社会实践活动的基本现状

根据对在校大学生、高校教师、毕业生、社区居民、社会企事业单位的调查，获取他们对大学生社会实践的看法和态度，从一个侧面比较全面地揭示了高校大学生社会实践活动的现状。

1. 参与社会实践活动的积极性较高，但仍然存在着认识不足

在社会实践活动中，大学生既是组织者，又是参与者，其多重身份决定了其在社会实践活动中的主体地位。大多数大学生认为必须参加社会实践，但也有极少数的大学生认为没有必要参加社会实践，甚至有极个别的大学生对参加社会实践持反对意见。总的来说，社会实践活动作为学校课堂教育的必要延伸和素质教育的重要载体，对全面提高大学生的思想道德素质和科学文化素质具有十分重要的作用，已经成为当代大学生了解国情、服务社会、增长才干的重要途径和舞台，得到了广大学生的积极响应和热情参与，显示出了蓬勃的生机与活力。

对于参加社会实践活动的目的，大部分学生认为主要是增加社会阅历、积累社会经验，为就业做准备；也有学生认为通过社会实践参与社会公益活动，可以为社会多做些贡献。当然，也有学生认为参与社会实践可以获得适当的经济收入，巩固所学知识，提高业务技能，完成学校布置的任务。对于参与社会实践活动应做的准备，有的同学认为需要提前掌握一些理论知识或业务技能，有的认为应提前对实践单位进行一些了解，做好必要的心理准备。但是，部分学生对社会实践活动仍然存在着重视程度不够、认识不足的问题。部分学生认为时间太短，无法真正进入角色；部分学生认为理论知识储备不足，业务技能不熟练；部分学生认为参加社会实践活动不过是游山玩水，走走过场，完成学校交办的任务；部分学生认为，学校过于追求媒体宣传效果，活动存在形式主义的倾向。所以，尽管大学生参与社会实践活动的积极性很高，但还是有一部分学生对社会实践活动在心

理上持排斥态度。由于受就业压力的影响，这部分学生过分注重文化课成绩，认为参与社会实践浪费时间和精力，不愿意也从未参与任何形式的社会实践活动。

2. 高校普遍重视学生社会实践活动，但缺乏规范管理和指导

一方面，高校重视大学生社会实践活动，并将其作为拓展学生素质的重要举措。通过学校对社会实践机制的不断完善，对学生社会实践活动的支持，绝大部分学生都能深刻地认识到学校对社会实践活动的重视程度和开展力度，意识到学校把社会实践摆在了整个人才培养工作的重要位置，并对学校社会实践的实施状况感到比较满意。另一方面，也存在着学校对社会实践的研究力度不够，社会实践投入有限、经费短缺，部分高校缺乏对大学生社会实践的整体规划和系统设计，一般把主要精力和财力都投入“重点团队”，而对自主实践的学生缺乏有效的经费支持和过程管理，同时部分高校社会实践的经费投入不足，难以满足广泛地开展社会实践活动的实际需要的问题。所以，大学生社会实践活动开展仍然面临着许多困难。资金的匮乏和有效指导的缺乏是导致社会实践活动无法取得预期效果的重要原因。此外，部分高校未形成社会实践的长效机制，未将社会实践活动纳入人才培养体系。相当一部分高校未建立完善的社会实践活动运行机制、组织机制、激励机制和评估机制，大学生社会实践活动存在宣传力度重于实际工作的现象。虽然学校有社会实践计划，但对学生参与社会实践缺乏制度性的约束和规范性的指导，导致学生参与社会实践存在着盲目性，对学生社会实践过程、现实表现、取得的成果缺乏科学的质与量的分析考评，对参与和指导社会实践的教师的工作量没有体现，未将其表现、能力和成绩作为评选先进、评定职称的依据，影响了指导老师的积极性，这些都不利于社会实践活动长期稳定发展，并从一定程度上说明虽然高校对组织大学生参与社会实践活动的重视程度很高，但具体落实到行动上，能做到、能做好的只是少数。

3. 地方政府和企事业单位认识不一，影响了社会实践活动的开展

大部分社会单位对大学生社会实践持支持态度，但是也有部分单位认为大学生社会实践活动和其没有多大关系，缺乏接待大学生参与社会实践活动的热情和积极性。具体体现在：第一，虽然支持学生的社会实践锻炼，但是力度不够。大部分学生和老师认为开展社会实践的最大困难在于联系实践单位，说明虽然学生参与社会实践的积极性日益高涨，但社会的支持力度不够，导致很多学校大学生社会实践基地不稳定，社会实践基地地点、单位更换频繁，每年都要被动地寻找

新的实践单位，挫伤了学生的积极性。第二，实践岗位和专业知识关联度不大，缺乏实践价值。大多数企事业单位都很乐意接收大学生来单位参加实践，因为既不用花太多的钱，又找了一批廉价的劳动力。在社会实践期间，学生所接触的实践内容绝大多数是一些事务性的工作，而真正能够运用到自己所学专业知识的实践机会少之又少，甚至造成学农基地无农可学，学工基地无工可学，学医基地只能从事跑腿等体力劳动却还要交实习费用，这样的社会实践安排对学生的帮助并不太大，反而挫伤了大学生参加社会实践的积极性。第三，考虑到自身利益，许多实践单位态度冷漠。由于高校扩招带来的大学生整体素质下降，大学生的社会公信力也受到影响，从昔日的“天之骄子”变化为混迹于社会的“芸芸众生”，极个别大学生借用社会实践的名义招摇撞骗，以及在社会实践活动中频发安全事故，导致部分社会实践单位认为多一事不如少一事，不太愿意接收大学生进行社会实践。

4. 社会实践基地建设重视数量和形式，未能真正发挥基地的作用

大学生社会实践基地是大学生社会实践活动的重要场所，是大学生走向社会、接触社会、了解社会、服务社会的桥梁和重要平台。大学生社会实践基地建设对促进大学生综合素质的提高、促进大学生成长成才能够发挥学校课堂教学难以发挥的重要作用。近年来大学生社会实践基地的建设取得了不错的成绩，但也存在诸多问题，主要集中在以下四个方面：第一，没有充分认识建设社会实践基地的意义。大学生社会实践基地的建设是一项系统工程，需要政府、社会、高校、学生的共同参与。大学生是社会实践的直接参与者和最大受益者，同时大学生社会实践基地所在的地区或单位也是受益者。但是相关单位和部门认识不清，认为加强大学生社会实践基地建设和接收大学生参加社会实践是一种负担，影响其正常工作的开展，认识不到大学生社会实践的重要社会现实意义，不积极主动配合工作、履行自己的义务。尽管高校普遍认为应当积极建设社会实践基地和创业就业基地，但有些高校则往往将实践基地作为大学生的一个相对稳定的普通实践场所，并未真正帮助实践单位解决一些实际问题，一定程度上挫伤了实践单位的积极性。第二，大学生社会实践基地建设的职责、义务不明确。实践单位认为建设社会实践基地是高校和政府的事，高校只知道派学生假期去基地实践，平时很少关心基地建设，更缺乏主动帮助基地解决实际问题的积极性，存在着“重建设轻培育、重使用少监管”的现象，双方更没有往深层次的校企合作、资源共享等方面努力。社会实践基地接收大学生参与社会实践，常常是碍于领导的压力或情面，接收、安排大学生参加社会实践时往往敷衍了事，不清楚应该为大学生社会实践提供帮助和服务的内容。第三，社会实践基地专业不对口，利用率不高。高校建立社会实践基地时往往考虑的是某个专业或院系，而实践单位不可能只需要某个专业的学生，这样容易造成单位的需求和学生的实践不能有效对接，导致社会实践基地专业不完全对口，利用率不高。同时考虑到经费有限和学生安全问题，往往建设的实践基地类型较少，地域范围相对狭窄。第四，部分社会实践基地徒有虚名。由于高校为了完成上级要求的社会实践基地数量指标，实践单位考虑挂牌提升自己的知名度，双方为了建设基地而建设基地，不可避免地造成少数社会实践基地的牌子挂了，但不具备大学生社会实践的条件或因为种种原因无法向大学生提供社会实践岗位，学生甚至不知道有这个基地，学校也从不安排学生到建立的基地进行社会实践，学校、大学生与社会实践基地的日常交流非常少。

二、当代大学生社会实践活动的主要问题

目前，我国高校绝大多数学生经历的都是不出校门的成长之路，与社会接触的机会不多，经历比较简单，思想比较单纯，普遍缺乏社会经验和实践经验。这种状况不利于大学生思想的成熟，不利于大学生综合素质的提高。因此，向实践学习、向工农学习是非常必要的。但是，社会实践并非在任何情况下都能产生正效应，盲目的、没有引导的社会实践反而适得其反。在社会实践活动中，大学生既看到了改革开放以来，在党的正确方针政策指引下广大城乡所发生的翻天覆地的变化，深深感受到了中国特色社会主义理论体系的伟大所在，同时也不可避免地接触到了不愿看到和不愿听到的一面，如城乡低收入阶层的困苦、令人担忧的社会治安状况、各种社会腐败现象、不断壮大的宗族势力、沉渣泛起的封建迷信及部分城乡居民日益淡薄的社会主义信念等。面对弱势群体的无助、无奈和愤慨，充满理想色彩的青年学生往往激动、困惑、失望和沮丧，如果不及时地加以引导，往往产生不堪设想的后果。

1999 年，第三次全国教育工作会议强调：事实已经充分说明，象牙塔式的教育不能适应当今时代的需要，教育同经济、科技、社会实践越来越紧密地结合，正在成为推动科技进步和经济社会发展的重要力量。2005 年，《关于进一步加强和改进大学生社会实践的意见》指出：宏观上看，大学生参加社会实践，了解社会、增长才干、奉献社会，对于坚定在中国共产党领导下，走中国特色社会主义

道路，增强历史使命感和社会责任感，具有不可替代的重要作用；微观上看，大学生在社会实践中可以将理论与实践相结合，通过实践检验理论，促进个体社会化，培养综合素质和能力，包括吃苦耐劳精神、耐挫精神、组织协调能力等，这是个体适应社会的“必修课”。在社会对人才综合素质要求越来越高的今天，社会实践在高校育人工作中的不可替代性日益凸显。

社会实践活动是一项复杂的系统工程，涉及政府、高校、家庭、学生和实践单位的支持、参与和配合。尽管目前上自中央下至地方都比较重视，但不能否认仍然存在着思想认识没有完全到位的问题。

1. 政府重视程度不够

大学生社会实践活动是由中宣部、中央文明办、教育部、共青团团中央、全国学联等单位共同举办，联合发文号召。但在具体开展社会实践过程中，地方政府往往重视不够、支持不够，往往成了共青团系统独家的事情。有的地方政府把大学生社会实践当作旅游、参观、考察活动，把学生当作特殊客人给予高规格接待，应付了事，而忽视了发挥大学生的优势来做一些实事，没有真正认识到社会实践对大学生教育和锻炼的重要性，忽视了社会实践对大学生成长成才的重要作用。

2. 高校认识不够统一

目前，仍然存在着相当一部分高校对大学生社会实践认识不到位的问题。一是认识程度不深。有的高校对加强和改进大学生社会实践的重要性和现实意义认识不足，认为社会实践活动不如教学活动重要，将其片面化、简单化理解，认为大学生社会实践只是一种形式，没有摆上学校的重要日程，没有与人才培养和学生成长成才紧密结合，缺乏整体规划和系统的过程设计，只把社会实践当作学生素质培养的“软”任务，只是根据学校的实际和专业的特点有选择、分散化地开展。二是宣传引导不力。由于学校的宣传思想政治工作没有到位，导致部分学生对参与社会实践活动的目的不明确，直接导致参加社会实践的动力不足，学生根本没有把心思放在实践上，无法达到实践锻炼的根本目的。三是组织实施不到位。一些高校忽视大学生社会实践工作的务实发展，往往前期宣传工作做得很好，真正实践过程没有很好地指导、督促和落实。实践活动沦为“走马观花”的形式主义，偏离了活动的正常轨道，没有起到应有的实际作用。同时，高校更没有帮助实践单位解决实际问题，影响了实践单位参与的积极性。

3. 家庭认识发生偏差

一是家长认识不够。部分学生家长对社会实践的作用认识不够。一定程度上忽视了社会实践的实际作用与意义，没有把社会实践当作育人措施，认为大学生的主要任务是学习，文化课成绩好、各类证书的获取才是最重要的，社会实践不过是走走过场，开展社会实践浪费时间、精力和财力，甚至有的家长认为社会实践是不务正业，这些影响了学生参与社会实践的积极性。二是家长支持不够。目前大多数学生家庭条件比较优越，家长过分溺爱孩子，担心孩子安全，更不希望自己孩子吃苦，不愿意鼓励和支持学生去积极参加社会实践。大多数家长希望学生能充分利用大学时光，多学知识，在学业上有所建树。家长们往往鼓励学生多考取各类资格证书，关注学生的期末成绩，对学生的学业评价还停留在较为“肤浅”的分数考量上。尽管有的家长意识到社会实践的重要性，但由于社会实践往往是到落后的农村或艰苦的单位去，家长怕让孩子“受罪”，发自内心不愿意让孩子到社会中去磨炼，导致社会实践活动得不到家庭的支持和认可。

4. 学生缺乏参与主动性

一是部分学生缺乏正确认识。许多学生受应试教育的影响，重视理论知识的学习，忽视实践能力的提高，没有意识到社会实践活动对个人成长的重要作用，缺乏参与社会实践的主动性，社会实践意识淡薄。加之社会实践没有成绩考核的硬性要求，因此，学生参与社会实践活动的积极性不高，造成理论知识、实践能力与社会需求的严重脱节，毕业后适应社会的能力较差。有的学生把社会实践当作“游山玩水”，觉得新鲜好玩；有的学生参加社会实践的态度不端正，仅仅为了增加综合素质积分；有的没有把事先规划好的实践调研任务当成一回事，极大地影响了社会实践的效果。

二是敷衍了事走过场。部分学生自身忧患意识不强，参加社会实践活动积极性不高，不主动去考虑参加社会实践、积累社会经验，为就业和未来职业规划打下坚实基础，而错误地认为参加社会实践活动只是完成学校布置的任务，少数学生的社会实践更是走过场，简单应付，敷衍了事；有的根本没有参加社会实践，只是找熟人单位盖上公章交份证明，调查报告更是东抄西凑。

三是处理不好学习和实践的关系。社会实践活动的初衷是好的，是为了让学生更早地接触社会，认识和融入社会，扩大与社会的接触面，但部分学生参加社会实践背离了初衷，甚至向着相反的方向发展，摆不正学习和实践的关系，认为参加社会实践耽误学习，甚至在社会实践过程中丧失了学习的兴趣，产生了厌学的情绪，陶醉于外面的精彩世界而认为学校教育索然无味，放弃了学业。

5. 社会参与积极性不高

一是企业接收学生参与社会实践的积极性不高。部分企事业单位招聘员工时非常看重学生是否有社会实践经历，但现实中却看不到社会实践的重要意义，认为接收大学生参与社会实践只有付出没有回报，借口大学生综合素质参差不齐、考虑安全问题、经济效益等因素，把接收大学生参加社会实践当作一种负担，不愿意主动、积极地为大学生社会实践活动提供条件和机会，使大学生参与社会实践的积极性大打折扣。二是不愿意提供培训。高校社会实践活动离不开社会企事业单位的支持，但社会用人单位往往追求的是直接的经济效益，他们认为大学生初出校门，实践能力和综合素质不能马上满足工作岗位的需要，单位还要投入人力、物力定向培训大学生。因此，对接收大学生参加社会实践活动这类投入大、收益小的短期性活动积极性不高。三是安排实践岗位缺乏专业针对性。乐意接收大学生参与社会实践的单位，在实践期间安排给大学生的实践岗位与大学生所学专业知识关联度不大。学生接触的工作内容多数是零星琐碎的事务性“杂活”，真正接触到与所学专业密切相关的实践机会少之又少。由于与憧憬和梦想的专业实践相距较远，一定程度上挫伤了部分学生参与社会实践的积极性和自觉性。

6. 岗位少、周期短、学生参与面窄

近年来，高校对大学生社会实践的要求越来越严格，要求大学生必须提供参与社会实践活动的证明，虽然在一定程度上加强了对大学生参与社会实践的管理力度，保证了一定数量的社会实践的真实性，但仍然存在着真正参与社会实践的学生并不多的问题。一是社会实践岗位较少。社会对大学生社会实践关注度不够，给大学生提供的可进行实践的岗位不足。目前，多数高校社会实践地点不稳定，几乎每次社会实践活动的开展均需要寻找新基地，导致学校花费了很大的精力，而能够提供的实践岗位却始终处于短缺状态。二是社会实践周期较短。社会实践短期化的倾向十分突出，尤其是暑期社会实践，持续时间非常短，少则三五天，多则一两周，除去往返学校与单位的时间，实际留给学生参与社会实践的时间少之又少，学生走马观花式地完成任务，使社会实践流于形式，无法让学生真正深入地接触和了解社会。而学生选择勤工助学或者专业实习的时间相对长一点，但

受假期的制约也只有1至2个月。三是学生参与面窄。社会实践按组织形式可以分为集中组织团队或个人自主实践。学校集中组织团队准备充分，便于管理，效果较好，但受经费、指导教师等资源约束，必然存在参与人数的限制，能参加的只是少数学生干部或入党积极分子，使面向全体学生的社会实践变成了少数人的专利，不能满足绝大多数学生的需要，对普通学生渐渐失去了吸引力。即使是勤工助学，针对的也是少数贫困学生，专业实习更是本专业的学生，受众面非常狭窄。个人自主实践更是无法实施有效管理，很多都沦为形式。

三、大学生社会实践活动面临的困境

1. 社会实践专项经费相对不足

经费投入是保证社会实践顺利进行的关键，大学生社会实践必须有一定的经费保障才能得以顺利组织和实施。但目前经费投入问题严重制约着社会实践活动的正常开展。

一是政府投入经费太少。社会实践活动是一项耗资较大的项目。在实际开展过程中，由于政府投入经费很少，只能以压缩时间、减少开支、减少参与人数等方法来满足实际运作的需求，多数学校采取扶持重点团队的形式来开展，并加以大力地宣传报道，而忽视了没有组织形式、没有经费支持的自主实践。

二是部分学校缺乏专项资金投入。学校没有把社会实践纳入学校的教学计划，没有提供专项经费支持和保障，而是在组织社会实践活动前临时向主管领导和相 关部门申请经费，得到的经费极其有限，很多时候还要院系和学生承担部分实践 费用，势必影响院系和学生的积极性。

三是经费投入不均衡。尽管我国目前的教育经费投入有了较大的改观，但不同地区、不同层次的教育经费投入差距较大。沿海经济发达地区经费投入较多，西部落后地区经费投入较少；重点大学、本科高校经费投入较多，一般高校、高职院校经费投入较少，而真正花在社会实践活动上的经费更是杯水车薪。这必然制约社会实践的发展。

四是经费来源渠道单一。共青团组织对社会实践活动经费的筹措，目前主要来源于共青团工作经费或通过共青团组织向上级争取经费，难以有效地利用大学生实践服务的品牌效应和社会效应来取得社会公众的认同和支持，很少能够通过社会募集到活动经费，导致资金来源渠道单一、物质依托欠缺。

2. 讲究形式，注重功利，效果欠佳

当前大多数高校都已组织开展大学生社会实践活动，计划也比较周密、详尽，但实际执行过程中，多数高校社会实践的形式基本相似，模式单一，内容缺乏新意，活动涉及面不广，活动开展不够深入，不能给学生提供足够的个性发展空间，学生参与度不高。另外，社会实践内容也存在局限性，实质性的内容不多，甚至名不副实，直接导致高校社会实践内容陈旧、形式单一，流于表面、缺乏深度和广度。

一是形式主义倾向严重。高校的社会实践活动越来越多，学生的积极性和主动性越来越高，但深入调查发现，多数高校的社会实践过于注重形式，一味地强调实践活动的数量、规模、效应，忽视了因材施教、因地制宜，实践形式往往局限于社会调查、政策宣传、参观访问、文艺演出、生产劳动、支教扫盲等，导致学生参与社会实践走马观花、游山玩水的多，真正深入基层、深入实际、干实事的少，忽视了大学生在社会实践中的真实收获。由于多数高校没有稳定的社会实践基地，学生四处奔波寻找实践场所、岗位，少数到工厂、农村的学生纯属走过场，甚至有的学生到父母、亲戚、熟人单位开假证明应付学校检查，这样的现象大量存在。

二是学生功利意识浓厚。社会生活中的拜金主义、功利主义思想，造成部分高校大学生的价值观扭曲。大学生参与社会实践带有一定的功利性，而且部分学生的功利性还很明显，认为社会实践结果与奖学金评定、综合素质拓展计分、优秀学生干部评选等直接相联系，社会实践工作的评比表彰成了学生和基层组织者参与的直接动力，寻求媒体报道成了社会实践的重要任务，每到一处首先想到的是拉队旗与实践单位领导合影留念，走走形式，真正的调查研究、技术支持、文化服务、理念宣传以及收获体会却很少放在心上，真正动手实践的学生更少，活动结束后东拼西凑资料，形成社会实践报告，旨在争取获得表彰奖励。

三是实践效果不尽如人意。大学生社会实践仍然存在着宣传得多、实际做得少，假期响应号召临时做得多，平时长期坚持、主动做得少的现象。形式上轰轰烈烈，声势浩大，大肆宣传，但在实际行动中却鸦雀无声，很多参加社会实践的大学生也以“旁观者”身份出现，走马观花、蜻蜓点水，有些社会实践活动甚至变成了四处“游山玩水”的好机会，背离了活动原有的意义，所以有人把社会实践活动组织模式戏称为“轰轰烈烈发动——大张旗鼓宣传——不痛不痒活动——

悄无声息结束”，给人以明显的松散性、短暂性和功利性印象，真正“个人受用、社会受益”的却较少，大学生社会实践的实效性明显受到影响。

3. 缺乏长效保障机制

社会实践基地是大学生社会实践活动的重要场所，是大学生走向社会、接触社会、了解社会、服务社会的桥梁。大学生社会实践是一项系统工程，要真正实现锻炼大学生能力的目的，必须要有比较稳定的社会实践基地。

目前大学生社会实践基地建设存在缺乏系统性、层次性，运作不规范、不稳定，数量少、类型单一等问题，造成基地建设难、稳定更难的现象，根本无法保障大学生社会实践的顺利开展和实施。同时，相当一部分高校没有建立稳定的社会实践基地，“打一枪换一炮”地开展着社会实践，也有一部分高校社会实践基地数量不足、质量不高，有的高校还主要依靠学生自己去联系社会实践单位，有的高校社会实践基地建设得比较分散，不利于监督和管理，不利于学校和教师及时指导和解决学生实践中遇到的问题，有的高校的社会实践基地与学生实际参与实践活动的需求存在的差距太大。此外，社会实践基地未能从学生社会实践中获益或获益较少，逐渐失去了与高校合作的兴趣和积极性，高校自身也没有很好地采取激励、管理、沟通措施，不可避免地造成部分实践基地的流失。

4. 专注性、针对性弱，指导乏力

与专业结合不紧密。大学生社会实践应结合专业特点，采取灵活多样的方式，才能收到良好的效果。据调查发现，目前大学生社会实践活动形式单一、内容空泛，与专业结合不紧密，没有能够很好地与专业针对的职业岗位相结合，学生不能学以致用。

针对性比较薄弱。高校在进行学生社会实践项目选择时，由于存在社会认知、知识背景、地域和经费等多方面因素的影响，没有进行充分的前期调研，缺乏对实践地点环境的了解，对实践对象把握不透，选题上容易走偏走远，有些选题范围过大或过小，有些选题存在着主观性强，与社会热点、专业特点结合不紧密等问题，从而造成社会实践内容空泛，缺乏多样性和针对性，没有针对社会实际，没有考虑到群众的需求，最终不能真正为社会发展做贡献，不能真正为群众办实事。

专业指导力度不够。社会实践缺乏科学的指导。由于高校没有建立专业教师参与的考评激励机制，专业教师参与更多的是为实践团队的项目策划做指导，真

正亲自参与社会实践活动的较少，主要是共青团干部和思想政治辅导员参与的较多。但由于受专业知识的限制，他们面对一些专业性或者技术性的问题时还是有所欠缺，无法对学生进行专业性指导，更无法直接解决社会实践过程中遇到的生产、建设中的技术性问题。事实证明，专业教师直接参与很大程度上可以提高项目的运作效果，提高社会实践的高度和深度，发挥社会实践蕴藏的丰富教育价值，促进大学生积极参与、健康成长。

5. 社会支持参与力度明显不够

大学生社会实践环境亟待改善。一方面，有些企事业单位认为接纳大学生社 会实践是一件“麻烦”事，既怕麻烦，又怕花钱，特别是经济落后地区的单位，更怕增添经济负担，更不愿意接纳高校学生社会实践，大幅增加了社会实践工作长期有效开展的难度；另一方面，企事业单位社会责任意识不强，认为接收大学生社会实践是一件得不偿失的事情，需要投入大量时间和财力对没有任何社会工作经验的大学生进行全方面培训，更不愿意主动担负培养大学生的重任。所以，很多高校组织学生开展的各类社会实践活动都很难得到社会各方面的支持和参与，无论是专业实习、社区服务，还是暑期社会实践活动，经常因为接收单位的变化面临时调整，再加上一些条件的限制，大学生社会实践活动很难保证效果或者持续进行。此外，有些高校只考虑社会是否满足了教育的需要，不注重“互惠互利、双向受益”。只考虑学生是否得到了实际锻炼，计划是否得以顺利完成，而不考虑是否满足了社会的需要，是否给当地文明建设做出了贡献，是否给实践单位和群众带来了便利和实惠，这样一味地增加地方的负担，最终失去了大学生社会实践活动的外部支持。《关于进一步加强和改进大学生社会实践的意见》明确指出，应制定社会各方面支持大学生社会实践的政策和具体办法，调动各方面的积极性，为大学生社会实践创造有利条件。

6. 执行主体工作创新力度不大

当前高校社会实践活动的开展，较少能够结合高校创新性、复合型人才培养的目标，更谈不上根据当前大学生身心特点主动去探索新的内容和形式。主要表现如下：第一，活动数量多，质量低。各类社会实践活动往往通过一些学生组织或社团开展，任务性的活动多，走过场的活动多，效果较差，质量较低，没有让学生的主动性和创造性得到充分展现；第二，精英实践明显，普通学生参与率不高。许多规模大、影响深的社会实践活动，组织者和参与者都是一批学生精英，不少学校也将主要精力放在抓典型活动上，受益范围非常有限；第三，内容空洞，层次不分。社会实践活动内容设置不够科学，不少是应付式完成任务，极大地降低了学生和实践单位的兴趣。同时很多内容只注重面上开展，没有考虑到不同年级、不同专业学生的知识水平和身心特点，开展过程中难以得到学生的认同。

鉴于当前社会实践主客体都在发生着深刻的变化，必然要求社会实践的内容、形式、方法也要与时俱进。第十六届共青团中央第一书记陆昊曾经指出：在经济社会深刻变革和青年思想深刻变化，青少年的学习方式、生活方式、工作方式、娱乐方式、阅读方式等发生深刻变化的今天，要采用青年人喜闻乐见的新媒体、文化、艺术等手段，不断增强共青团组织对青年学生的思想引领。纵观当前社会实践工作开展的全局，每年的社会实践都结合社会热点、难点开展，但从组织形式上缺乏对当代大学生身心特点的深入研究，尚未采取学生喜闻乐见的方式方法，基本上还停留在“发个通知布置任务、搞个评比完成任务”的传统模式上。

7. 实践教育体系不太完善

实践体系不完善。一些高校社会实践缺乏统一有效的管理，在组织结构、评价制度、工作落实等方面仍不够完善，学校发挥作用不充分，导致社会实践活动开展不系统、不规范、不持久，盲目性较大，针对性不强，目的不明确，有的高校没有把大学生社会实践活动纳入学校教育管理体系中，没有明确实践环节的时间比例和计划安排；在教学计划中，没有把社会实践课程作为必修课，并制定出课程的大纲，规定学分以及采取必要的考核手段；对参与社会实践人员的现实表现、取得的成果没能进行科学的质与量的分析考评，给出成绩、学分；没有建立学生社会实践成绩档案，将其与奖学金的评定、先进个人与先进集体的评选、团员民主评议、推优入党和推荐免试研究生和推荐就业等挂钩。

评价方式不科学。目前社会实践存在着“重形式，轻实效”“重宣传，轻效果”的倾向，往往把启动仪式搞得热闹非凡，对实践内容和过程却缺乏关注，考核评价体系存在严重缺陷，往往片面地从基地数量、形式表现、宣传效果、社会效应、实践报告质量来评判效果好坏，而不把基地欢迎不欢迎、群众答应不答应、学生乐意不乐意、效果明显不明显作为重要评价内容，忽视了对过程的监督和效果的评价，轻过程重结果，讲形式略内涵，定性分析大于定量评价，无法真正发挥对学生的引导作用，所以常有学生抱怨很有创见的实践成果未受到肯定，而一些走马观花的实践报告却受到了嘉奖，严重打击了学生的积极性。这从一个侧面说明了社会实践的考核评价方式存在问题。

长效机制未建立。机制的不健全是影响大学生社会实践实效性的关键所在。与地方建立了长久的社会实践合作机制的高校很少，社会实践活动地点的流动性较大，师生的精力更多地花费在适应新环境上，而无法形成比较成熟稳定的实践模式，造成人力、物力等资源不必要的重复和浪费，容易造成学生只追求表面工作而无法深入调研实际问题，锻炼学生实践能力的目标也达不到预期的效果。学生下基层与地方政府座谈，地方政府十分欢迎高校学生给他们带去一些好思路、好做法，但太短的时间、走过场的现状让他们感到十分无奈。

缺乏激励机制。目前，部分高校没有将社会实践的工作量计入指导教师教学工作量中，对带队教师、校外聘请指导教师参加社会实践也没有给予相应的交通通信补助，在充分调动和保护指导教师的积极性方面做得还不够。此外，目前大部分高校是委派从事思想政治工作的教师组织带领学生开展社会实践工作。但作为思想政治工作者，在指导学生做调查研究、科技支农、法律服务等对专业知识要求较高的活动时往往显得力不从心。在鼓励专业教师参与指导大学生社会实践活动参与方面缺乏政策支持，未将其表现、能力和成绩作为评选先进、评定职称的重要依据，影响了指导老师的积极性。对于学生方面，往往只注重选出少量社会实践先进个人进行表彰，忽视了对大多数参与者的科学评价和对社会实践经验的推广。

8. 服务保障制度不够健全

制度是一切工作的灵魂。邓小平同志强调：“领导制度、组织制度问题更带有根本性、全局性、稳定性和长期性。这种制度问题，关系到党和国家是否改变颜色，必须引起全党的高度重视。”因此，制度建设是抓好工作的根本，缺乏制度保障就等于缺乏安全保障和效果保障。

服务保障体系有待加强。影响社会实践活动效果的一个重要因素就是保障服务体系。目前，所有高校都在积极开展社会实践，但却很少有学校建立自己的社会实践保障服务体系。高校认为社会实践活动根本就不需要保障体系，建立保障体系白白浪费资金，从而导致学生参与社会实践多受工作时间、地区、规模、内容及服务要求的限制而丧失更多的机会。事实却是社会实践活动必须要有自己的保障服务体系，才能保障学生健康成长，进而取得良好的社会实践效果。

缺乏系统科学的管理制度。一方面，当前部分高校要求学生暑期自主进行社会实践，学生要自己寻找实践单位并进行实践，缺乏安全保障、过程监控、有效的评价体系，直接导致了许多学生敷衍了事甚至弄虚作假来完成任务，极大地影响了社会实践活动的育人效果；另一方面，绝大多数高校没有把社会实践纳入学籍管理，没有给予相应学分，无法提高学生参与的积极性。同时，对社会实践的事前准备、事中管理和事后评价没有建立规范的制度，助长了学生中应付了事、敷衍塞责的风气。

学生合法权益难以得到保障。从高校普遍的情况看，大学生从事社会实践的权利和义务是模糊的，一旦出现意外伤亡等安全事故，连法律也难以提供有效的保护，而社会上把大学生当作廉价劳动力使用的现象也时有发生。

第四章　大学生社会实践体系的构建

系统论研究认为，实现系统优化的核心是实现整体的优化，而实现系统整体的优化，则需要在把握系统整体性原理的基础上分析系统的要素、系统的结构以及系统优化路径。

实践证明，大学生社会实践作为一个复杂的系统存在符合系统论相关知识的论述，因此要实现大学生社会实践系统整体的优化可以按照系统论的思维从其系统所固有的要素、要素之间的关系以及结构三个方面来寻找优化的路径。本部分将以系统论为基本研究方法，旨在通过从宏观和微观体系两个方面分析大学生社会实践，通过对大学生社会实践进行科学的拆解，深入具体地探究大学生社会实践中各个要素的实质，理清各要素的存在意义和相互之间的关系，并分别对其进行整理和优化，归纳总结出我国大学生发展历程中的经验。最终结合大学生社会实践的现实情况提出解决思路和对策，为大学生社会实践管理工作提供建设性的意见，推动我国的大学生社会实践活动蓬勃发展。

第一节　大学生社会实践宏观体系分析

一、我国大学生社会实践宏观体系要素构成分析

通过有机结合大学生社会实践活动与系统论的相关知识，使得我们能够以全新的视野和角度去认识和思考社会实践活动。实现真正意义上的大学生社会实践的系统构建，首先应充分把握系统论整体性原理，其次在此基础上对大学生社会实践活动中存在的要素、结构以及环境三个不同的角度进行分析。

系统论的要素原理告诉我们，要素是认识系统的第一步，要素的性质和构成直接影响着系统的整体性功能。系统由要素构成，系统中最大化，才能实现要素组合的最优化，最终系统才会发挥最大效能。

根据前期对系统要素的详细分析可知，一个完整的系统中必须包含多个要素。而在大学生社会实践这一复杂系统中实际存在着诸多因素，如果不能正确地认识和分析其中的要素，对于最终结果的分析就可能是多种多样的。因此，结合大学生社会实践活动的特点，基于大学生社会实践的运行全过程分析，大学生社会实践的宏观体系主要由党和政府、学校、学生、社会四个要素构成。这四个因素对于大学生社会实践活动获得预想成果都有积极或消极的影响，因此必须对其进行研究。

1. 党和政府

党和政府是大学生社会实践宏观体系的基本要素之一，也是在大学生社会实践宏观体系中起保障作用和推动作用的主要要素。党和政府作为大学生社会实践的保障机构，对大学生社会实践活动的了解、认识和重视程度，影响其政策法规的制定，因而也就在一定程度上决定着大学生社会实践活动的实效性。回顾大学生社会实践活动的发展历程，可以清晰地认识到党和政府在这一过程中的引领作用。

1982 年 2 月 27 日，中央办公厅把每年的 3 月份拟定为文明礼貌月。在 1982 年的 3 月，也就是在第一个文明礼貌月过程中，北京、吉林、上海的大学生们就响应党和人民的号召自发走出校门开展了形形色色的志愿服务咨询活动。而后随着活动影响的不断扩大，第二年 3 月北京共有 64 所高校数以万计的学生走出校门开展了五花八门、各种各样的服务志愿活动，这些活动都引起各高校热烈响应。

随着大学生实践活动的持续发展，为进一步规范大学生实践活动，1987 年 5 月中共中央颁发了《中共中央关于改进和加强高等学校思想政治工作的决定》，根据该文件的相应内容和有关精神，广大青年学生不但要努力学习科学文化知识，更要积极地走出校园走向社会去参加社会实践，这样才能从理论走向实际，才能了解国家的实际情况，才能在实践中体会社会主义建设和改革的成就，才能使得自身不脱离人民群众，从而成为对祖国、对人民、对社会有用的栋梁之材。

随着我国的改革开放事业不断深入发展，市场经济观念不断深入人心，经济的转变往往带来的是思想文化方面的变化，在这种社会大环境下，青年学生的人生观和价值观也发生了变化。1993 年 2 月，时任共青团中央书记处书记袁纯清同志就高校社会实践问题发表了纲领性讲话，认为“社会实践教育不能脱离改革和发展，要和全国和地方的经济发展水平保持一致，更要有利于学生自身的成长需求”，袁书记认为当前高校社会实践面临着三大核心问题，分别是：适应社会主义市场经济体制、促进实践机制的优化、对社会实践内容进行深化和拓展。并且在当年便开展了“百县千乡科技文化服务工程”，成为大学生社会实践活动进入深化发展阶段的标志。

为了适应改革开放以来国家和社会对培养新型人才的要求以及培养大学生主动社会实践的社会意识，在 1994 年共青团中央联合全国学联等十余家单位发起了“百万大中专学生志愿服务队暑期文明礼仪科技文化活动”，在当年全国共计有 6000 多名学生积极投身了该活动。

随着“三个代表”重要思想的提出以及全面建设小康社会方针的确立，以及党中央确定的西部大开发战略，为大学生社会实践活动开辟了新的领域。2002 年，共青团中央、教育部、全国学联下达了《关于实施大学生素质拓展计划的意见》的通知，要求以大学生人力资源的开发为落脚点，在思想觉悟和道德修养、志愿者工作和社会实践、科技学术与创新创业、文体艺术与身心发展、社会工作和社团活动以及劳动、业务技能培训等方面引导和帮助学完善智能结构，使得大学生能够充分发展以及成为对社会有用的人才，这也成为大学生社会实践活动的一个重要推动力量。

2003 年在党的十六届三中全会提出的科学发展观的有力指导下，用科学发展观对大学生社会实践进行衡量和检测，寻找相关问题、开拓新领域以及提高实际效果，就成为推动大学生社会实践活动科学、有序发展的重要因素，这个阶段主要以 2008 年北京奥运会志愿服务活动为代表。

2014 年 5 月 4 日，习近平总书记在北京大学发表了《青年要自觉践行社会主义核心价值观》的重要讲话，指出了青年大学生树立培育和践行社会主义核心价值观的几点要求——“勤学、修资 、明辨、笃实”。其中，“笃实”就是勉励广大当代大学生要将理论联系实践，投入到实现中华民族伟大复兴的实践中，掀起当代大学生社会实践的新高潮。

迄今为止，各地政府都陆陆续续出台了不同的优惠政策，以希望大学生多多参加社会实践活动，但是政策的具体落实方面还差强人意。在当下的社会实践过程中仍缺乏一个能够为大学生提供社会实践信息的高效的社会化公共服务体系，这也就使得依托学校发展的校园社会实践活动没有办法进一步发展。

2. 学校

高校作为大学生社会实践的组织者要统一思想、高度重视。社会实践是高等教育中不可缺少的有机组成部分，是重要的教学式，也是高校实施专业教育的要求。从大学生社会实践活动的宗旨来讲，就是要通过社会实践，把课堂和社会联系起来，力求从实践中验证书本知识，也通过社会实践更多地了解社会、服务社会，自己在实践中提升素质。

（1）高校是大学生社会实践的主要组织者。

高校是高等教育的主要实施地，是人才培养的摇篮，大学生是在校期间通过一系列的教学形式获取了丰富的理论知识，正迫切需要实践的检验。马克思主义哲学认为，社会实践包括生产活动、科学实验和处理社会关系的活动三方面的内容。因此，在党和政府的号召下，高校是大学生社会实践的主要组织者和具体领导者。具体来说，社会实践活动大多是在学校党委的领导下，由学校团委和学生工作部门实施具体方案，事先策划整个实践活动，向学生们宣传和动员，吸引他们参加，引导其完成整个实践活动，并总结评估和进行奖励。

（2）高校是大学生社会实践的后勤保障者。

在大学生社会实践的宏观体系中，高校主要起后勤保障作用。在马克思主义哲学中，物质决定意识。大学生虽然在校期间经过学习掌握了一些理论知识，但是面临复杂多变的社会现象，理论并不能很好地联系实践，缺乏实践经验的他们会遇到各种问题。此时高校就应发挥它在体系中后勤保障的作用，及时给大学生提供咨询和帮助，保障其社会实践的顺利进行，完成整个系统的良好运转。

然而，从目前大学生社会实践的现状看，社会实践与学科专业、课堂教学脱节现象严重。目前高校普遍缺乏根据大学生专业特点和各学习阶段进行社会实践内容的系统设计，社会实践活动未能体现学生的专业特点，从而使大学生社会实践与其掌握的专业技能严重脱节。各种大学生社会实践活动自成体系、条块分割、没有有效整合，从而使其绩效未能充分发挥。目前，由于大学生社会实践指导教师激励机制不健全，专业教师参与学生社会实践指导工作积极性不高，学生社会实践难以找到指导教师，甚至出现教师只负责项目的审核和评优工作，实践则由学生自主实施的情况，没有充分发挥指导教师在大学生社会实践中的智力支持作用。大学生在社会实践中遇到的困难与问题得不到老师的及时指导外，在社会实践中遇到的一些生活、财产安全、人身安全等问题也令学校与家长担忧。如何通过制度安排使他们积极参与到社会实践活动中去，提高大学生社会实践活动的含金量，辅导其在社会实践中更好地受锻炼、做贡献、长才干等，也是高校需要进一步研究、改进与加强的一个重要方面。

3. 学生

高校在大学生社会实践的宏观体系中起支持保障作用。虽然大学生在校期间经过学习掌握了一些理论知识，但是面临复杂多变的社会现象，并不能很好地将理论联系实践，缺乏实践经验的他们会遇到各种问题。目前高校难以做到根据大学生专业特点和各学习阶段而进行社会实践内容的指导，很多社会实践活动未能体现学生的专业特点，从而使大学生社会实践与其掌握的专业技能严重脱节，简而言之就是不能学以致用。同样由于社会实践指导教师激励机制的缺失，甚至出现教师和学生脱节，一者只负责对社会实践项目的评审和最后成绩的评优，另一者自主实施社会实践，这就使得广大教师在社会实践中的作用被边缘化。除了在社会实践中遇到的困难与问题不能得到老师的及时指导外，大学生在实践过程中遇到的其他诸如安全问题、财产问题等也牵动着学校和家长的心。此外，在现有的大学生社会实践活动中，硕士、博士研究生往往参与度较低。如何促进他们积极参与到社会实践活动中去，辅导其在社会实践中更好地受锻炼、做贡献、长才干等，也是高校需要进一步研究、改进与加强的一个重要方面。

4. 社会

西班牙著名思想家奥尔特加指出：“大学不仅需要与科学进行长期的永久的接触，否则就要萎缩退化，而且需要和公共生活、历史事实以及现实环境保持接触。大学必须向其所处的时代的整个现实环境开放，必须投身于真正的生活，必须整个地融入外部环境。”社会和大学生的社会实践活动密不可分，社会更是孕育着社会实践活动，是最能影响大学生社会实践活动的外部因素之一。大学生只有融入社会中，才能真正地实践并检验理论，才能更好地认识社会、了解社会、增长才干。目前中国正处于全面建成小康社会的关键时期，经济高速发展，社会转型日趋复杂，文化思想也日渐丰富，种种变化无疑给教育者带来了新问题，即如何丰富和完善大学生社会实践体系，究竟是封闭起来闭门造车还是开放思想，顺应时代潮流改进理论进行优化？答案不言而喻。大学生社会实践体系是一个开放的系统，系统与社会、系统与社会环境是相互依存的，只有系统从外部环境中不断地进行物质、能量和信息的交换，大学生社会实践系统才能更好地发展，大学生社会实践体系才能具有更强的生命力与影响力。

当代社会政治、经济、文化环境对理论课系统的影响主要有：第一，政治体制的不断深化改革。马克思主义中国化和中国特色社会主义理论体系研究的不断深入和发展，使得我们对于社会主义的认识不断深化，要求大学课程理论要能够响应时代的召唤，不断地发扬新思想、新观点，也就是说，在中国特色社会主义道路进程中所发掘的新思想、新观点应当被用于大学生的社会实践指导。第二，市场经济体制所倡导的竞争核心拓宽了大学生社会实践的积极性和主动性，但负面效应也是极为显著的，并且在社会的转型期，社会矛盾不断凸显，这又使得市场经济的负面效应被不断扩大。这使大学生在进行社会实践的时候物质化和功利化倾向严重，在没有物质奖励或者精神奖励的情况下实践积极性大打折扣。第三，多元文化结构的发展，特别是社会思潮日新月异的变化，一方面带来了一定的积极影响，拓宽了大学生的知识面，丰富了他们的头脑，同时丰富了大学生的知识结构和理论视野。另一方面，多样化的文化发展也给大学生主流价值观教育带来了极大的冲击，导致大学生在社会实践中更倾向于大城市和繁华地区。

要想使大学生社会实践发挥其应有的效果，社会实践基地的建设刻不容缓。但在现今条件下，社会实践基地的建设颇有不足，许多大学生自主寻找社会实践基地，去了不少鱼龙混杂的社会场所，使得自身受到一些不好习惯的影响和熏陶。有的高校在建立大学生社会实践基地时，并不注重“互惠互利、双向受益”，而是只考虑社会实践计划能否有效实施，并没有充分考虑大学生到这些单位从事社会实践活动是否满足了社会的需要、是否对社会发展做出了贡献，从而使大学生社会实践活动无法得到足够的外部支持。

二、大学生社会实践宏观体系要素关系分析

要想称为真正的系统，要素不仅是系统组成的必要条件，关键还在于要素所形成的整体。系统作为由若干要素构成的有机整体，其存在与运行不是无序的，而是存在着一个固定的结构，结构存在于客观世界之中，而且结构功能的发挥取决于要素的结构排列，而结构功能的发挥会直接影响到系统整体功能的发挥。在一个整体中如果缺乏了这种结构，那么虽然也可以称为一个整体，但这种整体内部各部分要素之间不具备一定的组合方式，这种综合起来的整体只具备量的多少并不具备质的转变。因此也就缺乏系统所具有的那种结构性，换句话说，这只是一种无组织的综合体。大学生社会实践宏观体系作为一个完整的系统其内部要素

应当得到优化，这样才能够相得益彰，其党和政府、学校、学生、社会四个要素在系统结构中扮演着极为重要的角色，分析大学生社会实践宏观体系系统的结构要首先明确这四个要素在结构中的角色定位，后再探讨这四个要素以何种地位和方式建构起大学生社会实践宏观体系系统。

系统论告诉我们，系统结构构成的好坏直接影响着系统功能的发挥，大学生社会实践宏观体系系统要素结构的好坏也同样影响着大学生社会实践整体教育功能的发挥，所以大学生社会实践宏观体系系统要素的结构，对于大学生社会实践的教育功能具有重要的现实意义。

首先，大学生社会实践的宏观系统是由政府、学生、学校和社会四个要素构成的。但是这四个要素不是简单的相加也不是毫无顺序的排列，而是在统一的过程中相辅相成，共同发挥出最大的作用。政府在系统中主要起一个引领者和指导者的作用，通过前文对大学生社会实践历史的大量梳理，可以发现党和政府以下发文件、公开倡导等宣传形式积极动员大学生参与社会实践，这种强大的宣传动员能力使得每一个学生都深受鼓舞。高校在大学生社会实践中起组织和保障作用，主要表现在确立大学生社会实践的目标，组织学生参与社会实践以及为学生社会实践提供保障，因此任何一次大学生社会实践都需要高校的支持和保障。学生具有支配地位，发挥着主导功能、主动性功能，在实践过程中学生应当是主动实践而不是被动接受，学生在实践过程中拥有着自主选择权，包括实践内容、实践方式和接受程度等，同样学生也可以参与对实践氛围的营造，其参与社会实践的主动程度决定了实践教育的层次和水平，决定着大学生社会实践的实施效果。

其次，四个要素之间的功能结构是有序的，相互之间不能够取代或者越俎代庖。党和政府在其中起到的是指导者的作用，其需要政治立场坚定，指导方向正确。列宁认为："方法也就是工具，是在主体方面的某个手段，主体方面通过这个手段和客体相联系。"政府在其中还发挥着纽带的作用，能够协调学生、学校、社会三者之间的关系。而学校担负着引导、传播、反馈大学生社会实践活动的功能，具有承上启下的意义和作用。如果缺少了学校这个要素，学生就无法实现与政府以及社会的有效沟通。社会是大学生社会实践的检验地和主战场，又同另外几个要素相辅相成，共同制约着大学生社会实践效果的发挥。

三、大学生社会实践宏观体系要素优化结果分析

系统的优化演化规律是系统自身得以存在和发展的基本规律，也是系统科学

研究的重要课题与实践目的。无论是自然界中的各生物系统还是人类社会不同种类的系统都处在不断的演化优化过中。自然系统不断演化优化组织，才实现了现在地球丰富的生物体系，人类社会中对农作物的改良、对工具的革新等社会活动也贯穿系统的优化演化规律是系统自身得以存在和发展的基本规律，也是系统科学研究的重要课题与实践目的。无论是自然界中的各生物系统还是人类社会不同种类的系统都处在不断的演化优化过程中。自然系统不断演化优化组织，才实现了现在地球丰富的生物体系，人类社会中对农作物的改良、对工具的革新等社会活动也贯穿着系统优化的思想，因此系统优化是人类实践的一般目的。系统优化的核心是系统整体的优化，即系统得到最优的组织结构并且系统要素发挥最大的系统功能。大学生社会实践作为系统的存在，处于不断的演化改革过程中，这个改革其实就是不断优化的过程，改革的目的就是优化。

四、大学生社会实践宏观体系要素优化路径

1. 党和政府的政策引导和支持是构建大学生社会实践宏观体系的必要途径

党和政府的政策引导和支持在构建大学生社会实践体系中具有重要作用。大学生社会实践体系的构建要不断顺应时代的变化和发展的需要，必须和国家与党的最新思想保持高度一致。而政府可以运用行政手段制定法规政策，从而保障大学生社会实践的人力和经费问题，进而促进大学生社会实践体系的构建。同时，政府可以做到和社会及高校沟通，解决在实施环节中的问题，开展大学生社会实践相关问题研究，推动大学生社会实践体系的构建。

2. 高校的重视和参与是构建大学生社会实践宏观体系关键环节

高校在大学生社会实践体系中扮演的是组织者和承办者的角色，高校应主动而积极地开展大学生社会实践的相关调研及研究，尤其要研究社会对大学生的需求以及在社会主义市场经济环境下应当培养哪方面的人才，从而及时、合理地调整教学计划，这样才能够培养出社会所需要的学生。同时完善和建立切实可行的社会实践课程体系建设，加大资金投入，建立专项基金，支持、保障学生实践活动的开展；对大学生社会实践评价体系进行相应的改革，对大学生的社会实践活动进行客观充分的评价，进而提高大学生参与社会实践的积极性与主动性。其中任何一项工作的顺利开展都与高校密切相关，所以高校需要有的放矢地对大学生

社会实践体系加以研究和改革、发展、创新，以适应新世纪对高校社会实践体系的新要求。

3. 社会的资助和配合是构建大学生社会实践宏观体系的重要途径

社会是社会实践孕育的母体，所以社会实践的开展脱离不了社会的广泛关怀和支持，同样学生的社会实践也要与社会环境和需求保持一致，实现社会和高校的紧密联系和结合。社会化是社会实践运作的大势所趋。故而，大学生社会实践的开展需要社会的支持与配合。社会各单位可以为大学生社会实践提供资金或者实践场所，有助于高校培养出社会所需要的人才以及大学生在社会中充分锻炼自己的才干。

4. 发挥学生主观能动性是构建大学生社会实践宏观体系的重中之重

在社会实践过程中，大学生既是参与者又是受教育者，具有双重身份。大学生只有以我为主，充分发挥自身的能动性，按自己的方式去研究和探索世界，参与社会实践活动，才能促进学生正确政治思想的形成，完善个性和心理品质。可见，在社会实践活动中充分尊重和发挥大学生的自主性，可以有效地发挥其主观能动性，积极参与社会实践，更有利于促进全面发展。

发挥学生主观能动性就是要以兴趣为导向持续推动社会实践。“知之者不如好之者，好之者不如乐之者。”暗示了古人在学习探索方面对兴趣的肯定。众所周知，每项社会实践都给予了人们特别的吸引点，之后引起兴趣，继而才会有人们对其进行深刻的思考和研究。“兴趣”一词指对某一事物喜好或关切的情绪，它是一种无形的动力，促使大家积极地对它进行探索。

每项社会实践伊始，团队的每名成员都充满热情、动力和干劲。随着实践的开展，大家往往不再有开始的激情，对项目变得消沉、懒散。而作为一名实践者，我们必须要对社会实践有持续而浓厚的兴趣，才会顺利开展，遇到问题能够全力解决，不退缩、不放弃、不敷衍、不逃避。

社会实践是一种永无止境的知识探索，而从事知识探索，首先要有兴趣，再加上穷追不舍的好奇心，所以兴趣乃是整个社会实践的核心所在。有了兴趣导向，我们在实践中才会尽情释放自己的思想推动实践的创新与进步；有了兴趣向导，我们才会认真完成项目的每项工作；有了兴趣向导，我们在实践中才有无穷的动力。正是有着浓厚的兴趣，才使队员能够专心致力于实践和探索。所以，兴趣对社会实践的导向作用不容小觑。无数研究发现，社会实践最重要的是实践者对实践内容有兴趣。当我们对项目充满兴趣时就会发现，实践探索不是乏味无趣的一项任务，将会是非常有意思的一件事，值得我们花更多的时间和精力去探索和发现更深层次的东西，将自己所感兴趣的东西作为参加实践活动的初心，有兴趣做引导才不会使人疲惫。

要注重将兴趣与实践相结合。首先，要善于发现自己的好奇心，真正的社会实践不是被动地去完成某个项目，而是根据自己在某方面的兴趣主动选择实践活动的类型和专项，并对所感兴趣的社会实践给予充分的关注；其次，短暂的好奇心是不够的，持续的关注和不断的探索才可以将好奇变成兴趣；最后，便是深入研究，有了持续的好奇和关注，没有明确目标也只是白白浪费时间。所以在实践中要明确自己的定位，根据自身的优势找到自己在整个实践活动中扮演的角色，极其放大品味，之后为其进行知识储备，多去查询和收集资料，并进行整理，得出系统化的知识体系，以此作为兴趣的基础，最终确定自己的兴趣，体会自己的兴趣在整个实践中的重要性。

5. 大学生社会实践宏观体系系统整体优化路径

从系统论的优化思想中我们可以知道，系统整体的优化是建立在系统各部分的优化基础上的，系统要想达到最优的整体优化，还要注意系统内要素、结构和环境的有机结合。大学生社会实践宏观系统整体的优化首先取决于各部分优化的结果。

（1）系统要素优化是基础。要素优化的好与坏直接影响着大学生社会实践宏观系统其他内容的优化，要素优化是结构优化和环境优化的基础，也是大学生社会实践宏观系统整体优化的基础。只有先将大学生社会实践宏观系统要素中的党和政府、学校、学生、社会进行逐个优化，在实现四要素功能的个体优化的前提下，才能考虑四要素之间关系的有机结合，进而实现四要素的结构关系优化和外部环境优化，要素优化完 毕后才能考虑系统结构的优化等其他内容的优化，进而实现大学生社会实践宏观系统的整体优化。

（2）系统结构优化是重点。系统要素优化之后，就要考虑系统内各个要素之间的组合关系，也就是系统内由各个要素相互关系所构成的结构。系统结构的优化在要素优化的基础之上对系统进行更深层次、更有力度的优化，因为如果要素本身优化没有做好，那么不是最优的要素也就无法合成最优的结构，从而无法实现结构的优化。结构优化是要素的升华，也是系统能否实现整体优化的重点所在。

结构优化得好，整个大学生社会实践宏观系统就会优化出一个较好的内部环境，也就实现了系统内部的优化，所以说对于大学生社会实践宏观结构的优化要充分考虑系统要素中党和政府、学校、学生、社会之间的相互关系，发挥好各个要素在其相互关系中的作用，实现各要素的有机结合，从而使大学生社会实践宏观系统结构得以优化，解决好大学生社会实践宏观系统整体优化这一重点问题。

第二节　大学生社会实践微观体系分析

一、大学生社会实践微观体系要素分析

大学生社会实践微观体系主要由教师、学生和时事三个要素构成，在这个体系中学生获得预期成果所受到的主观影响较大，由此必须进行微观研究。

1. 教师

在大学生社会实践宏观体系中，学校是重要的构成要素，而在大学生社会实践微观体系中，教师成为构成的要素。学校落实的每项大学生社会实践活动都需要具体的人组织、策划、引导和考评，教师责无旁贷地要担起这份职责。大学生虽然经过在学校的有效学习掌握了一定的知识，但是由于阅历较浅，对社会的个别现象和问题认识还不够深刻，容易产生各式各样的问题，因此需要教师来指导，避免走上弯路。

教师指导大学生社会实践，可以有意识、有计划、有步骤地培养训练大学生的创新思维和创新能力。指导大学生在实践中发现存在的问题，在实践单位技术管理人员的帮助下、在同学的协作下，运用所学专业理论，对技术难关或管理难题进行理论探索，提出攻关方案和办法，从而使大学生树立创新观念、锻炼创新思维、提高创新能力。

2. 学生

在大学生社会实践微观体系中，学生无疑是整个系统的核心与主题。其主要原因在于信息时代条件下对人才的新要求。当前时代背景下，知识经济的指导思想是：科学、综合、高效地利用现有的资源，开发和挖掘尚未发掘的资源。它是以知识、经济、智力和无形资产的投入为主的经济形态。在这样的经济形态里，知识是基础，而人是知识的载体，因此，信息时代下受知识经济的影响，人的素质和技能成为这个时代最重要的因素。知识存在着个性化、能动性、创新性等特

征，信息化时代知识更新速度加快，竞争更加激烈，不仅需要人才具有扎实的基础知识、较强的实践能力和终身学习的意识，更需要人才具有健康的心理素质、完整的人格和强烈的创新和创造意识。这一切的变化，对人才提出新的要求，对教育也提出了新的要求。它需要大学生不仅要坐在课堂、坐在图书馆学习理论知识，更重要的是要体验生活，学会学习。

推动高等教育教学改革的要求。新的主题对社会实践工作提出新要求。2010年5月6日，国务院常务会议审议并通过了《国家中长期教育改革和发展规划纲要（2010—2020年）》。在关于高等教育的改革中，《纲要》明确指出，高校应将提高人才培养的质量放在学校工作的中心，着力培养信念执着、品德优良、知识丰富、本领过硬的高素质专门人才和拔尖创新人才。这是党和国家对高等教育的人才培养提出的目标和要求。如何完成这一目标，文件中也做了重要的说明。文件指出，要提高人才培养的质量，重要的是创新人才培养的模式，而社会实践作为一种重要的人才培养模式，在这里被提出。《纲要》规定了今后十年我国教育改革发展要贯彻优先发展、育人为本、改革创新、促进公平、提高质量的方针。其中改革创新是教育发展的强大动力。大学生社会实践作为高校思想政治教育有效途径，也应将改革创新作为不断发展的强大动力。只有不断地创新大学生社会实践的形式才能适应社会发展的需要，培养出符合社会主义建设要求的建设者、接班人。只有不断创新社会实践的内容才能激发大学生的好奇心，培养学生的兴趣，让他们学有所得、学有所获。只有不断地革新大学生社会实践的管理体制才能更好地为大学生服务，才能吸引社会各界的参与和支持，形成强大的育人合力。因此，大学生社会实践作为一种重要的人才培养模式，需要不断创新，才能成为推动高等教育改革的强大动力。

2012年11月9日，习近平总书记在带领新一届中央领导集体参观中国国家博物馆“复兴之路”展览时指出，实现伟大复兴就是中华民族近代以来最伟大的梦想。实现“中国梦”的接力棒将历史地交给当代青年学生。作为“90后”“00后”的当代青年学生将成为实现“中国梦”的主力军。而实现“中国梦”需要青年学生将个人发展与民族复兴的历史使命紧密结合，勇担使命、刻苦学习。大学生社实践无疑是青年学子将自身发展与历史使命相结合的重要途径，也是践行“中国梦”的表现形式。因此，必须开展大学生社会实践创新，将“中国梦”教育贯穿到社会实践工作的各个环节，让学生在实践过程中深刻领会“中国梦”的重要内涵和精神实质，自觉地将个人前途同祖国命运相结合，将个人发展融入伟大历史使命的实现中，在筑起“中国梦”的道路上实现人生价值。

3. 时事

没有人能够脱离其所在的时代而存在，大学生社会实践取得的知识，一系列成果表明，大学生社会实践活动应始终与时俱进，与时代同发展。需要注意的是，尽管当前环境下大学生社会实践的地位日益突出，大学生社会实践的内容不断丰富，形式不断拓展，社会实践参与主体的层次日益提高，但在总的要求和方针不变的前提下，社会实践的指导工作应根据时代的变化给出具体的要求。只有这样，社会实践的内容与形式才能根据社会的发展而日益丰富，实践的主体才能随着时代的变化而不断地扩大。

二、大学生社会实践微观体系要素关系分析

1. 教师和学生相互作用影响

当代大学生虽然知识丰富，但社会阅历浅，对社会问题的认识经验不够全面和深入，也容易受不良思想、行为的影响，他们迫切希望通过社会实践来丰富自己的人生阅历，参与社会实践活动的热情往往较高。

教师指导大学生社会实践活动，不仅是专业知识领域的补充和支撑，更是引导树立大学生正确的世界观、人生观、价值观的有效形式和重要手段。通过对大学生社会实践活动进行正确的指导和帮助，指导老师帮助在校大学生了解社情民意，了解社会民众，培养爱岗敬业精神，通过岗位锻炼形成对国情、对社会的正确认识，加深大学生对党的路线方针政策的理解和认识，激发大学生服务社会的热情，引导大学生形成正确的世界观、人生观、价值观。

教师指导大学生社会实践活动，也是培养大学生创新能力与实践能力的重要途径。信息时代下创新早已成为新兴市场迫切需要的重要品质，新时期教育的重点之一也应该是培养学生创新能力，培养适应时代发展的创新型人才。创新不仅源自对理论知识的深刻理解，更体现在全面掌握之后的灵活运用。通过引导大学生参与社会实践，可以使大学生在这个过程中发现问题、分析问题、研究问题，通过对自身专业领域知识的运用结合补充其他专业的相关知识，进而提出解决问题的新办法，最终使学生能够更加有针对性地检验理论知识、激发创新意识、锻炼创新能力，更加深刻和全面地认识社会。

正所谓教学相长，教师指导大学生社会实践活动，也是提高自身教学能力、丰富教学经验的有效途径。专业教师通过指导社会实践活动，一方面，可以直接了解大学生对课堂的教学的理解程度、运用能力等情况，从而明确教学的重点难点，优化教学方案，提升教学活动的针对性和有效性；另一方面，可以从实践单位了解到最前沿的专业技术及其发展方向，在掌握现实依据的同时通过与大学生、实践单位技术和管理人员共同努力攻克技术和管理难关，锻炼提高自身的探究能力与实际工作能力，丰富自身的人生体验和工作经验，为教学内容的丰富和完善提供了相应资源。

2. 时事影响学生和教师

大学生社会实践取得的一系列成果表明，大学生社会实践始终与时俱进，受时事影响。每当新的时事热点出现，不光社会舆论会有很大反映，大学生社会实践也会受到影响。以李克强总理于 2014 年在夏季达沃斯论坛上做出的《大众创业、万众创新》（以下 简称“双创”）发言为例，该观点一经提出就引起了社会的广泛关注和热烈讨论。次年 6 月，经李克强总理签批，国务院印发了《关于大力推进大众创业万众创新若干政策措施的意见》一文，这是迎接“创”时代、推进“双创”工作的顶层设计。之后各级政府又相应地出台了一系列与之相关的政策，响应中央提出的“大众创业、万众创新”的号召，希望以创新创业推动我国经济的持续发展。在这一大的时事背景下，大学生和大学教师均不约而同地在实践活动中融了创新因素，更多地向创业方向靠拢。特别是在如今的“互联网 +”时代，很多青年大学生从社会实践活动起步，充分利用网络资源和平台，如创办网站、打造服务终端等，最终得以创业成功。

三、大学生社会实践微观体系要素优化结果分析

1. 发挥学生的主体作用，避免过度干预指导

大学生社会实践活动应充分发挥大学生的主观能动性，遵循大学生是主体、教师是指导者、社会是大舞台的原则。在传统的社会实践活动中，为了节省精力和资源，常见指导教师一手包揽活动的前期准备到活动的总结交流的现象，不仅使大学生在实践过程中失去主体地位，更使大学生参与社会实践活动流于形式，当团队里的大学生只是被动地应付老师的各项安排，也就难以谈及主动参与社会实践。因应，新形势下指导教师应深刻认识自己在大学生社会实践中的正确定

位和有效作用，做好实践活动的“向导”和“助手”，注重社会实践活动中宏观层面的指导，把握方向，调动引领大学生参与实践活动的主动性和积极性。当然在指导过程中为确保实践活动质量，也应努力做到细致指导、严格要求，但绝不能控制得过死，应做到“严而不死，活而不乱”。

2. 发挥老师的引领作用，避免传统单纯理论的指导

由于大学生专业知识体系不健全、社会经验有限，指导老师在大学生社会实践的过程中往往发挥着十分重要的作用，不仅需要指导大学生运用专业理论知识解决实践过程中遇到的各类难题难关，更需要引导大学生实现健全人格的培养，培育创业创新品质。也就是不仅要做到传统社会实践活动中的“授业”，还应“传道”“解惑”，及时解决大学生社会实践中出现的各种思想疑惑。此外，青年指导老师还应不计较个人得失、身先士卒，在深入基层、踏实工作、吃苦耐劳和团结协作等方面发挥榜样作用，以自身的实际行动影响和教育大学生向社会各界学习，培养起大学生艰苦奋斗、乐于奉献的精神。

第三节　大学生社会实践的具体优化措施

正如习近平总书记所言：“随着我国进入深化改革的关键时期，我们比历史上任何时期都更接近实现中华民族伟大复兴的目标，比历史上任何时期都更有信心、更有能力实现这个目标。”大学生作为高校学生的精英和代表，如何进一步通过社会实践的形式，完善提升自我，服务奉献社会显得尤为重要。

分析我国大学生社会实践的发展历程和形式特点，结合新时期我国深化改革的社会背景，新阶段的大学生社会实践可以从以下几个方面完善：

1. 加强领导，密切配合

强化学校支持巩固大学生社会实践活动的效果，争取使社会实践活动持续发展，这是一个长期的过程。高校应该成立专门的社会实践活动领导小组，由主管领导担任组长，相关部门负责人为成员，各部门各司其职、通力合作，从组织制度上使社会实践活动落到实处、收到实效。另外，没有专项经费投入的实践活动，社会支持力度也相对不足，要重视社会实践活动，学校就必须给予资金支持，确保社会实践活动的顺利、全面、深入开展。

2. 科研实践应当做到团队设计科学化

高等学校既是教育的中心，又是科研的中心，是培养和造就具有创新意识和创新能力的高素质科技人才的基地。大学生作为高校的主体，是未来科技战场上的主力军，如何主动适应社会对高素质创新人才的需求，培养基础扎实、知识过硬、勇于创新、综合素质高的全面发展的社会主义建设者，是高校正在面临的一个问题。一直以来，高校侧重于课堂知识教学，鼓励大学生参与社会实践的有效机制比较薄弱，不利于大学生走出校园、面向社会，全面提高创新能力和实践能力。

我们应认识到组建科学研究队伍的重要意义。一是有利于增强大学生的实践能力。应用性科学研究的主要特点在于将理论运用于实际，将理论中的规律、原理用于解决实际工作中的相关问题。科研项目的选取要有一定的价值，包括学术方面的理论价值或生活中的实际应用价值，对此应该运用多方面的知识和理论分析和解决。二是有利于完善大学生的知识结构。在大学的学习生活中，我们接受的知识是来自各方面的，知识庞杂冗碎，很难在头脑中形成完整的知识结构。而当我们在科研中遇到一系列问题与理论时，便会迫使自己的知识网络向有序化、完整化的方向发展，进而形成完整的知识结构。因此，我们要实现科研队伍科学化就要做到以下几点：第一，组建一支能为学生提供专业指导的师资队伍。社会实践活动的顺利开展仅凭学生自身力量是无法保证的，还需要高水平的教师团队给予指引和帮助。目前学生课外科研活动中十分突出的一个问题就是缺乏有经验的专家指导。由于学生自身能力的不足与专业知识结构上的匮乏，常常导致社会实践活动组织无序、收效甚微。与此同时，一些课题的选取可能存在跨学科、跨专业的情况，如果缺少高水平的专家做指导，科研团队的科研工作就难以展开，或使一些好的创意停留在构想阶段，无法实现。因此，只有建立一支跨学科、跨专业的师资队伍，才能扭转在实践中因专业受限、经验不足等外部因素受困的不利局面。第二，精心挑选科研团队队员。要保证团队目标的顺利实现，拥有好的指导老师固然重要，但挑选好的团队队员更为重要。在挑选队员时，可从团队人员的构成条件、专业需求和分工安排等方面着手。关于团队人员构成的要求。大学生社会实践团队由不同年级、不同层次的大学本科生、研究生组成，指导教师则由承担纵向或横向科研任务的教师组成。在大学生的实践团队中需要有一定的分层结构，即项目负责人要了解各成员的工作能力和认知水平，依据成员实际情况，将项目的研究内容分解为诸多小课题分配给各位成员，让他们在自己的能力范围内完成课题研究，从而使团队分工科学化。应明确分工，由高年级学生指导低年级学生的研究工作，某些研究任务可由不同层次的学生共同完成。

团队设计科学化还要加强团队的文化建设。让队员们相互理解、相互交流，搭建一个自由、活跃的文化平台，形成一种良好的研究氛围，彼此的观点与思想相互碰撞，有助于新观点、新思想的形成。当团队中每一个成员都能相互理解和尊重他人观点时，就会最大限度地弥补彼此的不足，提供更多可行性。建立理解互助的氛围，有利于形成一种有价值的思想，推动科研工作的开展、思想上的交流沟通、学术观点的碰撞。

3. 加强学生的培训力度、广度和深度

在社会实践活动的准备阶段，最好接受关于社会实践的系统培训，这必定能为大学生们社会实践的开展起到如虎添翼的作用。系统的培训需要有组织地进行知识科普、技能传授、标准立定、信息共享和信念鼓舞，做到这些不仅要由专业教师开设相关培训课程，在课程中给同学们传授相关的技能和知识，还需要同学们以一种积极的态度去接受知识的熏陶，能够感悟社会实践的魅力，了解如何系统地开展社会实践。要通过针对性的系统培训，使学生了解社会实践所必需的正确思维认知、基本知识技能，这对开展社会实践十分有利。社会实践需要大量的知识文化底蕴作为开展的重要条件之一，学生已有的知识十分支离破碎，同时学习速度大幅降低，面对知识的复杂性和多元化，再加上个人学习的有限性和滞后性，学生在社会实践过程中会遇列一定的阻碍，甚至使整个科研项目进入“瓶颈”阶段。进行系统培训是学习知识的重要途径，需要在态度、方法和内容等方面有所改变，才能适应时代发展的需要。

接受社会实践系统的培训，能够让前期知识更扎实、更巩固，对原有知识进行分析提炼并拓展延伸，形成科学完整的体系。有利于获得感性认知，加深对所学内容的理解。与此同时，可以通过对原有的知识进行综合分析，得出新观点、新想法和新思路，为社会实践的开展提供更好的研究思路和开展途径。社会实践的培训需要注重对同学们的操作程序应用、基本知识掌握、解决具体问题能力等方面的不足进行查漏补缺。但随着社会实践项目难度的加大，竞争激烈，研究范围之广、研究内涵之深，社会实践培训只进行查漏补缺是远远不够的，应该把挖掘学生社会实践潜力作为培训的重点，在学习知识技能的同时，保持观念上的更

新，不断开发潜能等，将这些也加入社会实践培训的内容中，使参与社会实践的同学能够从培训中真正学会如何思考问题、如何创新，也希望通过培训帮助更多同学提高社会实践方面的个人能力，实现个人潜能的有效开发。

在社会实践培训的过程中，指导老师可以将自己过往的社会实践经验分享出来，不仅给同学们一些参考，还能引导学员的共鸣，给予同学们相应的启发，解决他们实际遇到的问题。

4. 积极拓展大学生社会实践活动的内容和形式

作为现代教育中的一种重要组织形式，大学生社会实践活动有效补充了传统理论教育中的短板，因此在开展过程中应更加突出岗位见习的重要性。通过引导大学生参与社会实践活动，逐步培养其和专业领域相关的职业能力，并提升大学生的综合素质，进而实现现代教育的最终目的。

随着社会形势的快速发展，传统单一模式下的实践活动早已不能适应新的形势发展的需要。为进一步丰富和发展大学生社会实践活动的内容和形式，当前应从以下四个层面努力探寻并实现有机结合。首先，以培养公民素质为基点，注重培养大学生理性、成熟的公民意识，将学生自我教育、思想政治教育和社会实践活动结合起来。其次，注重解释特困生生活困难问题，培养贫困大学生独立自主的奋斗精神，把社会实践活动与勤工助学活动结合起来。再次，以经济建设为中心，引导大学生在理论学习的同时积极参与科技创新、生产服务，推动生产力转化。最后，持续加强对专业能力的锻炼，将储备就业能力作为落脚点。具体而言，应加强学生社会实践环节，重视不断丰富和充实社会实践内容，分阶段、分层次设计，对于刚刚入学的低年级学生，可以采取社团活动、社会调查、志愿服务等服务社会的活动为主的实践活动。而对于高年级学生，含硕士、博士生，社会实践应以岗位见习、竞赛活动、创业活动、三下乡等结合学生专业的活动为主。总之，新时期要进一步发挥大学生专业知识领域的优势，将以勤工俭学、调查访问为主的传统实践活动向结合专业、发挥智能优势的高层次实践活动发展。注重推进政府、用人单位、高校、大学四个方面协同统一的平台机制，具体来说，政府方面由于处于指导地位，应着重加大资金投入和政策引导，鼓励高校积极开展大学生社会实践活动，调动用人单位参与实践教育的积极性和主动性；用人单位作为承担大学社会实践活动的重要平台，应积极响应政府的号召，参与高校的人才培养工作，努力为大学生实践教育提供大舞台；高校作为大学生社会实践活动中的重要阵地，要认真贯彻政府的方针政策，充分发挥自身作用：一方面对内进一步深化大学生社会实践活动教学改革，完善社会实践指导教师队伍建设；另一方面对外主动和用人单位建立合作培养机制，建立社会实践基地。此外，作为实践活动中的中心主题，大学生应强自我意识、优化自我策略、注重能力培养，做到主动出击，从而实现社会实践能力的自我培养与提高。

5. 加强项目后期延续性

加强项目后期延续性是组员们需要考虑的重要问题之一，因为如何加强项目后期延续性对社会实践项目的发展具有关键作用。如果项目没有后期延续性，项目的前期研究意义和研究价值便失去了一半。项目的后续性应坚持发展的原则，即加强项目的后期延续性需要注重以下几个方面的因素。一是技术方面，先进的技术能够给社会实践带来相应的可靠保障，能够给社会实践提供持续的技术动力，保证项目能够延续下去；二是机制因素，良好的组员关系能够让机制更加稳定，妥善的机制能够促进和完善社会实践项目的实施；三是人才因素，团队内有过丰富社会实践经验的同学可以给其他同学一些经验层面上的指导，而且不同同学之间可以互相学习对方的长处，如撰写论文、收集材料、制作海报等，小组成员在实践过程中互相学习，见贤思齐，可以不断提升个人素质和个人能力。总之，应统筹兼顾项目前期、中期发展，保证项目的后期能够可持续发展。

6. 加强宣传教育，使实践观念深入人心

社会实践是当代思想政治教育的一种表现形式。社会实践为大学生提供了走出书本理论、走出校园、走向社会的宝贵机会。社会实践要求理论与实际行动相结合，能够帮助大学生更好地认识个人发展与社会进步的关系，有利于大学生形成正确的世界观、人生观、价值观，建立健全人格品格，树立服务社会的思想认识。近年来，受到市场经济逐利性和社会不良风气的影响，加上大学生自我意识的不断膨胀，使社会实践的功利性超越了实践本身的目的和意义。“实践热”的背后早已不再是纯粹对真理的信仰、对实践的追求。功利心理影响下的大学生对待科研的目的似乎更为直接，能省则省的活动流程、浅显陈旧的前人理论，实践的目的早已不是探求真知、建言献策和服务社会，功利化的实践思想作为一种偏颇的价值观和错误的引导方向亟须更正。对此各院校应给予高度重视，同时增强社会主义核心价值观的引导。

为了让大学生普遍认识到社会实践的重要性，宣传教育必不可少。首先，学

校应开展科研动员大会和专业指导老师的专题讲座，使学生对于社会实践有一个更为清晰的认识，从而自我分析，选择适合自己的实践活动；其次，应发挥实践部和相关社团的带头引领作用，积极组织开展实践活动，让学生有机会去了解、参加社会实践；最后，学校也应充分发挥网络平台等媒介的宣传作用，将优秀的实践成果通过网络平台放到校网、微信平台等主页，调动学生参与社会实践的积极性。

7. 社会全面发力促进实践活动

当前的首都高校大学生实践活动急需学校、社会和家庭三方面的介入，共同构建合理完善的社会实践平台，为首都大学生社会实践提供方便、提供机会。在学校方面，需要有专门的师资力量，指导大学生社会实践的有关内容；在社会方面，社会机构和企事业单位应该主动承担社会责任，为促进首都大学生的实践活动提供平台；在家庭方面，应通过有效的宣传教育让父母明白当前的社会需要实践型、创新型人才，不能用传统的观念去看待学生的自我成长和发展。

但我们也可以看到，近年来社会各界对于社会实践做出的努力。以学校方面为例，首都许多高校已经将大学生社会实践的开展提到一个新的高度，主动解决大学生在实践过程中可能遇到的困难和阻碍，为实践提供了更多保障，使实践活动真正走向大学生的日常生活，不再神秘。

第五章 大学生校园社会实践研究与探索

大学校园是大学生自我展现、娱乐、交际、成长的重要舞台。这个舞台蕴藏着丰富的社会实时教育资源，也应当成为大学生社会实践教育的重要舞台，成为大学生社会实践教育体系的重要组成部分，占据应有的地位，发挥应有的作用。

第一节 大学生校园社会实践教育的发展与特征

大学生校园社会实践教育是大学生社会实践教育的一种重要方式，也是大学生社会实践活动的一个重要舞台。它与课程学习中的社会实践、校外社会实践、虚拟社会实践一起构成了完整的大学生社会实践体系。在这一体系中，校园社会实践具有资源、环境、群体、方式、地位等的特殊性，对大学生的成长成才具有重要的影响。

一、校园社会实践的含义与特征

大学生校园社会实践教育活动是连接课程学习中社会实践教育与校外社会实践教育活动的重要纽结，在大学生社会实践体系中具有重要的地位。要全面准确地认识和把握大学生校园社会实践教育活动，必须从分析其含义、归纳其特征着手。

1. 校园社会实践教育的含义

长期以来，人们对大学生社会实践教育的认识往往局限于校外实践教育活动即“走出‘象牙塔’，走向社会，受教育、长才干、做贡献”，而把校内的教学和丰富多彩的学生活动排除在社会实践的视野之外，这种认识使大学生社会实践在当前面临种种困境：如社会实践教育成本高，让很多学校难以承受；社会实践教育形式化，走过场；社会实践教育中师生脱节严重，理论教学与社会实践“两张皮”；社会实践参与度不高，持续性、过程性不强等。再加上社会发展、时代变迁带来的新形势、新情况、新变化，使得社会实践教育面临的困境更多、更深，进而引起人们的深刻反思，改变人们对大学生社会实践教育的旧有认识，并提出了强烈的创新大学生社会实践教育的要求。

中宣部、中央文明办、教育部和共青团中央在《关于进一步加强和改进大学生社会实践的意见》中指出："改革开放特别是党的十三届四中全会以来，大学生社会实践不断加强，取得了显著成效，已经成为大学生思想政治教育的有效途径。但是，面对新形势、新情况、新变化，大学生社会实践还存在薄弱环节，社会实践的方式方法、形式途径还不多，社会实践的新体制新机制还没有建立起来，社会实践活动基地建设还不能满足需要，一些高校领导对大学生社会实践重视不够、措施不力、办法不多，全社会共同支持大学生社会实践的局面尚未形成。"

将《关于进一步加强和改进大学生社会实践的意见》中对大学生社会实践薄弱环节的剖析与对大学生社会实践现状的反思结合起来，我们不难发现，要切实加强和改进大学生社会实践教育，就必须创新社会实践教育的方式方法、形式途径、措施办法，拓展社会实践教育的新领域，树立社会实践教育的新理念。基于这种认识，我们认为大学生校园社会实践教育活动是大学生社会实践教育体系的重要组成部分，它区别于课程学习中的实践教育活动和校外的社会实践教育活动，是在学校的指导和规范下，由学生自主设计、发起、策划、组织和开展的，以校园为舞台，以课外时间为活动时间，以学生的需求为基础，在长期互动中形成的旨在促进学生社会化和全面发展的一系列活动和过程的总和。具体而言，包括如下含义：第一，从主体来看，大学生是校园社会实践教育的主体，在学校的指导和规范下突出大学生的自我设计、自我管理、自我改造、自我教育和自我发展。第二，从地位来看，它作为大学生社会实践的重要组成部分，区别于课程学习中的实践教育活动和校外社会实践以及虚拟社会实践，又与它们紧密联系，构成大学生社会实践的完整体系。第三，从基本经验来看，它是以校园为舞台，以课外时间为活动时间，以学生的需求为基础，形成长效的师生互动机制。第四，从目标来看，它旨在创新大学生社会实践教育的方式，打造一种校园化、生活化的实践方式，实现大学生实践教育活动的全员性、全程性、全面性，进而为大学生真正走上"大社会"做好全面的准备。

2. 校园社会实践教育的特征

大学生校园社会实践教育活动作为大学生社会实践体系的重要组成部分，具有不同于课程中的社会实践、校外社会实践以及虚拟社会实践的特征。把握这些特征，有助于更好地理解和把握校园社会实践活动。

第一，以校园为舞台，树立应有的资源意识，充分利用和开发校园社会实践资源，推进大学生社会实践教育活动的校园化。校园是大学生学习生活的主要场所，学生的大部分时间都要在校园里度过。校园为大学生的成长成才提供了很多资源，如生活资源、知识资源、学术资源、工作资源、教师资源、活动资源等，这些资源对大学生的发展具有重要的意义。但长期以来，学校往往把校园资源用于服务学生的知识学习、专业训练，而较少从社会实践教育的视野中理解、利用和开发现存校园资源。

第二，以学生为主体，从学生的实际出发，推进大学生社会实践教育活动的生活化。所谓大学生社会实践教育活动的生活化，总的来说，它强调应充分认识到生活之于社会实践教育的本体性地位，以生活为基点来考虑社会实践教育中的所有问题，使社会实践教育贴近生活，引领生活，并最终融入生活，成为大学生生活不可或缺的一个组成部分。它所针对的是传统大学生社会实践理念和实践中将大学生社会实践教育仅理解为走出校园，根据学校教育目标，有组织、有计划、有目的地让学生参与的一种独立的教育活动，这种活动与学生的课堂学习、课外校园生活严格区分，而忽视学生的校园生活在大学生成长成才、了解社会、自我教育、自我发展中的作用。生活化的社会实践教育活动，突出学生主体的自我设计、自我需要、自我满足和自我教育，尊重学生的需要和兴趣，以学生生活为载体，将社会实践教育融入学生的生活之中，使生活成为社会实践教育的基本形态。

第三，以趣缘关系为纽带，凸显校园社会实践教育活动的平等性、交互性。校园化、生活化的大学生社会实践教育活动，是以何种方式将个体的学生组织到一起并有序地开展活动？我们认为，大学生的兴趣在活动的组织中发挥了至关重要的作用，即主要是以趣缘关系为纽带实现组织的。这是校园社会实践教育活动区别于课程教学中的社会实践教育活动与校外的社会实践教育活动的重要特征。趣缘关系可以简单定义为：以相同或相近的兴趣为纽带结成的人与人之间的关系。之所以说趣缘关系是纽带，主要是因为校园社会实践教育活动以学生为主体，从学生的需要出发，不同的学生主体有不同的需要，表现出对满足需要方式的不同追求，而在校园化、生活化的相对宽松的活动情境里，每个学生都倾向于选择自己喜欢的方式满足自身的需要，这时候兴趣就在选择中充当了重要的砝码，于是兴趣相同或相近的学生便创建、选择和参与相同的方式，进而结成趣缘关系，建立趣缘群体，形成组织并开展活动。在同一趣缘关系中，共同或相近的兴趣决定了关系主体地位的平等、权利的平等。在趣缘关系中，高度的平等性必然带来高度交互性，表现为组织、参与校园社会实践教育活动的师生之间全面的、充分的互动交流，共同营造社会实践教育活动的热烈气氛，推进活动的深入和良好成效的实现。

第四，与社会的大舞台相比较，凸显校园社会实践教育活动的有限性。大学生校园社会实践教育活动，虽然具有上述鲜明的特征，对创新和发展大学生社会实践教育具有重要的意义，但是它毕竟是校园里的社会实践教育，校园的“小社会”可以帮助大学生了解社会、发展自我并间接服务社会，但不能取代走出校园在社会上的实践锻炼，这是由大学生校园社会实践教育活动的有限性决定的。具体而言，其有限性主要表现在：其一，校园环境的单一性和封闭性。大学校园是一个相对单一和封闭的系统，这一方面有利于大学生避免外界干扰而安心学习，避免精神污染，培养高尚德行。但另一方面，也会造成大学生们由于封闭而对社会缺乏正确、全面、深刻的理解和认识。其二，校园社会实践教育活动内容的有限性。较之社会大舞台的复杂性、多样性、多变性、广阔性，校园舞台则相对简单、单一、稳定和狭小，这决定了校园社会实践教育活动内容选择的空间不大，进行的方式不多，活动的内容有限。其三，所受教育、所长才干与社会要求的差距性。“受教育、长才干、做贡献”是大学生社会实践教育的重要原则，大学生在校园社会实践教育活动中可以接受教育、增长才干，了解社会，并为走向社会打下良好的基础，但这些相对于激烈竞争的社会的要求而言是有差距的，需要在社会舞台上去历练、去适应、去进步和去完善。其四，校园舞台是宽容的、宽松的，而社会舞台是苛刻的、严格的。当下，竞争社会、风险社会彰显着社会严酷的竞争性和极度的不确定性，社会处于高竞争、高风险的状态之中，并施加给每个社会成员于高要求、高压力，社会不会等待个人的成长并无情地给犯错误者予惩罚。

二、校园社会实践的地位与作用

大学生校园社会实践教育活动，作为大学生社会实践体系的有机组成部分，既具有广义大学生社会实践教育的基本作用，这是“共性”，同时又有其“个性”，充分凸显校园活动中社会实践教育的特殊地位和作用。

1. 校园社会实践是课程学习中社会实践的拓展

作为课程学习中的社会实践教育的延伸和发展，有利于大学生深化课程学习，优化知识结构，提高理论联系实际的能力，并反过来推进课程教育和课程学习的发展。理论与实践相结合的原则是大学生社会实践教育的重要原则，这一原则贯穿于大学生社会实践教育的样态之中。在课程学习的社会实践教育样态中，理论与实践相结合的原则不仅要求课程教学服务于实践需要，而且还要求以实践的方式展现教学，但课堂毕竟主要是学习理论的舞台，课程学习中对学生提出的实践要求、所提供的指导实践的理论和进行实践的方法，需要延伸到学生课外的生活实践当中，实现课程学习在课外生活实践中的发展。课程学习中的社会实践教育活动，其目的侧重于知识的学习和方法的掌握，主要采取“老师教、学生学”的教育方式，简而言之，大学生课程学习中社会实践教育主要是理论学习的实践。理论要运用于实践，指导实践，并再内化为学生的意识和行为，则需要将理论的影响延伸到学生的日常生活之中，在学生的生活实践中不断发挥其作用，即理论指导实践。理论在指导实践的同时，也在不断地接受着实践的检验。学生在校园实践活动中接受理论指导的同时，也反思理论本身的科学性、价值性、完备性等，引起对理论的理性思考，或认可或质疑或批判，进而引起对理论的选择，并将这种选择反馈到课程学习之中，反馈到教师的课程教学之中，这不仅加强了学生继续深入课程学习的热情，有利于引起课程学习的热烈氛围，有利于培养学生理论联系实际的习惯和能力，而且能够帮助教师不断地改进课程教育，从而推进课程学习中的社会实践教育活动的发展。

2. 校园社会实践是校外社会实践的过渡

作为校外社会实践教育的过渡性、校园化、生活化形态，有利于大学生在校园平台上提高认识、锻炼能力、提升素质、健全人格，使校外社会实践教育效果最大化，实现“课程学习——校园活动——校外实践”良性衔接和合力生效。大学生校园社会实践教育活动具有自身的独立性，是一种建立在充分利用和开发校园社会实践资源的基础上，贴近学生实际、贴近学生生活的校园化、生活化社会实践教育样态，它贯穿于大学生大学生活的始终，服务于大学生成长成才的始终。但作为大学生社会实践教育体系的一部分，它又充当着校外社会实践教育的一种过渡形态，旨在为大学生走出校园、走向社会之前做好充分的准备：认识准备，即充分了解社会，获得对社会和可能进行的社会实践岗位的深入了解，达到“知己知彼”；本领准备，即在校园社会实践教育活动中充分锻炼自身的能力，如与人交往的能力、专业技术能力、应对危机能力和心理承受能力等，为进行校外社会实践奠定较好的能力基础；心理准备，校园社会实践教育活动使社会实践融入学生的生活之中，使社会实践成为生活的一部分，进而在心理上让大学生走向校外进行社会实践时不至于产生心理的紧张和恐惧，有利于迅速进入状态。当然还有知识准备、技巧准备和人格完善等。这些都为实现大学生走出校园顺利进行校外社会实践打下了良好的基础，有利于实现校园社会实践向校外社会实践的顺利过渡，进而实现“课程学习——校园活动——校外实践”良性衔接和合力生效。

3. 校园社会实践发挥全员、全程和全方位育人的优势

作为校园活动中的社会实践教育本身，具有贴近学生实际、紧密联系师生、便于全体师生广泛参与和形式灵活多样等优势，有利于推进大学生社会实践的全员化、特色化、生活化，使大学生社会实践融入大学教育、大学生学习生活的全过程。如前所述，校园社会实践教育活动作为校园化、生活化的大学生社会实践教育样态，有其独立性，需要对它独立的地位和独特的作用进行深入的探究。首先，它立足于利用和开发校园资源之上，有充分的资源保障。系统深入开展大学生校园社会实践教育活动需要重新评估校园社会实践教育资源，将现存的校园资源纳入社会实践教育的视野并进行相应的转化，进而为大学生校园社会实践教育活动的开展和发展提供强有力的资源保障。其次，它贴近学生生活，有利于反映学生实际需要，学生作为主体能够策划和组织能反映他们个性需要的个性化活动，能够充分发挥自己的想象力、创造力推动社会实践教育的不断创新，进而给社会实践教育的发展注入源源不绝的强大动力。“由于他们的需要即他们的本性，以及他们求得满足的方式，把他们联系起来（两性关系、交换、分工），所以他们必然要发生相互关系。”大学生主体从需要出发，联系起来求得满足需要的方式，是校园社会实践教育活动的重要特色，这在教师主导的课堂上和激烈竞争社会中是难以实现的。再次，它依托于丰富多彩的校园活动，形式多样、设计新颖，便于以喜闻乐见的方式将多样化的社会实践教育活动呈现在广大师生面前，以提高参与度，增强实效性。

4. 校园社会实践是大学生全面成长的特殊方式

作为大学生社会实践教育体系的一部分，校园社会实践教育活动是促进大学生“受教育、长才干、做贡献”的特殊方式。从大学生社会实践教育体系的整体视野来看，校园社会实践教育活动扮演着重要的角色，这既表现在“课堂学习——校园活动”“校内活动——课外实践”“课程学习——校园活动——校外实践”的

关系之中，更表现在对大学生成长成才的作用方面。任何一种大学生社会实践的样态、方式的最终落脚点和归宿都指向大学生的成长成才，并以此为检验实践教育活动的重要标尺。之所以说校园社会实践教育活动是促进大学生“受教育、长才干、做贡献”的特殊方式，可以从以下几个方面理解：其一，它是大学生自我管理、自我教育和自我发展的方式。它给大学生张扬个性，展示自我提供了舞台，并无形之中对大学生提出了“自己行为、自己负责”的要求，对培养大学生的自立性、责任感具有重要的意义。其二，大学生从课堂学习中掌握了大量的系统的理论知识，他们在校园活动中的社会实践是具有丰富理论营养的实践，是最直接的“学以致用”的实践方式，为大学生的实践创新和活力展现提供了厚重的理论支撑。其三，校园社会实践教育活动，以宽容的心态接受大学生实践的失败，呵护大学生的成长，鼓励大学生的创造，为他们的成长成才提供动力和保护。其四，校园社会实践教育活动构成大学生“做贡献”的特殊方式，体现在丰富校园社会实践教育活动的方式、活跃校园文化生活、促进校园社会实践资源的良性利用和开发、提高学生素质以提高社会的认可度进而提高学校的声誉等。

5. 校园社会实践教育的时代诉求

培养什么人、如何培养人，是我国社会主义教育事业发展中必须解决好的根本问题。正确认识和解决好这个问题，事关党和国家的长治久安，事关中华民族的前途命运。

大学生校园社会实践教育活动需要增强针对性，尤其学校在指导和规范大学生校园社会实践教育活动时要发挥好教育和引导的作用。同时要清楚地认识到，时代对大学生校园社会实践教育活动的诉求，除了对大学生适应社会的知识、技术、技巧、心理等能力素质的诉求外，更为重要的还是思想道德素质的诉求、实践精神的诉求。离开了良好的思想道德素质和科学的实践精神，大学生的社会化将迷失方向，大学生的全面发展将失去根基，大学生社会实践的意义便无从谈起。因此，大学生校园社会实践教育不仅要着眼于培养大学生适应社会的种种显性的能力素质，更要利用校园相对宽容、封闭、纯洁和高雅的环境与其他独特资源，培养大学生崇高的思想道德素质与科学的实践精神。使大学生不仅能够很好地适应社会，而且还能够引领社会的发展，成为引领社会道德文明进步、科学实践精神发展的时代的“弄潮儿”。

第二节 校园社会实践教育的基本方式

校园活动是学校对大学生进行校园内社会实践教育的有效途径，教育的重点在于围绕育人目标突出时代性、主题性、可操作性和学生的参与性。活动内容要突出校园化和生活化，活动形式要充分体现贴近学生、贴近学生生活与贴近学生实际，从而实现学生自我成长的教育目标。

大学生校园社会实践教育的基本方式依托于丰富多彩的校园活动并通过这些活动得以实现。从教育的目标与活动的特点方面讲，我们可将校园活动的社会实践教育方式大致分为文明修身类、学术科技类、社团类、文体艺术类、志愿服务和勤工助学类五种实践活动。

一、文明修身类实践活动

文明修身类实践活动是大学生校园社会实践活动的核心，关系到学生成才的方向和实践教育的导向。它强调活动的教育价值和育人目标，要求活动主题要有鲜明的导向，形式要贴近学生的学习成长和生活实际，成为大学生人人都参与、个个都受益的实践活动。

在大学生中进行文明修身教育，可以促使学生在知行统一的过程中形成良好的道德品质和文明行为，以解决如何做人的问题。开展校园修身实践活动，应以《公民道德实施纲要》和《高等学校学生行为准则》为指导，结合当今大学生思想道德修养实际，以基本道德规范为基础，以理想信念教育为核心，以大学生全面发展为目标，坚持教育与自我教育结合，引导大学生自觉树立“爱国守法、明礼诚信、团结友善、勤俭自强、敬业奉献”的基本道德规范，养成自律与自我教育、讲文明的良好行为习惯，树立文明新风，提高文明素质，奋发向上、积极进取，让广大学生在活动中接受教育，学做“四有”新人。

我们应从基础文明、团队精神、社会责任感、理想信念等不同层面入手，通过引导学生参与党团活动、马列小组学习活动、理论读书活动、各类纪念活动、仪式化活动等文明修身实践活动，全面提升大学生的道德文明修养。

基础文明修养活动立足学生的生活习惯，强调文明意识的树立和文明行为的培养，倡导大学生健康文明的社会形象。学生参加系列文明修养活动，包括文明校园行、文明就餐、文明倡议书、文明上课、文明公约、文明主题班会等活动。加强基础文明修养，让文明意识深入人心，让文明行为处处可见，无论是课堂、宿舍、图书馆，还是实验室、食堂，文明成为同学们的生活习惯。基础文明教育不仅在于培养大学生基本的文明素养，引导大学生文明生活、文明学习、文明成长，树立健康文明的大学生形象，同时也引导大学生做弘扬“修身、齐家、治国、平天下”的中华民族优良道德传统的先锋，为社会文明做贡献。

1. 党团系列活动

党团系列活动是通过党支部、团支部系列活动对学生进行理想信念教育的实践教育形式。通过参加包括马列小组活动、理论读书活动、时事政治讨论会、观看宣传片、专题宣传、专项调查等活动，引导学生对国情、国家政策、社会热点、举国大事等增强认识和了解，特别是对改革开放 40 年来我们祖国取得的伟大成就的进一步认识，有助于帮助大学生坚定社会主义信念，树立远大理想，全面提高大学生的政治素养；有助于大学生正确认识社会、理解国情政策、奉献服务社会，使我们的大学生不仅学会担当家庭责任、社会责任，也要担当世界责任。

2. 系列纪念活动

纪念活动主要是指节日、人物、重大事件的系列纪念活动，主要培养学生的爱国情操和大学生的历史方位感、社会使命感。如每年的国庆日、建党日、建军节、“五四”青年节、“九一八”事变日、“一二・九”纪念日等系列纪念活动，以及学校的校庆、院庆等活动，学生参加以上纪念活动，有助于了解祖国的历史进程和伟大变化，有助于加深对中华民族精神的进一步认识和理解，从而增强民族自豪感和历史使命感，同时也有助于学生对国家、人民、学校、学院的热爱和归属认同，让学生学会承担社会责任。

3. 系列仪式活动

仪式化活动主要是通过固定的仪式和固定的形式对学生开展专题的教育。在校期间每个学生不同阶段将参加以下的仪式化活动：开学典礼、毕业典礼、授位典礼，接受人生重要仪式的洗礼，明白新生、毕业生、学位等不同身份的重要含义和赋予的责任，学会成长；学生还可以选择性参加形式多样的仪式活动，包括成人宣誓、生命承诺、升国旗、入党宣誓、党员承诺、毕业宣誓、班级宣言、先进表彰等活动，在参与中学会去经历过程，去深刻体会青年的成长需要远大目标、进取奋斗，更需要为自己、为社会负责任。

文明修身是一生之事，需要我们坚持以学生为本，并合理运用载体，设计学生喜闻乐见又有鲜明主题的教育实践活动。活动设计一定要离学生近、内容要实、形式要活、参与性要强，使文明修身活动既丰富多彩又生动活泼，扎实有效。

二、学术科技类实践活动

学术科技类活动是学生将书本和课堂上学到的知识应用到实践中去再学习的过程，它是大学校园里学生社会实践活动的重点，充分体现了大学生社会实践的学习性特点。活动主要以应用知识为主，强调理论知识在实际中的具体应用，活动的设计和开展更注重学生科学精神的培养，注重学生分析能力、运用能力和解决问题的能力的综合提高，注重理论与实践的有机结合。通过各类竞赛、科技文化活动节、多种形式的研究参与、科技协会、网络运用等实践活动，重点引导学生进一步理解和灵活应用所学知识，学会把知识的学习和掌握与解决复杂多变的问题联系起来，提高解决实际问题的能力，在活动中增长才干。

从活动内容和开展方式上看，学术科技类活动主要可分为以下几种：各类竞赛、科技文化节、各类科技协会、开放实验室、参与课题研究、大学生科研训练计划等。

1. 竞赛活动

大学校园内的各种竞赛活动是大学生运用知识展示自我风采，培养竞争意识和团队意识的重要平台，也是学校选拔优秀专业人才的途径，很多优秀学生在各种竞赛中脱颖而出。竞赛活动以其独特的魅力一直以来成为校园学生活动中最受欢迎、参与也最广泛的活动之一。竞赛活动主要体现了相互了解、友谊、团结和公平竞争的精神，成为大学生自我实现、自我超越的重要途径；竞赛活动具有明确的奖励机制，是鼓励和督促大学生实现知行统一，学好现有知识，探索未知领域的有效方式；同时竞赛活动的本质特征又是比赛与对抗，在直接而剧烈的竞赛过程中，学生的身体、心理和品德得到良好的锻炼与培养，学生学会在竞争中生存，在合作中成长，在运用中长才干。

竞赛类活动与专业知识结合紧密，大体上分为科技类竞赛，如国家级的挑战杯大学生科技作品大赛、各级电子设计大赛、大学生创业计划大赛、数学建模大赛、软件设计大赛、网页设计大赛、沙盘模拟大赛、机器人大赛、车模大赛、程序设计大赛、生命科学知识竞赛等；人文艺术类竞赛注重人文精神的培养和艺术修养的提高，展示大学生风采，包括全国大专辩论赛、各级征文比赛、演讲比赛、英语竞赛、模拟比赛、青春风采大赛、小品大赛、艺术大赛、歌手大赛、舞蹈大赛、美术大赛等。

校园内精彩纷呈的各类竞赛活动成为大学校园里年复一年最亮丽的风景线，成为学子们竞相展示才艺的天地。竞赛为大学生营造了拼搏竞争的向上氛围，真实的竞争体验不仅拓展了大学生的认识视野，提高了大学生知识运用和创新的能力，同时也促进大学生的社会化进程，为大学生进入社会做好知识和能力储备。

2. 科技文化节

科技文化节是各类学校根据实际需要，在学校举办的综合性的、竞赛性的学生活动节日，一般时间为一周。科技文化节以培养学生的科学精神和人文精神为宗旨，大力营造校园科技人文氛围提升学生的综合素养。科技文化节一般包括系列讲座、竞赛、论坛、表篇、展示等内容，是学生综合能力的展示。学生可选择其中一项或多项参与，活动因其主题鲜明、形式多样、活动集中而吸引广大同学有选择地参与，学生的受益面广，活动效果好，产生的科技文化类奖项多。

3. 科技协会活动

科技类协会是大学生课外专业性很强的实践活动的主要形式。它以传播与专业相关的知识信息，结合有关理论知识、科研课题、社会现实问题进行问题研究、实践探索为主要目标的学术活动型大学生组织。

一般来讲，每一个专业都有相应的科技协会，如电子科协、自动化科协、经管协会等，它与专业和学科结合紧密，是学生运用专业知识最为直接的实践活动。科技协会因其鲜明的专业和学术研究特色而受到学生关注，它一般有专门的指导老师、相关的仪器设备和场所，主要从知识学习和应用出发，注重专业技术能力的初步培育、专业实践训练和动手能力的培养，并分阶段推出实践成果。科技协会是大学生主要的专业实践活动，在促进大学生专业学习运用、动手能力培养等方面发挥了应有的作用。

4. 科研参与活动

校园为大学生的成长成才提供了很多资源，如知识资源、学术资源、教师资源等。科研参与活动正是在整合以上资源的基础上，成为大学生发展的较高层次的实践平台。科研活动是大学生增长知识、掌握科研方法和培养科研品质的重要途径；能满足大学生高层次的心理需要，增强他们敢于攻坚、勇于突破的信心。同时，科研活动有利于发现人才，因材施教。

5. 学生的科研实践活动

可从以下几方面入手：

第一，本科生进课题组。有条件的学校或学院可开展此项活动。一般来讲，高年级同学在教师的指导下，选择感兴趣的科研项目的子课题，加入到子课题组中，参加科研项目的部分工作，并且把子课题研究作为一个完整的科研工作去完成，从问题出发，寻找研究价值，确定研究方案，立项申请支持，并分步推进实施，最后撰写论文报告，结题验收。在完整参与完成以上研究工作，学生的科研能力将得到很大提高。

第二，开放实验室。开放实验室是面向学生开放教学、科研实验室平台，旨在为学生提供良好的科研环境，吸引学生主动参与实验实践活动，在更大范围内培养学生的科研素质和创新能力。开放实验室面向不同学习层次的学生，受益对象更为广泛。学生可以结合实际情况选择不同的实验室，既可以弥补课程学习的不足，又可以满足进一步深造的需要。

第三，大学生科研训练计划。大学生科研训练计划充分利用学校师资、教学、科研的资源，为学生设计的科学研究的专项训练计划，计划为学生配有指导老师、设立专项研究经费、提供研究场所和设备，要求学生自行选题申报项目，并开展选题申报、实验训练、中期检查和结题验收等训练，鼓励项目取得阶段性和实质性的科研成果。计划旨在培养大学生严谨的科学态度、创新意识、团队合作精神，提高大学生科学研究能力、创新能力和实践动手能力。

第四，设立专项科研基金。大学生独立进行科研立项是一种更高层次的参与科研的活动。一方面要鼓励大学生勇于尝试，另一方面也要严格把关，以将有限的资金运用到科研活动中去，真正锻炼他们的才干。

设立“专项科研基金”作为一个支持和引导学生进行科技实践的种子基金，将会极大提高学生参加科技实践创新的热情，帮助学生明确科技实践的研究方向和研究目标。学生通过亲身经历项目申请、研究开发和项目验收，较早地掌握和实践项目研究的全过程并积累科研项目工作的经验，最终达到培养出全面发展特别是具有较强创新能力的合格人才的目的。

三、文体艺术类实践活动

文体艺术类实践活动是指培养学生文体素质和生活艺术而开展的一系列人文、体育和艺术类活动。活动强调以人为本，注重人的全面、协调、健康和持续发展。学生通过参加系列活动，在人文素养、身体和心理素质及艺术品位等方面得到全面提升，从而成为身心健康、发展协调的人，成为有品位、有艺术修养的人。

文体艺术类活动是大学校园中面向全体学生，整体性、协调性都很强的学生课外实践形式。它因为和学生的身心素质、个性发展和生活品质有紧密联系，因而也成为大学生参与最容易、坚持最自觉的活动。文体艺术类活动形式多样、内容丰富，通过比赛、训练、表演、沙龙等方式对学生的身心健康、精神状态和个性发展起到全面的调节和促进作用。文体类活动让同学在轻松愉悦的参与和激烈的竞争中既提高了身心素质，保证了学习的高效率、高质量，又培养了学生良好的行为、品质、个性、情感和兴趣等多项素质，还在学生的竞争意识、合作精神、纪律性、集体责任感、荣誉感、民族进取心和奋发向上精神等方面起到了良好的促进作用。

从活动内容上看，文体艺术类活动大致可分为以下几种基本类型：文化类，如各高校的特色论坛、征文比赛、文学交流、演讲比赛等；艺术类，如文艺演出、摄影展、文艺训练、书画节等；体育类，如运动会、各类球赛、体育锻炼等；心理类，如素质拓展计划、团队心理辅导等。

文体艺术类活动促进了大学生德、智、体、美和谐、健康的发展，充分体现了素质教育的全体性、全面性和学生发展的主动性。

四、社团类实践活动

乌克兰著名教育家马卡连柯认为：教师的主体作用，集中表现为培养学生集体；在学生集体形成后，主要不是靠教师来教育各个学生，而是通过学生集体，实现学生自我教育、自主管理与监督，这样既把学生集体作为教育主体，又把学生集体作为教育管理对象。学生承担社团工作正是这一教育管理理念的具体实践，社团工作充分体现大学生实践教育的成长性与社会化特点。

社团是大学生遵照社团章程，以共同爱好为基础，重点培养某一方面能力而自发成立的非正式的群众性学生团体。社团类活动主要是指学生为丰富课余生活、发展个人特长而开展的一系列有针对性的活动。

社团类活动是以兴趣为纽带、以需求为导向而开展的实践活动，充分体现了大学生实践教育的学习性、成长性、社会化特点。社团类活动在大学生的课外活动中占有很高的比例，活动因贴近大学生活、满足大学生兴趣发展需要而吸引同学们广泛参与。同学们可根据自己的兴趣和发展需求选择不同的社团活动，有意识地培养兴趣、发展个性、突出特长。社团类活动强调学生自愿，体现学生自我能动性，是学生常常选择的成长自觉性高的活动。

马克思认为，"只有在集体中，个人才能获得全面发展其才能的手段"，也就是说，只有在集体中才可能有个人自由。社团活动是集体活动的重要形式，是促进社团与会员共同成长的良好平台。社团活动以同学们共同的爱好兴趣为基础，注重学生的主动参与和自主选择，在强调学生自我管理和自我发展中，促进同学们在活动中获得多方面的成长。学生通过参与兴趣类社团，一是以平等的身份结识更多的朋友，学会人际交往和团结协作；二是在自我管理和发展中培育主动参与意识和民主管理意识，让学生学会如何组织开展活动、如何管理社团的日常工作；三是社团成员可以按照兴趣开展学业深化实践，把兴趣进一步升华为能力和特长；四是帮助同学学会如何去发展和建设好社团，学会在实践活动中成长。在强调社团自主发展的同时，要加强引导和管理，帮助学生与社团一道健康成长。

从活动内容和教育功能上看，社团大体上可分为五种基本类型：政治类，如学马列、学党章、青年志愿者等；学术类，如电子科协、英语协会等；艺术类，如音乐剧社、话剧社、舞蹈协会；体育类，如篮球协会、排球协会、网球协会、游泳协会、轮滑协会等；人文社科类，如辩论队、记者团、学生新闻中心、演讲协会等。社团实践活动主要有自我培训、主题讨论会、经验交流会、内部竞赛、总结报告交流等活动。社团的指导老师、骨干成员利用自身优势以讲座、报告等形式对社团新进成员进行指导培训，进一步开发学生的兴趣爱好；主题讨论会、经验交流会、内部竞赛等活动旨在兴趣的基础上提高大家的业务水平，有意识地培养和发展专长；以成果展览、现场咨询等形式面向包括会员在内的全体学生开展普及宣传活动，主要是发挥本社团在特定领域的优势资源，达到普及兴趣爱好、增长学生见识、推广社团品牌，服务广大学生的目的。

社团类社会实践活动因极大满足了学生的个人发展需要与参与灵活而深受学生喜爱，成为学生自主参与最为广泛的校园社会实践活动，也成为同学们发展个人兴趣的主要途径。

五、志愿服务和勤工助学类实践活动

1. 校园志愿服务活动

志愿服务活动是指志愿者们出于自愿意识，不计报酬，用自己的知识、技能、体能等从事社会公益性事业的各项活动。校园志愿服务活动是大学生志愿精神的孵化地，活动的开展旨在帮助大学生尽早养成"给"的态度，回报学校、回馈社会，学会为他人付出，并从中获得满足感和成长的动力。

大学生志愿者通过参与校园志愿服务活动，从服务中培养对学校的热爱与认同，学会对责任的担当。近年来，随着学生公民意识的逐渐树立，公民道德水平的提高成为大学生们自觉而普遍的精神追求。同学们以多种方式积极参与校园活动，志愿为同学服务、为班级服务、为学校服务。大学生校园志愿服务活动主要以公益社团和班级、团支部、党支部活动进行。从培养内容上看，大学生志愿服务活动主要可分为以下几种：

第一，意志品质培养活动。通常以班级或党团支部的形式组织开展服务，让学生体会劳动的艰辛和价值。如参与学校学院实验室义务清洁卫生、组织到食堂帮厨、为图书馆整理书籍、为同学义务发送报纸、学习“一帮一”结对活动等。

第二，公益性服务活动。主要通过学生公益社团开展活动，如环境保护协会常年在校园开展废旧电池回收、自然环境保护宣传等活动；心理协会定期为同学提供团队心理辅导、情绪控制等活动；各类科协义务为教师学生维修电器等。

第三，专项大型志愿服务活动。大学生利用所学专业和能力优势，参与学校大型活动开展志愿服务工作，为学校的建设和发展贡献自己的力量。如为大型会议提供翻译、接待、会务组织等服务，在每年的迎新活动、毕业生送别活动、校庆、院庆等活动中，也都活跃着青年志愿者的身影。

在大学生校园活动中，志愿服务已经成为大学生的一种生活方式，蓬勃开展的校园志愿服务活动处处闪耀着志愿精神的光辉，引导着同学们自觉地在服务他人和集体中健康成长。志愿服务活动的开展不仅让同学们在通过帮助他人体会到自己的幸运，通过服务集体确定自己能力，增强自信，提高素质，促进大学生的社会化。同时也让学生从服务学生开始逐步走向服务社会、服务大众。

2. 勤工助学活动

学生勤工助学指高校为帮助贫困学生解决经济困难，在教学、科研、管理及后勤等机构设立工作岗位，学生通过一定时间的劳动获取一定报酬，帮助其顺利完成学业的学生实践活动，活动充分体现了大学生实践教育的社会化特点。勤工助学的资助方式必须付出自身的劳动才能获得相应的报酬，因此更有利于学生的培养和成长。首先，勤工助学活动可以培养学生自强自立、艰苦朴素的精神，培养劳动观念和职业道德；其次，可以培养大学生走向社会应具备的各种能力，如生活自理能力、独立解决问题能力、当家理财能力、公关社交能力等，为将来步入社会打下坚实基础。参与勤工助学的过程，是学生克服自身挫折感、奋发向上和在逆境中图强从而实现自我教育、自我提高的过程，对增强大学生的自立意识和劳动观念非常重要。

勤工助学实践在扶贫的基础上，强调“扶心、扶成才”。在帮助学生解决生活苦难的同时，更注重学生的人格教育和心理疏导，注重引导学生正确看待贫穷，正确看待社会，帮助学生树立科学的世界观、人生观和价值观，激发学生内在动力，促进学生全面成才。

校园内勤工助学活动主要分为以下几种：一是由校内行政机构提供的勤工助学岗位，学校提供如机关学生助理、图书馆助理馆员、助理清洁员等职位。二是担任教学、科研和实验室助理等与所学专业相关的智力型、技术型工作。比如学校网站维护、实验室科研助理和助教等。三是在学校组织下的企业提供的校内勤工助学岗位，学校与企业合作，企业为学生提供的校内勤工助学岗位。例如，联合实验室管理工作、企业产品校内宣传工作等。四是学校大型活动如国际会议、教学评估、重大赛事等临时设立的短期岗位。

勤工助学作为高校学生社会实践的重要渠道，在引导学生融入社会、适应社会、服务社会的社会化过程中发挥着不可替代的作用，已成为促进大学生社会化的一条有效途径。

第三节　大学生校园社会实践教育的实施与探索

一、校园活动中的社会实践教育的实施

校园社会实践作为大学生在校成长的重要途径，是大学生学会理论联系实际、完成个人社会化所必需的经历，它强调活动主体的主观能动性及活动效果。活动的设计要在体现时代性、把握规律性、增强实效性三个方面狠下功夫。活动要有鲜明的主题，特定的目标，具体的方案、合理的策划，能预期的效果。

活动的设计需要遵循一定的原则，以保证活动可行和效果。

第一，要坚持主题性和目标性。社会实践必须以提高大学生素质为目的，培养学生的创新精神和实践能力为重点，造就“有理想、有道德、有文化、有纪律”的德智体美等全面发展的接班人。

第二，要突出知识性和科学性。21 世纪是知识经济的时代，社会需要的是知识型的劳动者，高校学生的主要任务是学习知识，要向书本学习、社会学习、

实践学习。所以大学生社会实践活动要突出知识性；同时，活动必须遵循社会实践在大学校园的发展规律，并注重在发展中创新。

第三，要强调时代性和自主性。21 世纪的高校学生群体有极其鲜明的特征，他们有全新的思维和生活方式，有新的理想和追求。社会实践活动既要紧扣时代发展的步伐，体现浓烈的时代气息，又要贴近青年学生的成长成才，满足他们锻炼自我、提高素质的需求。同时，独立性、自主性是学生身心发展的特征，社会实践活动的设计一定要符合学生的心理、生理特点，尊重学生的意见，吸引学生由“执行者”变为“设计者”，由被动参与变为活动的主人，在培养他们活动的兴趣同时增强他们的自尊感。

在具体活动的设计中还要注重活动的多维性，建立全方位、多层次的立体网络教育活动，让学生在活动中增长知识、展示风采。要注意活动的有序性，根据学校的总体要求做整体设计，使活动有序列、有目的、有组织地进行；活动与活动之间彼此协调，做到学期有计划、阶段有安排，要注重学生实际和客观条件，要有自己的特色内容和方式，发挥优势，讲求实效，重点抓好主题确定和方案制订环节。

主题是大学生社会实践活动的灵魂和统帅，它体现活动设计者的思想、育人目标和教育价值。校园社会实践活动的主题设计必须以大学生全面发展为目标，引导广大大学生既要学会做事，又要学会做人；既要打开视野、丰富知识，又要增长创新精神和创新能力；既要增添学识才干，又要增进身心健康。从而促进大学生思想道德素质、科学文化素质和健康素质协调发展，引导大学生在增长科学文化知识的过程中提升思想政治素养，知行合一，德才并进。

社会实践活动能否有效实施并取得预期的育人效果，活动形式和活动计划是非常重要的，要设计学生喜闻乐见的活动形式，吸引学生在参与中受教育、长才干、做贡献。如活动形式的设计要符合主题的内涵，要根据活动内容精心设计，以有效推进活动的完成和目标的达成；要遵循“贴近学生、贴近学生生活、贴近学生实际”三贴近原则，以开放、多样、灵活的形式，体现强烈的时代感、创意感，吸引同学们积极参与，增加受教育的覆盖面；要根据学校实际和学生整体特点，设计特点鲜明、操作性强的活动形式。同时，形式的确定要受经费、规模和场地的限制，需要按照实际条件设计活动形式。

校园社会实践的实施包括宣传动员、活动实施和活动管理三个环节。

第一，宣传动员。在活动实施过程中，要充分利用网站、广播、宣传栏等宣传媒介与载体进行宣传、动员，全方位多层次营造活动舆论氛围。在活动前要进行广泛动员，期间应专门成立社会实践宣传小组，随时收集活动信息、材料进行整理，并做出及时的宣传与报道。活动后要通过实践报告会、报告评奖、表彰会等宣传活动成果，还可以通过网络在学生论坛上开辟专栏，为同学们搭建交流中沟通平台，同学们在交流分享体会和成长。同时可以举行座谈、讲座等形式的交流。通过这些交流也能让没有参加社会实践的同学从中受益。

第二，活动实施。实施活动方案，就是在前期充分的准备基础上，按照方案的主题、指导思想、实施原则和活动计划，有步骤分阶段开展社会实践活动的过程。实施过程是社会实践活动的核心，实施过程中一方面要忠实于活动计划，全面地执行方案，另一方面又要把握条件变化，做出灵活的反应，及时调整、修改活动安排，以期取得最佳的社会实践教育效果。在整个社会实践活动实施过程中要处理好以下三个关系：一是正确处理提高能力与道德教育的关系。学生通过社会实践活动提高各种能力的同时，更要注重通过实践活动加强道德教育，培养学生的劳动观念、实践能力和奉献精神等，帮助学生树立正确的人生观、价值观、道德观。二是要正确处理学生主体作用与教师主导作用的关系。要调动学生自我教育、自我管理的积极性，放手让学生开展活动，以全面培养和提高大学生的实践能力。学校应选派有经验的教师指导学生开展社会实践活动，发挥教师的主导作用。教师应当在组织协调、方法、知识和技术等方面提供帮助，使学生顺利开展社会实践活动。三是要正确处理好社会实践和课堂教学之间的关系。一方面学生通过社会实践活动，进一步加强对课堂所学知识的强化；另一方面通过实践活动补充课堂教学所欠缺的动手能力等，两者之间相辅相成，形成互补。另外，及时发现和有效改进活动实施中出现的问题，这对实践活动的组织者至关重要。校园社会实践的组织者、辅导员应深入校园社会实践中去，及时发现实践中的问题，随时了解学生对实践的各种看法和意见，并力所能及地加以改进或解决。若辅导员职责范围内不能解决的，应该与相关部门及时沟通，妥善处理，以确保活动方案的顺利实施和活动目标的达成。

第三，活动的管理。加强对社会实践的管理，是促进社会实践活动制度化的重要手段。一般来讲，对社会实践活动的管理包括预先管理、现场管理和事后管理。活动前，要做好宣传发动工作，根据主、客观条件提出社会实践活动计划，并制订实施方案。活动层次与形式切忌“一刀切”“同一化”，要多侧面、多层次结合。活动中通过动态管理，强调对各环节的控制，及时发现活动中出现的不可预知的问题，并根据实际情况及时地做出调整和改进。活动结束，必须进行及时总结，肯定成绩，找出差距，发现问题，以利再战，切忌草草收兵，匆匆了事。

总之，大学生校园社会实践内容广泛，形式多样，意义深远。实践的成功与否和组织息息相关，它需要各个方面的支持、配合和协作。大学生校园社会实践活动的设计和实施要坚持在继承中发展，在发展中创新，始终牢记育人职责，引导大学生健康成长。

二、校园社会实践教育效果探索

大学生校园实践教育活动在学生的培养中的作用和效果是显而易见的，是其他教育方式不能替代的。为了促进校园实践活动的持续、健康、有效开展，挖掘其丰富的教育资源，需要我们在两个方面加以强化。一是对条件进行强化，加大师资、经费和场地、教育方面的投入；二是对活动发展方向进行强化，加强活动的设计、组织、评估和创新。

大学生校园社会实践活动自开展以来，得到了各级组织的关心，也取得了显著成效，在大学生的健康成长中发挥了育人作用。要在现有的成绩和基础上保证大学生校园社会实践教育活动更加有效地开展，强化其育人效果，就必须投入相应的人力、物力和财力，并付出很多心血，进一步巩固已有成果。

第一，强化指导和引导。大学生年轻、热情、积极性高、活力四射，开展实践活动时，正处在逐步走向成熟的年龄，一方面需要社会的认可、他人的尊重和自我发展的空间；另一方面对事物的认识和理解还未成熟，未达到需要的高度和深度，考虑问题不全面。因此，应当由指导老师对活动的指导思想、主题及过程进行指导和引导，使活动蕴涵丰富的教育价值，能充分调动和发挥学生的主观能动性，鼓励学生积极参与健康成长。

第二，强化平台建设。平台建设主要包括提供资源和条件、制度建设、氛围的营造和相关部门的支持等方面。实践活动的平台，首先需要具备一定的条件，包括硬件和软件两个方面。硬件方面主要指各类实验室的建设和开放，各类实验设备的购买和配备，各类活动场所的建设和活动器材的健全等；软件方面主要指配备专业指导老师，指导各类实验和活动的进行。其次要有健全的制度，如实验室管理制度、实验药品管理制度、活动场所管理制度等，并指定专门的负责人员。

这些是开展实践活动的制度保障。最后要营造氛围，要加大活动宣传力度，引导学生树立明确的学习目标，培养学生的科学精神，使参加实践活动的观念深入人心，并将想法转化为实际的行动。还要主动寻求相关部门的支持，如学校、学院对活动的支持，领导对活动的重视以及老师对活动的指导，形成全员育人的氛围。

第三，强化以人为本的工作作风。学校的工作要体现以学生为本的特点，即一切为了学生，为了一切学生。在工作态度和工作方式上，要贴近学生、贴近学生实际、贴近学生生活。切忌僵硬呆板，浮于表面，避免形式主义、本本主义和教条化。要培养和建立服务意识，提高工作水平和办事效率。

第四，强化因材施教的工作理念。当今社会是一个需要合作的社会，人的社会属性决定了每个人的成长和发展都与他人有着千丝万缕的联系。因此，作为一个团队，每个成员应该具备的基本素质就是团队意识、合作意识和集体荣誉感，优秀的团队才会产生优秀的个人。在强调团队意识的同时，也要关注个体的发展。允许成员发展特长，张扬个性。优秀的个人可以促进团队的发展，使团队更加优秀。在实践活动中，应该做到因材施教，关注每个学生的特点和需要，在条件允许的情况下，为学生的发展提供更加广阔的空间，允许学生在其中体会成功和失败，收获知识与经验，探索科学和真理。

第五，要拓展活动广度。大学生校园活动中的社会实践教育依托校园资源而展开，以学生组织的丰富多彩的各类实践活动为载体能给很多学生带来有益的社会实践教育。但是，很多校园活动影响力依然非常有限，生命力也不够强大。以令人眼花缭乱的高校社团为例，每个高校都有数以十计甚至百计的高校社团，但真正在高校家喻户晓的社团很少，而在社会上有影响的社团更少。很多社团吸引力不够，社员人数少，活动开展不经常，活动特色不足。同样其他活动都存在类似的发展状况不佳、影响力有限等问题。因此，要真正推进大学生校园活动中的社会实践教育效果的强化，拓展广度是一个重要的努力方向，即拓展大学生校园活动中的社会实践教育的影响面、参与度，从而强化效果的作用面、辐射面，进而实现效果的强化。

第六，要加深活动的深度。大学生校园活动中的社会实践教育不宜“浅尝辄止”，而应当追求在程度上的不断加深，这样才能帮助学生得到更大程度的锻炼，推动校园社会实践教育的效果最大化。有了广度做保证，深度的加深则变得顺其自然了。但这并不意味加深深度就无须关注了，而是在关注的方式上可以融合到拓展广度的方式当中去。

总之，大学生校园社会实践教育活动已经成为同学们自我教育、自我管理、自我服务的宽广舞台，在文明修身、学术科技，社会工作、文体艺术，社团志愿服务、勤工助学等方面对学生进行了系统而立体的培养，大学生在多种活动中自由选择和自主发展，全面提高综合素质。随着大学生校园社会实践活动的蓬勃开展，我们将大力营造良好氛围，建立长效机制，通过优化实践教育活动，增强大学校园社会实践教育的针对性和实效性，组织和引导更多优秀的学生加入社会实践队伍，让学生在实践中受教育、长才干、做贡献，努力成为“有理想、有道德、有文化、有纪律”的德智体美等全面发展的社会主义事业建设者和接班人。

第六章　大学生校外社会实践基地建设与探索

为了充分发挥高校人才培养、社会服务和示范辐射的功能，本着“优势互补、合作互惠”的原则，杭州电子科技大学杭电—微芯（Microchip）技创新孵化器（获得全国大学生“小平科技创新团队”称号）和杭州市实验外国语学校高中部于 2016 年 2 月合作共建“杭电—杭实高中社会实践基地”。

基地成员由杭州电子科技大学低年级本科生和杭州实验外国语学校高中生共同组成，由杭州实验外国语学校提供专项基金，资助基地成员开展各类科技创新项目锻炼。基地采用以学生为主体、教师为主导的学生自主管理模式，由本科生带领高中生进行科技项目的学习和设计能力的培养，经过三年多的探索及实践，学生成果及成效显著。

基地主要采用自主研发的教学套件进行实践锻炼，同时配备了虚拟仪器、教学套件、示波器等硬件设备，满足各类科技创新活动的开展需要。

第一节　杭电—杭实高中社会实践基地概况

一、杭电—杭实高中社会实践基地建设条件

1. 基地建设指导教师队伍

基地建设依托杭州电子科技大学校团委和杭电—微芯技创新孵化器。基地十分重视师资队伍的建设，成立了一支勇于创新、热心于科创实践指导的教师队伍。杭电—微芯技创新孵化器成员指导高中学生进行科技创新活动场景如图 6–1 所示。

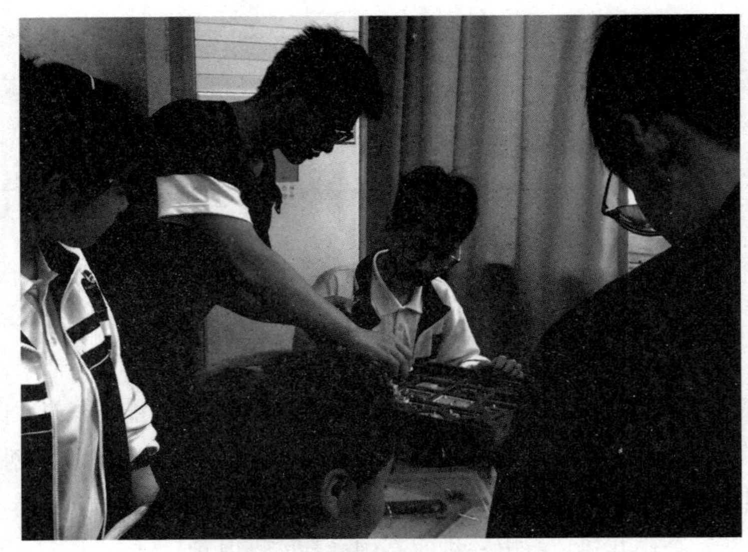

图6-1　科技创新活动现场教学

2. 全国大学生“小平科技创新团队”

“杭电—杭实高中社会实践基地”主要成员来自杭州电子科技大学大学生科技创新孵化器实验室。

孵化器实验室致力于物联网控制电路设计与网络数据分析及生物医疗信号处理与控制电路设计。自成立以来，在学科竞赛、科研项目、辅助教学、服务社会等方面取得了一定成绩，在国家级、省级科技竞赛中获奖 32 项，获得国家级大学生创新创业训练计划项目、浙江省“新苗人才计划”资助项目 6 项。实验室先后与杭州市中医院等单位建立合作关系，所研发的部分项目产品已投入使用。目前，实验室正创办高新技术产业园区企业，计划在未来几年内将技术转化为产品，推向市场，积极为社会服务。

3. “创新性实验”课程

“杭电—杭实高中社会实践基地”实践教学模式，参照和借鉴该校“创新性实验”课程，该课程的主讲教师同时兼任实训基地的指导教师。

本课程是电子信息类专业重要实践性课程，课程总学时为 32 学时。面向专业为电子信息工程、电子信息科学与技术、电子科学与技术、通信工程、信息对抗与技术、光信息科学与技术等专业。本课程开课学期为第 5、第 6 学期，是在学生完成基础实验后，针对实际工程问题，三人一组，自主思考，申报完成一个应用实验项目，重点是创新。课程通过介绍数个综合性电子系统的设计思路和设计方法，给出一些对应的实验要求，让读者自己去探寻掌握电子系统设计技术及其创新的途径。实践过程注重工程能力、分析能力和创新能力的培养，通过实践的启迪和大量的有创意的实验项目训练，能动地激发创新意识，培养自主创新能力；使学生在理论、实践能力和创新精神三方面能得到同步收获。通过本课程学习，可以提高学生运用专业知识分析实际问题，提出解决方案，合理选用现代工具与仿真平台解决实际问题，同时也可以培养学生创新意识和团队意识。本课程实施，拟达到如下四个目标。

课程目标一：能结合实际应用，利用专业知识，根据系统功能和指标，设计实现方案，或者对现有的系统或方案进行优化，体现创新意识。

课程目标二：针对复杂工程问题，能够选择合理的设计平台或工具（如程序仿真、电路板设计制图工具等），并熟练使用。

课程目标三：能够自行组队分组（三人一组），培养团队合作意识，胜任团队成员的角色与责任，组织团队成员开展工作完成团队分配的工作。

课程目标四：能够借助申报选题、中期汇报、期末答辩、撰写报告等环节，就电子信息相关的复杂工程问题，通过书面或口头方式表达自己的观点。

二、杭电—杭实高中社会实践基地建设方案

1. 科创联合基地建设目标

（1）建立示范性社会实践基地。

基于“杭电—杭实高中社会实践基地”开展国家、省、校级的各类学生科技创新计划和学科竞赛活动。

（2）重构创新能力培养实践教学体系。

以“创新性实验”课程为切入点，侧重学生工程实践能力的培养，对后续系列科技创新实践教学进行改革。基于创新创业能力培养，构建自主研学的实践教学体系和网络实验室，实现了开放共享的实验管理模式。

（3）总结经验和成果，编写相关指导讲义。

在教学成果建设上，编写科技创新实践相关教材，发表实践教学改革论文。

（4）学生学科竞赛的成绩取得新的突破。

参加基地锻炼的学生在国家、省、校级的学科竞赛的成绩更进一步，而且低年级学生获奖的等级和比例有大幅提高。

2. 科创基地建设实施过程

通过建立联合科创基地，进行基于创新能力培养的信息化实践教学探索。通过开设“创新性实验”课程试点班进行适合新技术发展需要的创新性实践教学体系研究。通过教学项目库的建设与持续更新培养具有工程创新精神的电子信息类专业人才，更好地服务于省属高校电子信息类本科学生的工程创新能力的培养目标。科创联合基地建设具体实施过程如下。

（1）充分调研，科学论证，顶层设计。

团队教师调研了美国 Michigan 大学、墨西哥蒙特雷科技大学、清华大学、东南大学、西安电子科技大学等国内外知名高校实践课程开设的情况，学习了国内外高校的成功经验，制订了科技创新实践平台建设的实施方案。

首先，科技创新实践活动不是孤立存在的，必须与人才培养目标紧密结合，与整体育人体系相协调。本科院校应准确定位科技创新实践在人才培养模式中的功能，明确实现这些预设功能的路径，确保科技创新实践围绕人才培养目标形成系列化活动。其次，要“两手抓”。一手抓场地和指导人员的落实，一手抓管理和评价制度的建设。最后，让学生明确本专业培养目标、服务面向、学习任务等，使学生在大学期间能结合自己的志向和兴趣，有意识地学习和有效地开展科技创新实践活动，形成自己的知识结构以及相应的实践能力。

（2）从实际出发，综合考虑，开设系列科技创新实践课程。

以学生需求为出发点，改变以往受实验条件限制只能开设简单实验的局限性，打破跨学科的实验屏障，以“创新性实验”等科创课程为切入点，支撑复杂的多学科交叉的系统性实验，提升实践教学效果。

（3）由点到面，整体推进，将重构科技创新实践教学体系。

项目建设依托杭电电子设计综合实验室、全国大学生“小平科技创新团队”，以及计算机、电子等学院各类学生科技实践创新实验室，借助“多元化”课程体系开设科创实训课程。以本实验课程为切入点，侧重学生工程实践能力的培养，对后续系列科技创新实践教学进行改革。基于创新创业能力培养，构建自主研学的实践教学体系和网络实验室，实现了开放共享的实验管理模式。

①创新类科技竞赛。科技创新活动是培养大学生综合素质的有效手段，是提高大学生就业竞争力的重要方法。因为科技创新活动是一项全面的综合的活动，也是一项将理论应用于实践的活动，大学生的能力和素质能够得到全面的锻炼，

解决了高校课堂教学与实践脱节的问题，从而缩小高校人才培养与社会需求之间的差距，增强大学生的就业竞争能力。

②科普类课题研发。科普近年来受到了国家的高度重视，科学普及对于提高全民的科学文化素质至关重要，因此将高尖端技术应用于科普中，以广大民众喜闻乐见的形式表现出来，不仅有助于科学技术的传播，也有助于学生创新能力的培养。结合学科的优势，依托丰富的产学研合作经验和实践教学经验，完善智能系统实验室建设和运行管理，增加实验室的开放性，建立基于科普类科研课题的学生研发平台。

三、杭电—杭实高中社会实践基地实践教学内容

“杭电—杭实高中社会实践基地”开设了阶梯递进式的实训教学内容，通过分阶段的教学激励学生进行复杂系统工程的研究与设计，通过实践培养创新意识和创新能力。

阶段一

课程性质：科普性理论课程

课程时长：1 课时

课程目标：让学生对电子、计算机行业建立概念有基本的认识。

课程内容：

上半课时为结合科技热点，介绍电子、计算机领域的宏观知识体系结构，提高学生学习兴趣。

下半课时为介绍电子实验仪器的功能和操作方法。

阶段二

课程性质：理论 + 实践课程

课程时长：5 课时

课程目标：让学生对物联网技术及物联网设备有一定的了解及基础开发能力。

课程内容：

课时一为对物联网技术进行宏观介绍，内容包括：物联网的前身今世；物联网的应用场景；物联网行业的发展趋势。

课时二为以开发者的身份，介绍物联网开发的关键性技术及开发流程，内容包括：介绍物联网开发需要掌握的技术；介绍物联网开发的常用软硬件；介绍“微控制器”概念，让学生在单片机上运行进行自己的第一次开发。

课时三～课时五为熟悉单片机开发软件及开发流程，尝试通过自己编程实现对单片机的简单控制。

阶段三

课程性质：理论＋实践课程

课程时长：6 课时

课程目标：让学生实际参与传感器物联网项目的开发，在开发过程中加强知识体系的构建、体验团队合作。

课程内容：

课时一为对一个典型物联网系统——温湿度传感节点的软硬件进行剖析，讲解温湿度传感器的原理。

课时二～课时三为学生尝试自主编写代码，完成单片机＋温湿度传感器结合的环境温湿度采集系统设计。

课时四为介绍网络模块的软硬件组成，介绍目前热门的三种网络协议——TCP 协议、HTTP 协议、MQTT 协议，帮助学生理解数据在网络中的传输过程。

课时五～课时六为学生尝试自主编写代码，完成单片机＋网络模块结合的无线数据收发系统设计。

阶段四

课程性质：实践课程

课程时长：3 课时

课程目标：让学生将模块组合成为系统，完成自己的第一个物联网作品。

课程内容：

课时一为学生完成硬件模块连接，搭建硬件平台。

课时二～课时三为学生完成软硬件联调，搭建自己的第一个物联网系统。

阶段五

课程性质：理论课程

课程时长：2 课时

课程目标：对整一期课程中设计的知识点进行总结和复盘，对项目开发过程中团队合作理念的探讨，解答专业、行业选择的相关问题。

课程内容：

课时一为课程内容总结与复盘，以讨论课的形式分享收获、提出不足。

课时二为结课，解答同学关于专业选择和行业选择的问题。

阶段六

课程性质：理论＋实践课程

课程时长：3 课时

课程目标：让学生对四旋翼无人机及其控制技术有一定的了解，让学生亲自体验无人机的控制。

课程内容：

课时一中，上半课时为对无人机相关知识进行宏观介绍，内容包括：无人机的发展历史和应用场景；下半课时为让学生体验无人机的控制。

课时二为以开发者的身份，介绍无人机开发的关键性技术及开发流程，内容包括：介绍无人机开发需要掌握的技术和常用软硬件；简单介绍无人机飞行过程中用到的算法，帮助学生理解无人机飞行的原理。

课时三为复习单片机开发流程，编写单片机控制程序。

阶段七

课程性质：理论＋实践课程

课程时长：9 课时

课程目标：让学生实际参与无人机项目的开发，在开发过程中加强知识体系的构建、体验团队合作。

课程内容：

课时一为对一个无人机系统的软硬件进行剖析，讲解无人机飞行的原理。

课时二～课时三为学生尝试自主组装无人机，并编写代码实现无人机的起飞和降落。

课时四为介绍无人机上搭载的姿态传感模块及无人机姿态解算法。

课时五～课时六为学生尝试自主编写代码，完成无人机姿态数据的采集和可视化。

课时七为介绍无人机与遥控器之间的交互过程，讲解无线通信中“数据帧”的概念。

课时八～课时九为学生尝试自主编写代码，完成遥控器与无人机之间的数据交互，能够通过遥控器控制无人机的起飞和降落。

阶段八

课程性质：实践课程

课程时长：3 课时

课程目标：让学生将模块组合成为系统，完成自己的第一个无人机作品。

课程内容：

课时一为简单介绍 PID 控制的思想，学生开始进行模块联调，搭建自己的无人机。

课时二～课时三为学生完成模块联调，见证无人机从单个零件到真正能够飞行的全过程。

阶段九

课程性质：理论课程

课程时长：2 课时

课程目标：对整一期课程中设计的知识点进行总结和复盘，对项目开发过程中团队合作理念的探讨，解答专业选择和行业选择的相关问题。

课程内容：

课时一为课程内容总结与复盘，以讨论课的形式分享收获、提出不足。

课时二为结课，解答同学关于专业选择和行业选择的问题。

阶段十

课程性质：理论＋实践课程

课程时长：3 课时

课程目标：让学生对图像处理算法有一定的了解，引入 Python 语言在图像处理中的优势与应用。

课程内容：

课时一中，上半课时为对图像处理相关知识进行宏观介绍，内容包括：图像处理算法的发展历史和应用。下半课时为在 PC 机上让学生体验图像处理算法。

课时二为以开发者的身份，介绍图像处理的关键性技术及开发流程，内容包括：介绍图像处理中的常用算法；介绍开源图像处理库——OpenCV 及编程语言 Python；利用 OpenCV 开源库，在 PC 上编写第一个图像处理程序。

课时三为利用 OpenCV 开源库，完成图像的放大、缩小、二值化、腐蚀、膨胀等基本操作。

阶段十一

课程性质：理论＋实践课程

课程时长：9 课时

课程目标：让学生实际参与图像处理项目的开发，在开发过程中加强知识体系的构建、体验团队合作。

课程内容：

课时一为介绍嵌入式图像处理的概念和相关平台。

课时二～课时三为体验、熟悉 Linux 中的命令行操作和代码编写方法；体验 Linux 下 OpenCV 开源库的使用。

课时四为介绍 Python 语言语法，利用 Python 语言和 OpenCV 开源库，在嵌入式平台上编写第一个图像处理程序。

课时五～课时六为学生尝试自主编写代码，完成嵌入式平台上的图像处理基本操作。

课时七为介绍树莓派配套 USB 摄像头的使用方法。

课时八～课时九为学生尝试自主编写代码，完成树莓派 + 摄像头的图像采集，实现一个“简易照相机”。

阶段十二

课程性质：实践课程

课程时长：3 课时

课程目标：让学生将模块组合成为系统，完成自己的第一个图像处理作品。

课程内容：

课时一为讲解系统工作流程，帮助学生理解图像处理中的关键步骤。

课时二～课时三为学生完成模块联调，完成对图像的采集、处理和输出过程，体验如何用代码而不是修图软件对图像进行处理。

阶段十三

课程性质：理论课程

课程时长：2 课时

课程目标：对整一期课程中设计的知识点进行总结和复盘，对项目开发过程中团队合作理念的探讨，解答专业、行业选择的相关问题。

课程内容：

课时一为课程内容总结与复盘，以讨论课的形式分享收获、提出不足。

课时二为结课，解答同学关于专业选择和行业选择的问题。

第二节 杭电—杭实高中社会实践基地保障体系建设

科创联合基地运行保障体系建设分为三个部分：管理机构、管理制度和管理系统。

管理机构包括管理机构组成和管理人员组成，定义了基地融合育人体系的主要三个组成机构及其他融合育人活动时的外延机构，定义了各机构在活动中涉及的任务角色及其互相之间的关系。

管理制度包含岗位制度、财务制度、保障制度、选拔制度、奖励制度、安全制度等保障基地融合育人体系运行的一系列制度，“没有规矩不成方圆”，为了基地能有条不紊地运行，制度不可缺失，就如同基地运行的“法律”一般，在体系内的各个机构、各个角色都必须共同遵守、共同维护。

管理系统是基地开展教学活动、实践活动、竞赛活动、选拔活动、奖励活动等一系列活动时的软件后台保障，也是上述一系列活动所需的资源如物联网——万物互联第一步实训课程教案、传感器——机器感知到的五彩世界实训课程教案、智能车与自动化控制实训课程教案、四旋翼无人机初探实训课程教案、基于Python和树莓派的图像处理系统开发实训课程教案等各类资源存放的地方。将资源和活动相结合，以课程或项目的形式有机地组合在一起存在于云端服务器，每个教员、同学、辅导员、指导老师、班主任、家长都可以登录客户端，设置、完成各自的任务或查看各自所需的信息。管理系统是基地信息化的必需配备，离开了数据融合育人将会成为一句空话，管理系统是教学实施落地的强大工具，比如它可以支持教员在远程发布学习资料、布置学习任务、批改递交的答案、统计同学的成绩等；可以支持学生登录网站，选取课程，获得需要学习的文本、图片、视频等教学资源，根据教员布置的任务完成理论和实践任务，递交学习和操作结果，以及查看教员对他递交作业的批改意见和评价等。

管理机构是基地的实体基础，是真真实实的存在，包含参与融合育人的机构和人员；管理制度是基地的保障机制，是“法律”规范，引导大家围绕着基地以融合育人为中心运行；管理系统是基地的支持平台，是数字化管理的依托，既节约了人力和物力，又为基地的运行提供强大的数据支持服务，为融合育人的一系列活动保驾护航。三者相辅相成，融为一体，缺一不可，下面我们分别介绍这三个部分。

一、杭电—杭实高中社会实践基地管理机构

基地管理机构组成如图 6–2 所示，整个机构运行涉及 3 个主要机构（中学课外兴趣小组、高校实验示范中心、高校学生社团）和 10 个次要机构（中学教务部、外联部、财务部、政府部门、校企合作单位、其他高校、研究所、知名企业、采购单位、外协单位）。

中学课外兴趣小组的中学生也称中学学员，是基地服务的二大群体之一。中学课外兴趣小组作为管理这些学员的主要后勤保障机构，为他们提供活动场所、活动用品、组织参加实验中心的实践活动、提供用餐保障、来回交通保障、组织报名参加各类科技竞赛及展示活动、与班主任及任课老师协调突发事件的处理（学员因病请假、课程冲突等事宜的联系等）、联系政府部门组织比赛人员协调学校证明和上交材料等事宜、与家长的沟通联系和对专项经费的收取和支出、与中学财务联系进行基地各项活动所需经费的报销等。

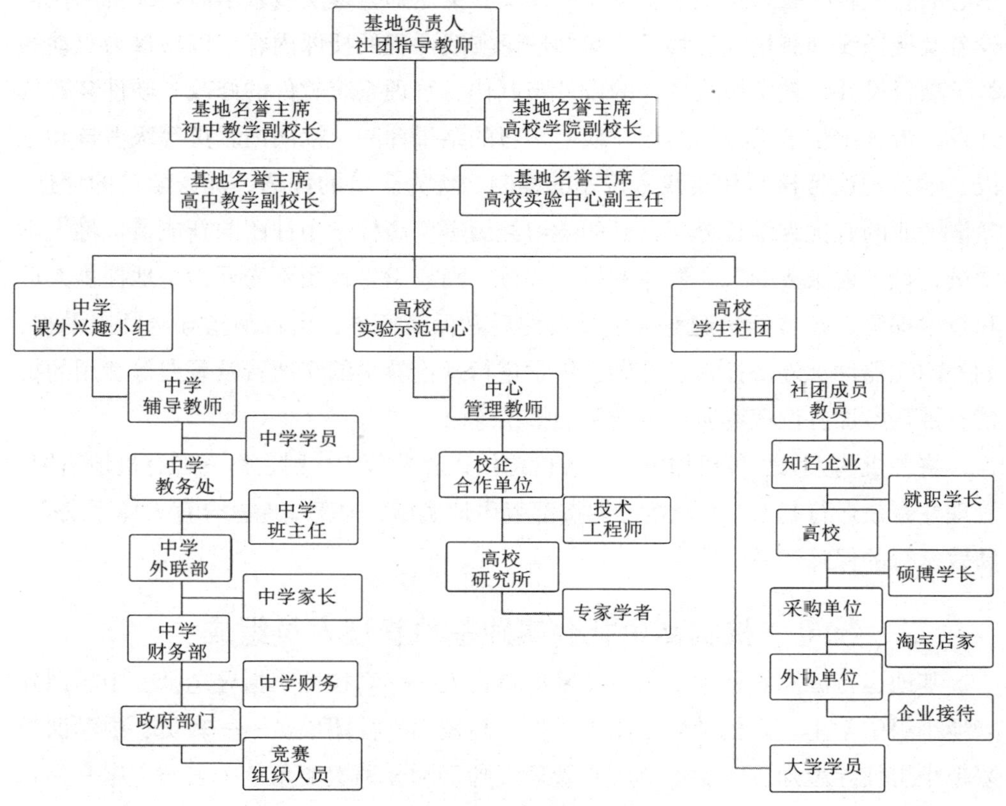

图6–2　基地组织机构人员图

高校实验示范中心是为基地的实验教学提供仪器设备保障的主要机构，为学员提供丰富的实验设备和实验场地。在保证正常的实验教学秩序下，可以在周末或假期对学员免费开放，让这些昂贵的仪器设备在空余的时间发挥作用，全民共享极大的提升学员做科学探究的条件，为学员安排实验室场地和实践教学时间、安排实践教学配套的仪器设备、培训实验室仪器设备的安全操作及使用、培训实验室各项规章制度、培训实验室突发事故应急响应处理流程，并在对外交流时为基地邀请相关专业方面的专家学者做前沿报告、邀请校企合作单位技术工程师介绍行业技术动向等。

高校学生社团是为基地的理论教学、实践教学、竞赛指导提供人员保障和技术保障的主要机构，为基地的教学活动提供讲授和答疑、为基地的实践活动提供示范和引导、为竞赛提供指导和协助，为学员的教学实践制定长期统筹的规划安排、与中学课外兴趣小组的辅导老师联系预定学习的时间地点、与高校实验示范中心的管理教师联系预定实验室、协助实验室老师整理实践教学需要配备的仪器设备及接插线和测量线等物品、编制理论实践课程的授课内容、以项目为驱动的教学项目设计、教学模块套件的设计与制作、管理系统软件的修改和硬件装置的开发、带领中学学员分组实训、线上学习的结果评阅、社团内教员等级考核和选拔、学员理论考核题和实践考核题的编制、优秀教员的评选、优秀学员的评选、邀请毕业的有优秀学长分享自己的学习经历等。高校学生社团的新成员也称大学学员，是基地服务的二大群体的另一部分。高校学生社团不光要为基地提供人员和技术保障，还要担负起对大学学员的后勤保障任务，由社团指导老师来承担，如外购元器件、外协投板、外勤去中学进行理论教学的交通费及餐费等费用的报销、带队参加各位竞赛所产生费用的报销等。

将各机构人员、各机构资产、各机构投入经费等人、财、物三者有机地组织、管理并有效运行起来，大家按计划按部就班地实施，构建基地融合育人体系安全、高效运行的保障体系。

二、杭电—杭实高中社会实践基地管理人员组成

基地运行涉及 6 种主要角色（基地负责人——高校社团指导老师、中学课外兴趣小组中学生、高校学生社团大学生、高校学生社团成员——教员、中学课外兴趣小组辅导教师、实验示范中心管理教师）和 8 种次要角色（名誉主席——各主要机构领导、中学班主任、中学家长、中学财务、政府机构竞赛组织人员、校

企合作单位技术工程师、其他高校研究生的专家学者、知名企业就职学长或攻读硕士博士学长）。各角色通过岗位说明书对其在基地融合育人体系中承担的具体职责、工作权限、工作关系及奖励内容等进行描述，列举社团指导教师兼基地负责人、课外兴趣小组辅导教师和高校学生社团成员三个主要角色的岗位说明书，如表 6–1 ~ 表 6–3 所示，表述基地的运行规则。

表6–1　基地岗位说明书（一）

岗位名称	辅导教师	**所属部门**	课外兴趣小组
管理归属	基地负责人	**管理对象**	中学学员
职责概述	组织管理课外兴趣小组，为基地中学学员提供后勤保障		
具体职责	职责要项	职责描述	
	后勤保障	提供学员兴趣小组活动场所	
		提供学员兴趣小组活动用品	
		组织学员参加实验示范中心的实训课程	
		提供学员用餐保障、来回交通保障	
		组织学员报名参加各类科技竞赛及展示活动	
	反馈信息	与基地负责人协调规划课程内容	
		知会基地负责人中学课程体系改革内容	
	外联事务	联系班主任协调突发事件	
		联系政府部门组织比赛人员协调学校证明和上交材料等事宜	
		与家长的沟通获取培养经费	
	财务事宜	对接学校课外科技活动专项经费的收支	
		对基地活动产生费用的报销	
工作权限	有参与“优秀教员”评选的权利		
	有参与确定中学学员晋级的权利		
岗位任职资格	工作经验	一年以上带班相关工作经验	
	学科要求	科技老师	
	技能要求	有较强的社会沟通能力	
	兴趣爱好	对电子信息技术有浓厚的兴趣	
奖励内容	每年参加“最佳辅导教师”评选，奖励1000元由所在中学支出；每年带队参加青少年科技创新大赛获得区奖奖励1000元/项、获得市奖奖励3000元/项、获得省奖奖励8000元/项、获得国奖奖励20000元/项，同一项目以最高奖励颁发。奖励由所在中学支出		

表6-2 基地岗位说明书（二）

<table>
<tr><td>岗位名称</td><td>基地负责人
社团指导教师兼</td><td>所属部门</td><td>基地高校学生社团</td></tr>
<tr><td>管理归属</td><td>无</td><td>管理对象</td><td>中学辅导教师、中心管理教师、教员、大学学员</td></tr>
<tr><td>职责概述</td><td colspan="3">组织管理基地，协调各部门人员，保障基地运行</td></tr>
<tr><td rowspan="15">具体职责</td><td>职责要项</td><td colspan="2">职责描述</td></tr>
<tr><td rowspan="7">保障运行</td><td colspan="2">为基地教学实践制订长期统筹的规划安排</td></tr>
<tr><td colspan="2">制定批准基地的各项制度、规定的实行</td></tr>
<tr><td colspan="2">向基地名誉主席汇报运行情况和获得的成绩及存在问题</td></tr>
<tr><td colspan="2">学员晋级理论考核题和实践考核题的编制</td></tr>
<tr><td colspan="2">社团内教员等级考核和选拔</td></tr>
<tr><td colspan="2">编制理论实践实训课程的授课内容</td></tr>
<tr><td colspan="2">带队参加各类国家科技创新竞赛</td></tr>
<tr><td rowspan="5">外联事务</td><td colspan="2">联系实验中心管理教师预约实验室</td></tr>
<tr><td colspan="2">联系辅导教师预约时间地点，协调教员授课</td></tr>
<tr><td colspan="2">邀请毕业的有优秀学长分享自己的学习经历</td></tr>
<tr><td colspan="2">联系外购单位为学员采购元器件等</td></tr>
<tr><td colspan="2">联系外协单位为学员外协投板等</td></tr>
<tr><td rowspan="2">财务事宜</td><td colspan="2">教员外勤授课的交通费及餐费等费用的报销</td></tr>
<tr><td colspan="2">带队参加竞赛所产生的住宿、交通、参赛报名费等费用的报销</td></tr>
<tr><td rowspan="6">工作权限</td><td colspan="3">有决定基地规划、制度改革的权利</td></tr>
<tr><td colspan="3">有参与确定“优秀教员”评选的权利</td></tr>
<tr><td colspan="3">有参与确定“优秀学员”评选的权利</td></tr>
<tr><td colspan="3">有参与确定中学学员晋级的权利</td></tr>
<tr><td colspan="3">有参与“优秀辅导教师”评选的权利</td></tr>
<tr><td colspan="3">有决定学生社团费用支出的权利</td></tr>
<tr><td rowspan="3">岗位
任职资格</td><td>工作经验</td><td colspan="2">三年以上社团指导老师相关工作经验
指导学生获得国奖二项以上</td></tr>
<tr><td>学科要求</td><td colspan="2">电子信息类专业老师</td></tr>
<tr><td>技能要求</td><td colspan="2">有较强的社会沟通能力</td></tr>
<tr><td>奖励内容</td><td colspan="3">每年参加“最佳社团指导教师”评选，奖励1000元由所在高校分院学支出；每年基地参加青少年科技创新大赛获得区奖奖励500元/项、获得市奖奖励1000元/项、获得省奖奖励2000元/项、获得国奖奖励3000元/项，同一项目以最高奖励颁发。奖励由所在中学支出</td></tr>
</table>

表6-3 基地岗位说明书（三）

<table>
<tr><td>岗位名称</td><td>教员</td><td>所属部门</td><td>高校学生社团</td></tr>
<tr><td>管理归属</td><td>基地负责人</td><td>管理对象</td><td>学员、采购单位、外协单位</td></tr>
<tr><td>职责概述</td><td colspan="3">为基地提供教员，保障基地教学活动顺利开展</td></tr>
<tr><td rowspan="7">具体职责</td><td>职责要项</td><td colspan="2">职责描述</td></tr>
<tr><td rowspan="6">保障运行</td><td colspan="2">为学员讲授理论课程并答疑</td></tr>
<tr><td colspan="2">带领学员分组实训</td></tr>
<tr><td colspan="2">指导协助学员参加科技创新大赛</td></tr>
<tr><td colspan="2">协助实验室老师整理实训所需仪器设备及接插线、测量线等物品做好开课准备</td></tr>
<tr><td colspan="2">线上学习的结果评阅</td></tr>
<tr><td colspan="2">管理系统软件的修改和硬件装置的开发</td></tr>
<tr><td>工作权限</td><td colspan="3">有参与确定“优秀学员”评选的权利</td></tr>
<tr><td rowspan="3">岗位
任职资格</td><td>工作经验</td><td colspan="2">中学学员教员要求：二年以上社团学习经验并参加国家级科技创新比赛一次以上
大学学员教员要求：三年以上社团学习经验并购获得国家级科技创新比赛国家级奖项一项或省级奖项二项以上</td></tr>
<tr><td>学科要求</td><td colspan="2">电子信息类专业、计算机专业、自动化专业</td></tr>
<tr><td>技能要求</td><td colspan="2">有较强的实践动手能力和较号的表达能力</td></tr>
<tr><td>奖励内容</td><td colspan="3">每年参加“最佳教员”评选，奖励500元由所在中学支出；每年指导参加青少年科技创新大赛获得区奖奖励1000元/项、获得市奖奖励2000元/项、获得省奖奖励3000元/项、获得国奖奖励5000元/项，同一项目以最高奖励颁发。奖励由所在中学支出</td></tr>
</table>

三、杭电—杭实高中社会实践基地管理制度

为保障基地的正常运行、积极发挥育人作用，应建立一套全面的管理制度。这份制度包含：总则、运行考核管理体系、基地负责人管理制度、教学活动管理制度、学员管理制度、奖罚制度、财务管理制度和安全管理制度等。

（一）总则

1. 目的

为全面落实中学课外兴趣小组、高校实验示范中心、高校学生社团三大主要机构从人员、资金、设备三方面为基地运行提供客观条件的保障、客观评价基地负责人、高校社团指导老师、中学课外兴趣小组辅导教师、高校学生社团成员—

教员的职责履行效果，规范和完善中学和大学学员的行为标准，建立有效的激励约束机制，从而帮助基地提高实训教学的效率，提升深度融合育人的作用，确保基地的教学活动落地，实现基地在各大竞赛中获奖的战略目标，特制定本制度。

2. 适用范围

本制度适用于基地所有活动的参与人员。

3. 管理原则

公平、公开、公正；考评导向、过程控制；权责一致。

4. 考核评价小组

成立基地运行考评小组，负责基地工作人员效率考评、基地学员成绩考评及申诉相关决议。

组长：基地负责人—高校社团指导老师

副组长：名誉主席—各主要机构领导

组员：中学课外兴趣小组辅导教师、教员—高校学生社团成员

秘书：高校学生社团外联部部长

（二）运行考核管理体系

（1）基地考核评价小组是基地各机构效率管理工作的组织执行机构，承担基地各机构效率管理的计划、组织、实施和监督职责。

（2）高校学生社团是大学学员学习效率管理工作的组织执行机构，承担大学学员学习效率管理的计划、组织、实施和监督职责。

（3）中学课外兴趣小组是中学学员学习效率管理工作的组织执行机构，承担中学学员学习效率管理的计划、组织、实施和监督职责。

（4）各级工作人员职责：根据各岗位职责说明书要求，负责本岗位或下属岗位的考核工作。

（5）考核周期：基地各机构部门工作人员的考核按年度进行，考核时间在暑假假期进行，奖惩按教学年度执行。基地学员实行学期考核，考核时间在假期进行，奖惩按教学年度执行。

（6）考核依据：考核分数 80% 来自年度获奖情况、各部门在实行制度按照各种考核评分表格占 20%。

（7）基地对学员考核结果及应用：依据分数划分为卓越、优秀、良好、合格、基本合格和不合格六个等级，比例分别为 10%、20%、20%、20%、20%、10%。

（8）基地对工作人员考核结果及应用：指导老师、辅导老师和教员的年度考核根据考核分数划分为优秀、称职和不称职三个等级，比例分别为20%、60%、20%。

（9）考核的过程中，基地名誉主席受理工作人员考核事项的申诉，指导教师和辅导老师受理学员的考核事项的申诉，通报基地负责人组织考评小组进行裁决。五个工作日内若无申诉，即认定结果有效，将作为考评结果应用的依据。

（三）基地负责人管理制度

为了保障基地管理工作的正常开展，特制定以下管理制度。

（1）基地负责人带领考评小组认真负责、公平公正完成考评任务。

（2）基地负责人妥善处理工作人员和学员的各项申诉。

（3）基地负责人在执行集体决定和日常工作中，要认真履行职责，工作不推诿，敢于负责，团结协作，廉洁奉公。

（4）基地负责人要坚持注意深入基层调查研究、了解情况、不断改进，充分听取各部门工作人员、教员和学员的意见，做到决策的民主集中。

（5）基地负责人每学期至少召开一次协调会议，现场帮助解决实际问题。

（6）基地负责人每学期至少二次听课督导，要全面了解和掌握教员的教学情况和学员的思想动态，为进一步改进基地工作提供依据。

（四）教学活动管理制度

教学活动包括课前备课、实训指导、作业批改、课后讨论答疑、考试测评等几个方面，是基地管理的重要内容。

1. 备课基本要求

（1）备好课是上好课的基础，是提高课堂教学质量的关键。每位教员必须充分认识备课的重要性，认真钻研实训内容，认真、充分地备好每一堂课。

（2）备课必须以十年规划为目标，实训内容为依据，明确实训内容的编排，基本技能训练的要求；明确每一课时的目的要求、任务和具体内容。

（3）备课要正确地掌握和处理好实训内容的重点和难点，明确每一课时应传授的知识和应掌握的技能。

（4）备课既要准备上课的内容，更要准备教法和学法。要从学员的实际情况出发，科学地安排教学步骤，充分体现“教员为主导，学员为主体，实训为主先，获奖为主旨”的教学原则，激励学员当好学习的主人。

（5）认真准备教案。教案要条理清楚、步骤合理，能实际指导上课，不做表面文章。教案以课时为单位编写。教案的内容包括教学目的要求、重点、难点、课时安排，有教学过程(包括设计的问题)，有 PPT 设计，有实例练习设计。

（6）提倡课后写教学后记，总结优缺点，积累经验。

2. 上课基本要求

（1）课堂教学是实施教学活动的主要场所，每个教师必须认真上好每一堂课，充分利用课堂上宝贵的时间。

（2）上课前应布置学员预习内容，培养学员的自学能力，提高课堂效率。

（3）课堂的教学目的要明确，授课和带领实训时要围绕重点、难点，节奏紧凑，力求使他们能掌握本课的知识和技能。

（4）要积极改革课堂教学方法，贯彻启发性原则，引导学员勤动脑，勤动口，勤动手，充分调动学员思维的积极性，使课堂生动活泼，使学员能举一反三，灵活运用。

（5）积极开发教学套件和模块，为实训教学提供保障。

（6）严格上课纪律，做到上课时不迟到，不坐教。

3. 作业布置与批改要求

（1）作业在学呗平台上发布、递交、批改，利用线上教学手段，可以跨越空间的障碍。

（2）作业的设计要遵循“精、活”的原则，要注重能力的培养、要注重发展学员思维，提高实效。

（3）作业要求学员做到按质按量按时完成，注意培养和训练学员养成细心审题，积极动脑的良好习惯。

（4）作业批改要认真、及时，批语要多鼓励学员的想法，指导学员自行改正。

（5）建立学员学习成绩考评机制，优秀学员表扬奖励制度，激励学员的学习积极性，培养学员严谨的治学态度。

（五）学员管理制度

1. 学员守则

（1）明确学习目的，端正学习态度，树立远大理想。

（2）刻苦学习，不畏困难，勤于思考，虚心请教，努力掌握科学专业知识和技能。

（3）尊重教员，上课认真听讲，按时完成作业，积极支持和配合教员完成教学活动，支持教员改进教学方法，提高教学质量。

（4）遵纪守法，严格遵守基地的各项规章制度，维护正常的教学秩序。

2. 课堂守则

（1）按时上课，不迟到、不旷课。

（2）遵守课堂纪律，听从教员的指挥。

（3）上课时要认真听讲，记好笔记，不准随便说话，不做与上课无关的事情。

（4）保持教室卫生，禁止携带食物进入教室，禁止乱扔纸屑、果皮和废弃物。

（5）爱护教室内的教学设备、仪器和设施，未经教员允许，不得擅自动用教学仪器和设备。

（6）课后认真做好值日、负责关好门窗、电灯、电扇等。

3. 学员考勤和请假制度

（1）考勤由教员负责记录，每课填写，学期结束汇总，报给秘书（学生社团外联部部长）。

（2）上课时间一般不准请假。

（3）学员请假必须事先履行请假手续，向课外兴趣小组辅导教师和社团指导教师申请，批准后方可生效。

（4）对迟到、早退和旷课的学员，应予以批评教育，影响其学习成绩考评。

4. 考核晋升制度

（1）每学期成绩分为竞赛季和非竞赛季；非竞赛季成绩按实训科目、作业、考试三项内容考核（占比分别为30%、20%、50%）总成绩；竞赛季成绩按训练科目、作业、考试三项内容考核总成绩占20%，竞赛成绩占80%。

（2）每门实训科目缺课1/3者（含请假），不允许参加考试。

（3）实训科目不及格者，不允许参加竞赛。

（4）每学期成绩作为评级的依据，根据评级进行晋降级的操作。

5. 与学员家长联系制度

（1）为了使学员家长了解学员在基地学习情况，基地与学员家长建立联系制度，进行信息反馈，以取得家长对基地的支持，配合基地对学员进行管理教育。

（2）为了使学员家长了解学员在基地实训时需要使用的耗材，基地与学员家长进行信息反馈，以取得家长对基地的支持，配合基地上交学员的实训耗材费用。

（3）学校按学期将学员成绩和最佳学员名单由兴趣小组辅导教师通知家长。

（六）奖罚制度

1. 学员学期考评奖罚措施

（1）获得“卓越”等级享受免试推荐代表学校参加全国科技创新比赛。

（2）获得“卓越”等级可参加本学期“最佳学员”评比。

（3）获得“卓越”“优秀”“良好”等级的学员给予晋升。

（4）获得“卓越”和“优秀”等级可以担任全国竞赛和项目实训组长。

（5）获得“合格”和“基本合格”等级不予晋升，有待提升。

（6）获得“不合格”等级给以降级。

（7）获得“不合格”等级取消参加竞赛的资格。

2. 工作人员年度考评奖罚措施

（1）获得“优秀”等级的教员、指导老师、辅导老师给予晋升。

（2）获得“优秀”等级的教员、指导老师、辅导老师可参与年度“优秀教员”“最佳指导教师”和“最佳辅导教师”评比。

（3）获得“优秀”等级的教员、指导老师、辅导老师可指导学员参加本年度各类竞赛。

（4）获得“不称职”等级的教员、指导老师、辅导老师给予降级。

3. 带队参赛奖励

（1）辅导教师每年带队参加青少年科技创新大赛获得区奖奖励 1000 元 / 项、获得市奖奖励 3000 元 / 项、获得省奖奖励 8000 元 / 项、获得国奖奖励 20000 元 / 项，同一项目以最高奖励颁发。

（2）指导教师每年基地参加青少年科技创新大赛获得区奖奖励 500 元 / 项、获得市奖奖励 1000 元 / 项、获得省奖奖励 2000 元 / 项、获得国奖奖励 3000 元 / 项，同一项目以最高奖励颁发。

（3）教员每年指导参加青少年科技创新大赛获得区奖奖励 1000 元 / 项、获得市奖奖励 2000 元 / 项、获得省奖奖励 3000 元 / 项、获得国奖奖励 5000 元 / 项，同一项目以最高奖励颁发。

（4）奖励由荣誉归属学校支出。

（七）财务管理制度

为了进一步规范基地的财务管理工作，提高专项经费和家长课外兴趣小组投

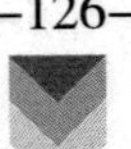

入经费的合理使用，特制定本管理制度。

1. 规范收费行为

根据省教育厅等部门关于规范教育收费、进一步治理教育乱收费工作的通知精神，基地要扎实做好实训教学和竞赛活动的经费保障机制的同时，规范收费行为，严禁“乱收费”现象。

基地负责人是收费管理的第一责任人，分管财务经办人是直接责任人。基地根据实际活动列出所需物品清单、单价及总价，除专项资助经费外，不足部分授权辅导教师通知学员家长向学员所在学校财务部门缴纳课外兴趣小组活动费用，其他任何单位和个人均不得擅自增加收费项目、扩大收费范围或提高收费标准。凡违反收费管理制度，有乱收费行为的工作人员将给予严肃处理，情节严重者，报请上级主管部门处理。

2. 基地收入

（1）收入凭证必须使用财政部统一印制的非税收入收据和往来结算收据，不得使用自制据、万能据等“白条”入账。

（2）基地在取得各项预算外收入（包括家长缴纳课外兴趣小组活动费用、高校学生社团对外承接项目获得的劳务费等），要做到应收尽收，并全额纳入基地预算管理。

3. 基地支出

实训教学过程中的元器件采购、PCB 电路板外协制板、焊接钻孔等工序所需耗材等，基地的经费支出严格执行预算，凡预算中没有安排的购物项目基地不得安排支出。

4. 实物保管

建立健全财产物资的管理制度。基地要建立资产登记簿，对于一次性购买的物品，要建立实物领缴登记簿，领用人要在登记簿上签字确认。每学期末，基地组织人员对财产物资进行清查盘点，做到账账相符，账实相符。

5. 对支出发票审核

（1）真实性。主要审查原始凭证所记载的业务是否确实存在，原始凭证所记载的业务内容与实际发生的经济内容是否相符，严禁弄虚作假。

（2）合法性。审查经济内容是否符合有关政策、法律、法规、制度，是否按规定的开支标准办事，是否符合审批权限，是否符合节约原则等。

6. 财务结算

每学期末，基地要组织相关人员对本学期所发生的收入、支出及时进行稽核。

7. 财务公开

财务稽核后及时在基地公示，接受大家的监督，并形成财务分析报告，作为基地负责人下一学期财务预算的主要依据。

8. 财务报账制度

（1）实行报账制度的原则和目的：有利于规范基地财务管理，便于宏观统一管理。

（2）坚持“保运转，促发展”的财务支出原则。

（3）确保基地经费重点用于实训教学、竞赛等教学活动支出，严控非教学性支出。

9. 预算管理制度

（1）为加强基地经费预算管理的综合性、有效性、可控性，更好地贯彻“量入为出、收支平衡”的总原则。

（2）收入预算：遵循“全面性、真实性、细化性”原则，各校年初对本单位当年可能取得的各项收入进行预算。

（3）支出预算：坚持“统筹兼顾、保证重点”的原则，在确保正常运行开支的前提下，合理安排本单位的事业发展支出。

（八）安全管理制度

1. 加强防范，责任到人

加强基地教室、实验室、多媒体教室和机房的安全防范，配备防盗、防火设备。实行专人负责、责任到人。

2. 教室安全管理制度

（1）学员不准在教室内追逐打闹，随便搬动课桌椅。

（2）教室内不准乱拉私接电源，乱设插座，乱充电。

3. 实训场所安全管理制度

（1）学员进入实训场所时需遵守各种规章制度，服从现场教员指挥。

（2）严格按设备（焊接设备、台钻、剪切机）的操作规程进行操作。

（3）不乱接电源，未经管理人员许可不使用其他用电设施。

（4）只要有学生在实训活动，就必须有实训教员在场。

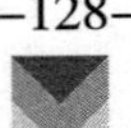

（5）对实训场所进行安全检查，要求离开时必须切断电源，关好门窗，清理桌面、地面，清除隐患。

（6）对库存的易然、带腐蚀危险品，要求专人管理，严格入出库制度，定期检查，账物相符。

（7）在进行实训时，应对调试过程中出现的危险进行防护，如四旋翼作品在调试中的护目镜、防割手套等防护措施规定。

（8）如发生事故，必须及时上报，不许隐瞒不报，或拖延上报，重大事故要立即抢救，同时保护好事故现场。

4. 学校组织外出大型活动等管理制度

（1）组织学员外出参加实训教学活动，必须充分考虑活动场所、线路、交通工具、气候环境等方面的安全性。

（2）组织学员活动的辅导教师应切实负起安全责任，学员应自始至终在辅导教师的带领和保护下开展活动。

第七章　杭州电子科技大学大学生社会实践活动

大学生社会实践是在校大学生利用课余时间，步入社会进行社会接触，提高个人能力，触发创作灵感，完成课题研究，发挥自己的聪明才智以求和社会有更大的接触，对社会做出贡献的活动。社会实践活动的形式多种多样，充分发挥大学生专业知识领域的优势，可以采取社团活动、社会调查、志愿服务等服务社会，也可采取岗位见习、竞赛活动、创业活动等结合学生专业特长的活动。

基于学科竞赛和创新创业形式的社会实践活动是一种探索性的实践过程，其任务是探索未知，在活动过程中强化学生实际动手能力和实践技能，实现从科学知识型向实用技能型转化。群众性的学生科技创新活动，是迸发创新灵感的好时机，有利于学生将课本知识和实际问题相结合。许多新思想、新方法、新技术的产生均源于这种实践活动。

第一节　社会实践活动管理办法

一、2019 年杭州电子科技大学社会实践活动管理办法

为深入学习贯彻习近平新时代中国特色社会主义思想和党的十九大精神，纪念建国 70 周年、五四运动 100 周年，发挥广大团员青年在决胜全面建成小康社会、开启全面建设社会主义现代化国家新征程中的生力军和突击队作用，根据学校和上级团组织有关文件精神，结合“青春杭电”文化行动计划的相关要求，学校决定开展“七色光”大学生暑期社会实践活动（以下简称暑期社会实践）。具体管理事项如下。

（一）活动主题

青春心向党，建功新时代。

（二）组织机构

学校成立由校领导担任组长，党委组织部、党委宣传部、党委学工部、党委研究生工作部、教务处、保卫处、资源保障部和团委等部门，以及马克思主义学院负责人、各学院分管学生工作负责人为成员的暑期社会实践工作领导小组，对活动进行统筹规划和指导协调，领导小组办公室设在团委。党委组织部要做好党员实践团队的指导工作；党委宣传部要做好整个社会实践活动的宣传报道工作；教务处要鼓励教师带队和指导学生社会实践；学生工作部和研究生工作部要发动学生参加社会实践；保卫处要做好社会实践安全教育工作；资源保障部要落实参加社会实践同学的住宿等后勤保障工作；校团委具体负责组织发动、计划的制定落实和总结表彰等工作；马克思主义学院要全面参与社会实践的规划，并制定政策安排教师带队和指导团队，提供调研类团队的课题指南；各学院成立相应的组织机构，负责学院社会实践活动的机制建设和组织实施。

（三）活动时间

第一阶段（6月上中旬）：宣传动员、团队申报；

第二阶段（6月下旬）：出征仪式；

第三阶段（7月～8月）：社会实践；

第四阶段（9月中旬）：总结、评审；

第五阶段（10月中旬）：表彰、展示。

（四）活动内容

1. 时代红：理论普及宣讲

重点围绕习近平新时代中国特色社会主义思想、党的十九大精神和五四精神，开展宣传、调研，争做社会主义核心价值观的倡导者、实践者。党员社会实践团队，在实践期间须组织开展“不忘初心·牢记使命”主题党日活动。

2. 调研橙：历史成就观察

重点围绕中华人民共和国成立70周年以来经济、社会、文化发展的历史性成就、“十三五”规划实施情况等行走中国，开展参观考察、国情调研。

3. 华夏黄：传统文化寻根

（1）“清廉修身”传统文化寻访。寻访和调研“廉洁修身、廉洁齐家”等方面的传统故事、历史人物、文物古迹，编写故事、考察报告、制作微视频等。

（2）浙江四条诗路建设及文化融合现状调研。重点调研大运河诗路文化带、钱塘江诗路文化带、浙东唐诗之路文化带、瓯江山水诗路文化带等四条诗路文化带的建设及文化融合现状。

（3）良渚文化的传播和影响调研。重点调研良渚遗址所反映出来的以原创、首创、独创和外拓为特征的“良渚精神”。

4. 生态绿：支农支教帮扶

重点围绕脱贫攻坚和乡村振兴，开展关爱留守儿童的支教活动、科普讲座、金融知识下乡、乡村规划引领、乡风文明宣传等，传播生态文明理念，引导健康生活方式，助力建设美丽中国。

5. 助力青：基层助力实践

（1）“青春助跑·服务改革”调研。通过走访行政服务审批中心、便民服务中心等单位，调研“最多跑一次”业务办理改革情况、行政办理效率基本情况。

（2）“双百双进”专项行动。围绕五水共治、大气污染、应对气候变化、推进绿色发展等主题，对接我校“双百双进”联系地杭州市江干区，结合所学专业发现与解决城市发展中存在的问题，并对当地提出可行性建议。

6. 杭电蓝：杭电故事寻访

寻访杭电校友、退休老教师，聆听初心故事，了解成长历程；寻访前往祖国各地扎根基层服务的两项计划志愿者、援疆援藏工作者，凝练杭电故事、杭电精神；做好杭电宣传员，比如回访高中母校，介绍杭电发展成果，分享杭电校园文化。

7. 专业紫：“笃学力行”践行

各学院学生结合专业，关注社会焦点，服务地方发展。如计算机、电子、自动化专业学生，可以围绕专业特长开展科技创新活动；法学专业的学生，可以围绕实施“七五”普法规划，开展法律法规宣传；环境工程专业学生可以开展污染防治、垃圾分类等环境治理实践活动；经济管理类专业学生可以结合数字经济开展调研实践。

（五）工作要求

1. 加强领导，科学管理

各学院要成立暑期社会实践工作领导小组，制订工作方案，突出过程管理，做好应对自然灾害和突发事件的安全预案，统一购买保险，确保学生安全、高效地完成实践活动。

2. 扩大覆盖，完善机制

引导学生广泛参与暑期社会实践活动，使每一名学生在大学期间至少参加一次（为期一至两周）社会实践活动。完善暑期社会实践导师制，选派专业教师带队指导；建立相对固定的社会实践基地，推动社会实践的专业化、阵地化建设。

3. 注重宣传，营造氛围

为进一步提升暑期社会实践的品牌形象和社会影响力，各学院要重视做好社会实践的宣传报道和信息报送工作，积极争取在重要新闻媒体上进行报道，要用好微博、微信等新媒体，营造良好的舆论氛围。

4. 及时总结，树立典型

各学院要认真总结社会实践开展情况，汇总学习心得、活动素材、成果资料。实践结束后在校、院、年级等层面开展优秀事迹报告会、表彰会。

（六）团队组织、申报

各学院做好学院立项选拔，申报校级重点团队的类别为时代红、调研橙、华夏黄和杭电蓝，数量为学院组队数的 20%，并做好排序，所有团队需要在系统上进行注册，实践期间每日需打卡安全报告。

二、2020 年杭州电子科技大学社会实践活动管理办法

为深入学习贯彻习近平新时代中国特色社会主义思想，特别是习近平总书记关于青年工作的重要思想，引领我校团员青年扎根中国大地，了解国情民情，通过社会实践坚定理想信念、站稳人民立场、练就过硬本领、投身强国伟业，进一步增强“四个意识”、坚定“四个自信”、做到“两个维护”，以实干担当的奋斗姿态全面投身我省“努力成为新时代全面展示中国特色社会主义制度优越性的重要窗口”建设，根据上级团组织要求，现就社会实践具体管理事项如下。

（一）活动主题

（1）小我融入大我，青春献给祖国；

（2）决战脱贫攻坚，投身强国伟业。

（二）组织机构

学校成立由校领导担任组长，党委组织部、党委宣传部、党委学生工作部、党委研究生工作部、教务处、保卫处、资源保障部和团委等部门，以及马克思主义学院负责人、各学院分管学生工作负责人为成员的暑期社会实践工作领导小组，对活动进行统筹规划和指导协调，领导小组办公室设在团委。党委组织部要

做好党员实践团队的指导工作；党委宣传部要做好社会实践活动的宣传报道工作；教务处要鼓励教师带队和指导学生社会实践；党委学生工作部和党委研究生工作部要发动学生参加社会实践；保卫处要做好社会实践安全教育工作；资源保障部要落实参加社会实践同学的住宿等后勤保障工作；校团委具体负责组织发动、计划的制订落实、总结表彰等工作；马克思主义学院要全面参与社会实践的规划，并制定政策安排教师带队和指导团队，提供调研类团队的课题指南；各学院成立相应的组织机构，负责学院社会实践活动的机制建设和组织实施。

（三）总体原则

1. 突出主题

聚焦学习宣传贯彻习近平新时代中国特色社会主义思想，以学习习近平总书记五四寄语精神、给北京大学援鄂医疗队“90后”党员回信精神、给中国石油大学（北京）克拉玛依校区毕业生回信精神和给复旦大学青年师生党员回信精神为重点，结合阅读“习近平与大学生朋友们”系列访谈实录，让学生通过深入的社会实践，深刻领会新思想的科学内涵和实践伟力，深切感受人民领袖春风化雨般滋养青年心灵的精神魅力，从而更加自觉地用新思想武装头脑、指导实践。

2. 就近就便

暑期社会实践以返家乡社会实践、网上寻访活动等类型为主，引导学生按照就近就便原则，在家乡地或长期居住地开展个人实践，尽量减少活动半径。严禁组织大规模、大范围人员聚集活动，原则上不跨地区进行。

3. 确保安全

以保证学生健康安全为首要前提，严格遵守疫情防控常态化工作要求，一律不得在中、高风险地区组织开展社会实践活动，低风险地区在条件允许的情况下开展。活动开展前，要以学院为单位，统一研究制订疫情下社会实践安全预案，并根据学生实践地点的疫情形势动态变化及时作出工作调整。如遇突发情况，应立即暂停相关地区的实践活动，杜绝麻痹思想、侥幸心理。

4. 创新形式

根据疫情防控新形势新要求，暑期社会实践可探索实行“线上集体探讨、线下分散实践”的方式，推动线下线上融合联动。同时应注重探索创新“互联网－社会实践”新模式，鼓励师生采取“云组队”“云调研”“云访谈”等网络形式开展，广泛参与团中央策划开展的“我的返家乡实践故事征集”“2020 年暑期返家乡社会实践优秀实践调研报告征集”“镜头中的三下乡”等重点线上活动。

5. 务求实效

按照“受教育、长才干、做贡献”的原则，进一步严实作风，有针对性地开展社会实践活动；要力求实效，反对“形式主义”“摆拍走秀”；要深入实际，力戒走马观花、蜻蜓点水甚至观光旅游；要帮忙不添乱、增彩不增负，不给基层增加负担。

（四）活动时间

第一阶段（7 月上中旬）：宣传动员、团队申报；

第二阶段（7 月下旬 ~ 8 月）：社会实践；

第三阶段（9 月中旬）：总结、评审；

第四阶段（10 月中旬）：表彰、展示。

（五）主要内容

暑期社会实践以“返乡实践、按需设项”原则，组织全校青年学生将社会实践与专业见习、教学实践、就业创业、科技创新、文化传承等相结合，引导大学生参与属地化、常态化的社会实践活动。

1. 理论政策宣讲

结合“青年大学习”行动具体要求，深入校园、企业、军营、社区、农村等场所，创新运用互联网手段，开展分散化、互动式、有特色、接地气的宣讲交流。重点宣讲好习近平总书记考察浙江期间重要讲话精神，特别是习近平总书记对浙江提出的“努力成为新时代全面展示中国特色社会主义制度优越性的重要窗口”的重要指示精神，着力深化党史、新中国史、改革开放史、社会主义发展史和中国青年运动史教育，大力传承弘扬伟大民族精神，献礼建党 100 周年。实践成果以调研报告等形式呈现。

2. 乡村振兴与脱贫攻坚助力

以服务乡村振兴战略为目标，落实新思想，贯彻新理念，根据当地乡村需要，帮助发展乡村产业，改善基础设施，美化乡村环境，促进公共服务，促进基层团的工作。在参与打赢脱贫攻坚战中凝聚力量、贡献智慧开展政策解读、实地调研、技能培训、医疗扶持、电商带货、就业服务、资源对接、信息服务、志智双扶等活动。探访乡村振兴和脱贫攻坚的亲历者，特别是老党员、一线工作人员，以乡村日记的形式讲好乡村振兴和脱贫攻坚故事，展现变化历程，增强制度自信。

3. 美丽健康浙江实践

以“八八战略”为总纲，贯彻“两山”理论，推进生态文明建设，助力“五水共治”，参与“海洋知识竞赛”。重点开展科普知识宣讲、社会调查研究、发展建言献策等实践活动，实践成果以调研报告等形式呈现。围绕推进“健康浙江行动”，通过走访基层群众的方式深入调研健康浙江建设成效、形成调研总结，从切身体会出发，为健康浙江建设建言献策。鼓励大学生倡导文明生活风尚，积极参与保护野生动物、宣传科学健康文明生活理念和生活方式。

4.“真善美”网络寻访

组织大学生通过网络查询、史料整理、在线访谈等方式，分层分类寻访身边的“真善美”榜样，重点从今年投身抗击新冠肺炎疫情的医护人员、一线工作者、志愿者，以及为争取民族独立、实现国家富强而英勇奉献的英雄人物中，寻访一批“真善美”榜样人物，形成访谈录、实践报告等实践成果。

5. 专业实践

鼓励和支持学院根据自身特点、依托专业优势和学科特点，发动学生参与教室科研项目，创造性地开展形式多样的、富有学院特色的社会实践活动，打造以学科和专业为核心内容的社会实践品牌项目。如法学专业的学生，可以围绕民法典颁布，开展法律法规宣传；经济管理类专业学生可以结合数字经济开展调研实践。

6. 疫情防控和复工复产助力

以专业技能为依托，在科学精准有效的防控措施保障下，为积极助力疫情防控阻击战，秉承“奉献、友爱、互助、进步”的志愿精神，组织返乡大学生团员“向社区（乡）报到”，参与社区防控排查、社会秩序维护、疫后心理疏导、医护子女辅导、便民利民服务、关爱留守儿童、参加生产劳动、典型事迹宣讲等实践活动。

暑期，我校重点开展以下专项活动：

（1）“成长中的杭电学子”专项行动。各学院组建不少于 2 支队伍，通过调研、寻访、挖掘各行各业中的优秀校友，如扎根基层的学生骨干、两项计划志愿者、援疆援藏工作者、创新创业标杆学子，或在本职岗位上取得成就的其他校友。了解我校学子走向社会后的工作、创业、生活的成长历程，并从中凝练杭电故事、杭电精神。

（2）“挑战杯创新创业训练营”专项行动。各学院组织不少于1个训练营，依托校“挑战杯”大学生创业计划模拟训练赛、校“挑战杯”大学生课外学术科技作品竞赛及各类创新创业类竞赛，发掘作品社会价值、发展前景等，并形成文本。同时团队成员还需参与系列线上活动。

（3）“双百双进”专项行动。对接我校“双百双进”联系地：杭州市江干区、台州市仙居县，结合专业所学助力社区治理与乡村建设。组织学生参与“家燕归巢”项目，参与各地市团委推出的地市（县区）级的实习或实践岗位。

（4）“清廉修身文化寻访”专项行动。以“百大清廉修身文化”为主题，通过寻访和调研“廉洁修身、廉洁齐家”等方面的工作政策、模范人物、文物古迹、家风家训、方言谚语、社区公约、文化展馆、影视作品、文学作品和创作相关的文创作品以上10个方面，以编写故事、考察报告、图片集锦、诗歌书法、制作微视频等成果形式，最终评比出富有代表性的“十佳清廉修身汇报成果”组成“百大清廉修身文化集”。

（六）工作要求

1. 加强领导，科学管理

各学院要成立暑期社会实践工作领导小组，制订工作方案，突出过程管理，做好应对自然灾害和突发事件的安全预案。完善暑期社会实践导师制，选派专业教师带队指导，守好意识形态和安全稳定底线。统一购买保险，确保学生安全、高效地完成实践活动。

2. 注重宣传，营造氛围

为进一步提升暑期社会实践的品牌形象和社会影响力，各学院要重视做好社会实践的宣传报道和信息报送工作，积极争取在重要新闻媒体上进行报道，要用好微博、微信等新媒体，营造良好的舆论氛围。

3. 及时总结，树立典型

各学院要认真总结社会实践开展情况，汇总学习心得、活动素材、成果资料。实践结束后在校、院、年级等层面开展优秀事迹报告会、表彰会；要组织协调新闻媒体，对社会实践活动进行深入宣传报道，将实践中涌现出的先进事迹作为鲜活案例，教育青年学生。

（七）团队组织、申报

各学院做好学院立项选拔，组织申报校级重点团队，数量为学院组队数的

20%，并做好排序。所有团队需要在系统上进行注册，实践期间每日需打卡安全报告。

第二节　暑期社会实践活动案例

一、杭电芯程“真善美”寻访

2020 年 7 月，杭州电子科技大学“杭电芯程”暑期社会实践团队受学校号召，在团委老师的指导下，计划发掘“中国芯在杭电”的真善美事迹。我们的团队成员大都在学生工作中担任要职，并且拥有很多创新实践经历以及志愿经历，我们认为“真善美”不止体现在人际交往方面，更体现在个人的奉献意识和国家意识上。在认真分析了社会环境、学校背景后，我们决定从科创精神和志愿精神出发，挖掘杭电在科创事业和志愿事业方面的发展历程及代表人物事迹，以此来激励当代人对“真善美”国家意识层面的追求。基于作品类型的表现力和团队成员自身优势，我们决定以文稿、绘本、视频等多种方式将实践成果生动呈现。在提前收集资料了解情况后，我们选取了 5 位极具代表性的优秀校友及 3 位奋斗在前线的志愿者，并以一对一的方式拜访了他们。在亲切的交流后，我们受益匪浅，并就此整理出了文本，而后交与团队“画师”分块进行创作，编辑成册；在调研寻访及制作过程中，由团队的摄影师进行录制，并由剪辑师剪辑成视频。最终，我们会通过团队的官方媒体将我们的实践成果加以推广扩散，让更多的有志青年、更多的优秀学子能够看到前辈们的努力和付出，希望我们的成果可以将国家科学巨匠们和奋战一线志愿者们的“真善美”形象传递到每一位中国人的心中，助力学校科创精神和志愿精神发展，助力中国社会繁荣发展，助力中国梦最终实现。

（一）实践背景

1. 国家科技的发展现状

当今，科学技术已成为支持国家发展、保障国家安全的关键因素和锐利武器。“世界未有之大变局”的格局之下，科技成为我国实现“两个一百年”奋斗目标以及中华民族伟大复兴的重要推动力量。近年来，我国的科技成就举世瞩目，从“蛟龙号”一次次打破深潜纪录到天宫系列、长征系列一枚枚火箭的升空；从量子卫星“墨子号”的成功发射到全球最大射电望远镜“中国天眼”的建成，从深海到太空，从微观到宏观，不断打破未知的边界。

2. 志愿服务的普及与发展

21 世纪以来，我国志愿服务得到了社会化、常态化、全民化的发展。在中国志愿服务的发展和推进中，青年志愿者行动做出积极的贡献。如今，随着志愿精神传播和志愿文化的普及，各行各业都积极地加入了志愿服务的行列之中。

3. 杭电学子的科创精神

杭州电子科技大学是浙江省人民政府与国防科技工业局共建的教学研究型大学，为国家培养了一批又一批科创人才。在全国大学生数学建模竞赛、ACM 程序设计大赛等诸多学科竞赛中，杭电学子屡获佳绩。在科研方面，一批优秀成果获得国家科技进步一等奖、二等奖和国家发明奖、国家教学成果奖等荣誉奖项。学校在众多领域参与并完成了一系列国家计划，例如“十一五”国家科技支撑计划、“973”、“863”、国际科技合作、武器装备预先研究等，以及国家级、省部级基金科研项目等，年度科研经费逾亿元。杭电学子在自己的科研路上，始终践行着“笃学力行，守正求新”的八字校训。

4. 杭电学子的爱国情怀

“国家大事，千万尽力”是前校长蒋葆增同志对杭电学子的临终嘱托。在边远地区挥洒青春的激情汗水，在科研路上孜孜以求的坚毅眼神，在一二・九大合唱舞台上歌颂祖国的繁荣昌盛，在五四嘉年华中步调一致的队列方阵以及在教学楼前的巨幅投影，这些都是杭电学子爱国情怀的真实写照。

（二）实践意义

1. 国家层面

芯片作为集成电路中的载体，广泛应用在手机、军工、航天等各个领域，是能够影响一个国家现代工业的重要因素。但是我国在芯片领域长期依赖进口，缺乏自主研发。正是因为无数研究人员奋斗在芯片领域前线，我国的芯片实力稳步提升，拥有了属于自己的核心技术。本次“真善美”寻访活动正是通过对在芯片领域有杰出贡献的校友进行采访，响应国家号召，树立杰出榜样形象，展现中国研究人员的风采。

2. 社会层面

本次“真善美”寻访活动，发掘了“中国芯在杭电”的真善美事迹，通过对三位专研中国芯片的校友进行采访，向社会传递了杭电担当。“国家大事，千万尽力”，这是杭电人的担当，也应该是社会中每一名公民的担当。通过本次“真善美”寻访活动，我们能够传递杭电力量，激励更多人永立潮头、坚持奋斗、不断创新，将“真善美”精神传递到社会大众的心中。

3. 学校层面

作为一所拥有国防背景的高校，杭州电子科技大学坚持“以人为本、追求卓越”的育人理念，致力于培养具有家国情怀、国际视野、创新精神和实践能力的高素质人才。正是在这样的育人理念下，杭电走出了一批又一批致力于为国家奉献的人才。

而芯片作为我国现阶段之重点，挖掘杭电具有“中国芯”精神的代表人物事迹，以芯片意义之大与实践之难，能够激励当代人树立对“真善美”国家意识层面的追求。不仅能够将杭电的真善美集中体现出来，还能够引领学校未来的发展方向，培养出一批批拥有能够展现“真善美”的高素质人才。

4. 学生层面

作为杭电学子，能够结合杭电的特色学科，发掘“中国芯在杭电”的真善美事迹，向杭电学子宣传真善美，以芯片意义之大与实践之难，来激励杭电学子们对“真善美”国家意识层面的追求，我们与有荣焉。希望能够通过我们的“杭电芯程”，激励同学们努力提升自己的专业水平，提升自己的家国意识，助力国家半导体产业发展。

（三）实践目的

1. 从中国“芯”看科创精神

习近平总书记曾说：“青年是国家和民族的希望，创新是社会进步的灵魂，创业是推动经济社会发展、改善民生的重要途径。青年学生富有想象力和创造力，是创新创业的有生力量。”本次“真善美”寻访活动，以发掘“中国芯在杭电”的真善美事迹为契机，向社会大众弘扬杭州电子科技大学一众校友所具备的家国情怀与时代担当。结合实践背景与学校特色，我们选择“杭电芯程”为实践调研主题，通过对三位专研于中国芯片研究领域校友的采访，通过了解和学习老一辈校友致力于中国芯片研究的科研经历来弘扬他们身上所体现的科创精神。

2. 从两项计划看志愿风采

习近平总书记曾说：“同人民一道拼搏、同祖国一道前进，服务人民、奉献祖国，是当代中国青年的正确方向。好儿女志在四方，有志者奋斗无悔。”自2003 年我省实施两项计划以来，已有 4113 名大学生志愿者用智慧和汗水耕耘西部沃土、奉献山区、海岛、边远地区。本次真善美寻访活动中，我们深入了解了三位来自杭州电子科技大学的两项计划志愿者，他们有的登上讲台、教书育人，成为递薪传火的人民教师；有的在田间地头学以致用，为基层带去农业科技知识；有的扎根基层、勤奋工作，成为老百姓贴心信任的乡村干部。他们用青春奋斗助力脱贫攻坚的战斗，用服务奉献助推全面建成小康社会的步伐。“到西部去，到基层去，到祖国和人民最需要的地方去。”在他们的身上正是这种真善美的家国情怀的写照。

3. 传播科创精神与志愿精神

习近平总书记曾说：“广大青年要牢记‘空谈误国、实干兴邦’，立足本职、埋头苦干，从自身做起，从点滴做起，用勤劳的双手、一流的业绩成就属于自己的人生精彩。要不怕困难、攻坚克难，勇于到条件艰苦的基层、国家建设的一线、项目攻关的前沿，经受锻炼，增长才干。要勇于创业、敢闯敢干，努力在改革开放中闯新路、创新业，不断开辟事业发展新天地。”本次真善美寻访活动的最终目的及意义在于：通过挖掘杭电具有“中国芯”精神的代表人物事迹，挖掘志愿精神的代表人物事迹来激励当代人树立对“真善美”国家意识层面的追求，将“真善美”精神传递到社会大众的心中。

（四）实践团队

1. 团队概述

我们团队命名为“杭电芯程”，“芯”不仅是芯片的芯，更是新旧的新、心愿的心，我们通过调研杭电建校以来在科技产业及志愿组织的发展历程，寻访杭电校史上一个个为祖国科技奉献青春的老学长、老前辈及那些投身于志愿前线的一线志愿者们，去发掘存在于我们身边的真善美事迹，用他们的事迹去影响更多青年学子，去开辟青年人新的征程、开辟杭电新时代的伟大征程，并为实现中国梦这个共同的伟大心愿而努力奋斗。

2. 团队组成

我们团队共有 19 人，其中杭电校学生会主席团 5 人，杭电校学生会委员 8 人，以及绘画、剪辑等各类精英人员 6 人。团队成员均在学校、学院、班级等学生组织中担任要职，学科竞赛、志愿经历和实践经历丰富。

在前期准备和实践阶段，我们将团队成员分为两组——调研组和寻访组。调研组负责查找各个相关组织和社团（如校史馆、青年志愿者协会等）的官方网站或微信公众号，以及线下采访老师等方式，对杭电科创事业、志愿事业的发展历程进行调查研究，发掘其中的高光时刻、骄傲时刻。寻访组首先根据材料确定网络寻访的人员名单，并通过网络咨询、联系导师等方式获得寻访对象的联系方式，对这些科研工作者、一线志愿者进行网络采访，向他们介绍杭电发展近况，并向他们了解个人发展情况以及科技研发过程中的故事、参加志愿工作的经历和感悟（见图 7–1）。

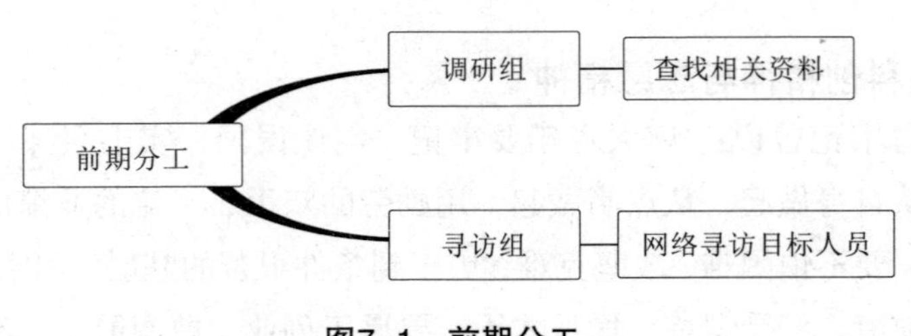

图7–1　前期分工

在实践总结阶段我们将团队成员分为绘画组和文本组。绘画组通过对调研的发展历程、寻访的人物事迹进行绘画，并制成绘本，以绘本的形式展示调研成果。文本组通过整理各类资料，将调研成果汇编成册；负责拍摄和剪辑的人员对实践过程进行录制拍摄，剪辑成视频，以作宣传和记录（见图 7–2）。

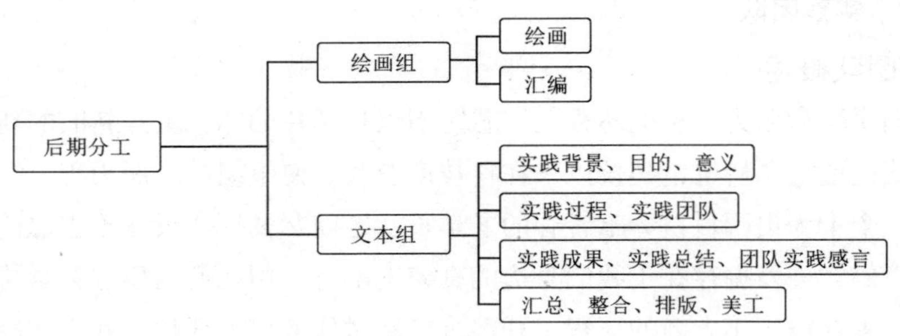

图7–2　后期分工

在实践成果推广阶段我们团队将通过各种具有一定影响力的官方渠道（如校学生会公众号、官 Q、官博、抖音和 B 站等），将我们实践成果大力宣传、推广，让更多的人了解到在我们的身边还有这样一批科研工作者、一线志愿者，在为了祖国的发展保驾护航。让更多人深刻体会到“哪有什么岁月静好，不过是有人替我们负重前行”这句话的深刻内涵。

3. 团队主要成员及其分工（见表 7-1）

表7-1　团队主要成员及其分工

团队	姓名	学院	部分职务	分工
智脑团	董阳光	通信工程学院	校学生会主席	队长
	严晓斌	理学院	校学生会执行主席	文本负责人
	钟兴达	经济学院	校学生会主席	宣传制作负责人
	瞿肖鹏	会计学院	校学生会主席 校团委组织部副部长 会计学院团委副书记	调研寻访负责人
	陆洁	会计学院	校学生会主席 校团委社团工作部	绘本制作负责人
绘画艺术团	林苹苹	人文艺术与数字媒体学院、法学院		负责对整合资料进行绘画并整合成绘本
	罗晓璐	人文艺术与数字媒体学院、法学院		
	傅依雯	经济学院		
	胡乔渊	人文艺术与数字媒体学院、法学院		
	孔维洁	人文艺术与数字媒体学院、法学院		
调研寻访团	王月蓉	自动化学院		负责收集各类信息并整合成文本以及最后的成果推广
	丁彬朔	理学院学院		
	翁雨冉	人文艺术与数字媒体学院、法学院		
	胡怡然	自动化学院		
	王佳莹	管理学院		
	张泽彬	自动化学院		
	陈旭坤	通信工程		
	李雨露	会计学院		

（五）实践过程

1. 准备阶段

开始实践之前，我们针对实践的各个流程多次召开线上会议，包括确定调研课题和调研人物、调研物资（横幅、海报、推文等）、团队分工、实践成果推广方式等，并确认了实践过程各阶段的时间节点（图 7-3）。

图7-3　时间节点

2. 实践阶段（见图 7-4）

通过以上两项实践，我们从身边的人、身边的小事中，发掘出了一件件振奋人心的故事，老校长们为了学校的发展鞠躬尽瘁，老学长为了国家科技的发展殚精竭虑，一线志愿者为了艰苦地区的发展呕心沥血……或许一两件这样的小事并不能影响时代的发展，但是他们为我们指明了方向，拓宽了道路，他们的科创精神和志愿精神一定可以影响一代又一代的青年人。前辈们的付出换来了我们现在的生活，我们也应当不负前辈的心愿，不负祖国对我们的培育，不负后人对我们的期待，用心付出，努力把我们的家园建设得更加美好。

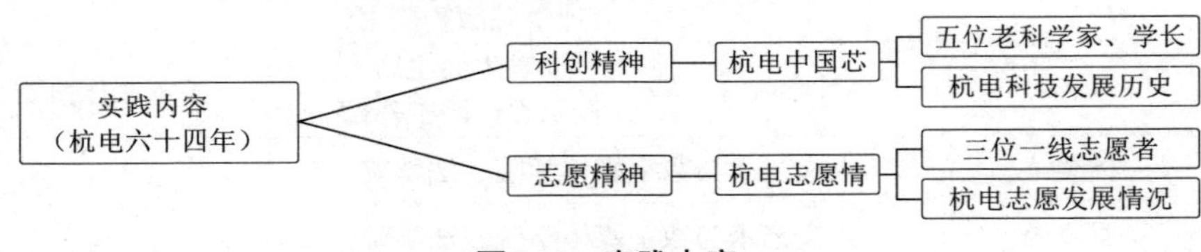

图7-4 实践内容

3. 总结阶段

实践结束后，我们计划将实践过程的材料通过绘本、文稿、视频等方式进行记录，并撰写实践感悟和心得体会对本次实践加以总结（见图 7-5）。

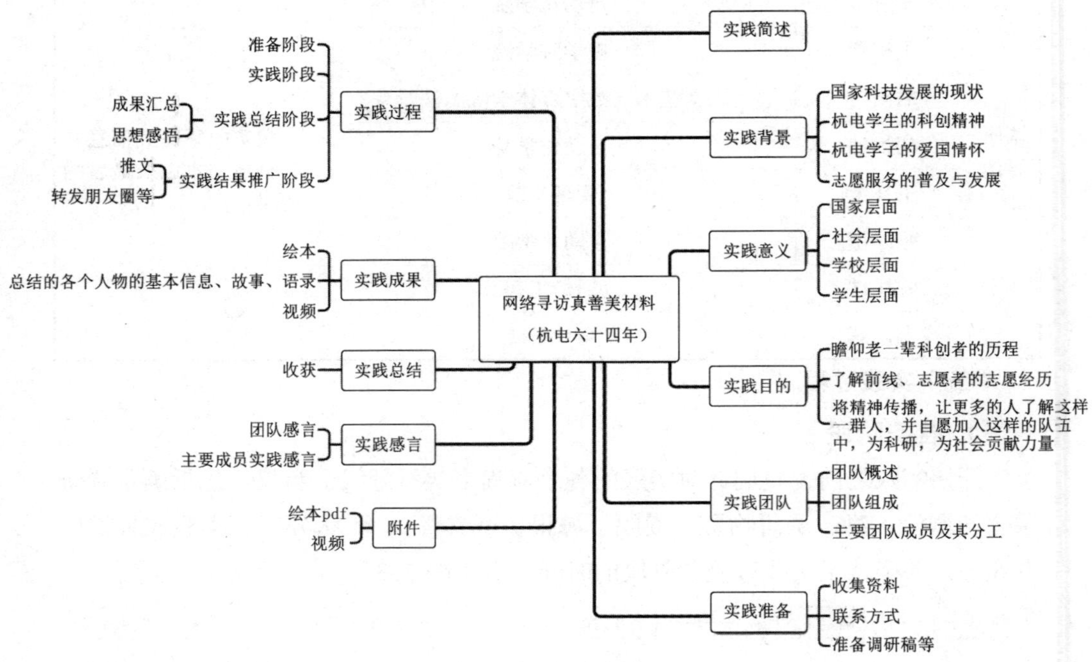

图7-5 网络寻访真善美材料

我们邀请了 5 位艺术专业的美术生，用 5 种不同的风格把 5 位老学长和 3 位一线志愿者的故事和杭电自成立以来的重要历史节点以及近些年志愿活动发展情况绘画出来并制作成绘本，命名为《杭电六十四年》。

另外，我们通过在线视频会议进行实践总结（图 7–6），将调研资料整合总结，汇集成册；将实践过程录制、剪辑成视频。

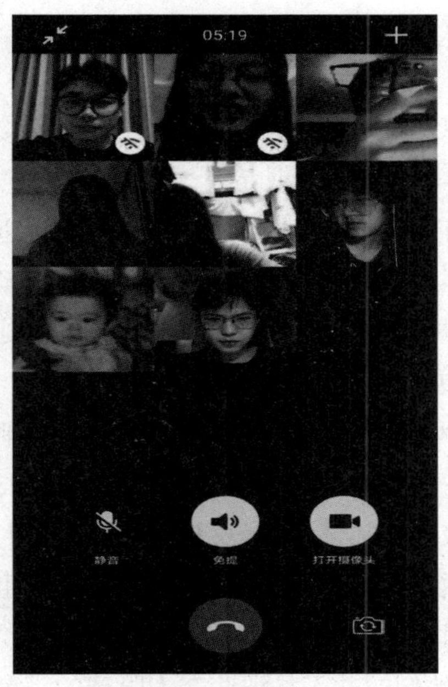

图7–6　寻访团队寻访结束后开总结会议记录

4. 成果推广阶段

在该阶段，我们计划将上一阶段的成果通过个人、官方媒体等渠道进行推广传播，具体有如下几点：

（1）制作推文，通过公众号发布；

（2）将实践事迹通过官方 QQ、微博等宣传报道；

（3）将视频和照片通过抖音、B 站等平台进行传播；

（4）尽最大可能将实践成果进行推广，让更多的人看到这些动人的事迹。

（六）实践成果

1. 人物资料卡（科创代表 & 志愿代表）

我们将调研寻访对象的基本信息以及照片、事迹、简历等汇总整合成人物资料卡，以展示这些前辈、学者、志愿者们的光辉事迹。

2. 绘本

我们将杭电科创精神及志愿精神的发展历程以及各个代表性人物的事迹以手绘的形式进行表现，并编成绘本，命名为《杭电六十四周年》。

3. 视频

我们将调研过程中的点滴片段用视频的方式记录下来，并在后期剪辑成影像，计划在官方渠道进行播放、传递。

（七）实践总结

“杭电芯程”暑期社会实践团队以“真善美”为主线，致力于发掘杭电校友的真善美事迹。结合杭电自身的专业特色，团队成员们集思广益，决定从“芯”出发，将支线分为“科创心”与“志愿情”两大板块，以采访、调研等多种形式近距离了解包括中芯国际董事长周子学、国家级突出贡献专家邓先灿和西部计划志愿者李斌等共 8 位极具代表性的优秀校友，并最终将他们的故事以绘本的形式呈现，更加生动立体地展现了杭电的真善美事迹。

在本次“真善美”网络寻访活动中，团队成员受益匪浅。在与志愿者的交谈中，我们看到了他们的一腔热血，“到西部去，到基层去，到祖国最需要的地方去”，他们带着为人民服务的热情、建设祖国的壮志，用实际行动践行了这句话，他们的无私大爱令人肃然起敬。在老一辈科学家们的故事中真切地感受到了隐藏在“中国芯”背后的家国大爱，他们在半导体行业、微电子研究领域埋头苦干，硕果累累，但真正吸引他们的并不是那些夺人眼球的头衔，他们都带着心系国家的匠人之心，数十年如一日，投身芯片事业，努力让中国芯不再受制于人，他们这种鞠躬尽瘁的精神鼓舞了团队的每一位成员。

“少年强则国强”，我们作为新时代的大学生，也应摒弃陋习，向先辈们学习，秉持着杭电“笃学力行、守正求新”的校训，坚定自己的理想信念并不断为之努力，同时我们也希望绘本可以感染到更多的人，让国家科学巨匠们的“真善美”形象传递到大家的心中，让更多的人了解“中国芯”的发展之路。

（八）实践感言

1. 团队感言

杭电自立校以来对国家半导体产业的发展所做出了很大贡献，我们团队对杭电校史中的“芯片大家”进行网络寻访，凝练他们的故事。在寻访的过程中，与这些老学长、老前辈们积极沟通，向他们了解到了很多新中国成立之初半导体行业的风霜坎坷。在那个举步维艰的年代，这些老前辈、老科学家们穷尽毕生心血于电子信息产业，为了国家芯片的发展鞠躬尽瘁，实为我们这一代人的楷模，如果没有这样的一群老科学家，就不会有我们如今在高端芯片产业创造的种种辉煌，他们就是我们的“中国芯”，希望未来能够成为和他们一样的人，为“中国芯”注入自己的力量。

2. 团队主要成员个人感言

（1）队长董阳光：我是杭州电子科技大学的通信工程学院的一名学生，平日里我十分关注世界通信技术发展方面的新闻，在看到了其他国家对于我国通信行业的种种制裁手段之后，我十分想紧握力所能及的力量为这个行业做点什么。

2020 年 7 月，本是一个由于疫情原因需要宅在家中的假期，因为学校下发的暑期实践活动的文件而有了新的方向。我选择的实践内容是“网络寻访真善美”，我计划将我们学校自从立校以来对国家半导体产业发展所做出的贡献作为调研课题之一。在与团队队员的交流中，我们决定将杭电在志愿服务活动发展这一方面的内容也作为我们的调研目标，以科创精神和志愿精神，共同展现我们杭电精神的风采。

在寻访的过程中，我与这些老前辈、老学长们积极沟通，向他们了解到了很多新中国成立之初半导体行业的风霜；向一线志愿者们了解到，边远山区的生活有多么艰苦。我由衷地钦佩他们：是这些老前辈、老科学家们，在那个举步维艰的年代，硬生生地用凡人之力，穷尽毕生心血于电子信息产业，为了国家芯片的发展鞠躬尽瘁；是一线志愿者们，在贫瘠的土地上挥洒汗水，为祖国边远山区的发展奉献青春，他们实在是我们这一代人的楷模。

哪有什么岁月静好，不过是有人替我们负重前行。我希望通过我们本次实践成果的推广，传递正能量，能够让更多的青年人了解到那样一群生活在我们身边的小人物，为了祖国与社会的发展负重前行的人，同时也吸引他们加入到这样一个伟大的群体中，此心安处是吾乡。

（2）队员丁彬朔：在本次“杭电芯程”暑期社会实践活动中，作为团队中的一员，我在整个活动中主要负责了解杭电知名校友并收集相关资料等工作。在寻访中，对于杭州电子科技大学这一有着丰富军工背景的学府有了更深层次的了解，从中芯国际董事长周子学、国家级突出贡献专家邓先灿和西部计划志愿者李斌等优秀校友身上认识到了作为一名当代杭电人身上的责任感和使命感。在寻访的过程中，我们不仅了解到了老前辈、老科学家们的伟大贡献，还深切体会到了新中国建立之初国家半导体行业受到的此前难以想象的发展阻力。在新中国建立之初，正是有这样愿意为国家鞠躬尽瘁、愿意将自己的热血奉献给新中国发展的一代人，我们的电子信息产业才能像现如今这般强大，我们的国家也才能像如今这般繁荣。“中国芯”背后凝聚的是一代代人的中国心！本次活动，从同学们对知名校友资料的收集到用插画的形式表现出“中国芯”的艰辛历程，深入浅出地描绘出了时代的不易和先辈科学家们研究“中国芯”过程的艰辛，更使自己坚定信念，立志将来为国家科研实验贡献一份自己的力量！

（3）队员王月蓉：在信息时代，芯片广泛用于电脑、手机、家电、汽车、高铁、电网、医疗仪器、机器人、工业控制等各种电子产品和系统设备，是高端制造业的核心基石！芯片虽小，但它却可以限制一个国家高端产业的发展。

受学校号召，我们团队在暑期展开“中国芯在杭电”活动，旨在挖掘杭电人在芯片领域的真善美事迹。队员们集思广益，从“芯”出发，通过采访、调研等形式，多角度、近距离地了解了中国电子学会常务理事、工业和信息化部电子科学技术委员会委员、国际信息处理联合会中国委员会顾问周行权，计算机智能与软件技术研究所所长、国家级计算机实验教学示范中心主任严义，国家科技进步一等奖获得者邓先灿等多名芯片领域的校友专家。

专家学者们笃学力行，守正求新，他们作为芯片领域的先行者、开拓者，从无到有，经历过芯片行业的冰霜，也见证了芯片领域的繁荣。通过本次社会实践，我深刻地感受到了科技给世界带来的无限变化，如果没有他们脚踏实地、鞠躬尽瘁，就没有日新月异的科技发展、没有信息时代的爆发式跃进。他们作为时代楷模，永远值得我们后辈敬仰与学习。

（4）队员张泽彬：芯片作为在集成电路上的载体，是能够影响一个国家现代工业的重要因素。但是我国在芯片领域却长期依赖进口，缺乏自主研发。国外巨头依靠在芯片领域长期积累的核心技术和知识产权，占据着集成电路的战略要地，所以常常会作为谈判筹码进行贸易制裁和出口禁运，对我国诸多核心行业造成了安全影响。因此中国自主研发并生产制造计算机处理芯片显得尤为重要。“中国芯”工程是在工信部主管部门和有关部委司局的指导下，联合国内相关企业开展的集成电路技术创新和产品创新工程，旨在搭建中国集成电路企业优秀产品的集中展示平台，打造中国集成电路高端公共品牌。杭州电子科技大学在实施“中国芯”工程中也发挥了相应的作用。“杭电芯程”暑期社会实践团队在团委老师指导下，计划发掘“中国芯在杭电”的真善美事迹。在寻访老前辈科学家的过程中，我们被他们言语中的家国大义所深深打动，这种精神值得我们学习。他们的故事中充满着爱国情怀，在那个年代里，对外国势力的吸引不为所动，一心只想着回报祖国，令团队成员十分钦佩。他们事迹中的奉献精神，将自己的青春岁月献给国家，献给科学，为国家的芯片半导体研发呕心沥血，“创业需要激情，激情会在艰难险阻中被消磨”，他们怀着一腔青春的热血与激情，无私地为国家奉献自己，令我们感动不已。不仅有老一辈的科学家，还有年轻的志愿者将自己的青春献给基层，献给西部，梦想在那里生根发芽。他们远离了家乡的怀抱，远离了家的温暖，远离了城市的舒适环境，投身于基础设施较差的西部，服务于贫瘠的海岛，为那里的人们志愿付出了青春，这种精神在现在这个年代里显得尤为稀有。杭电芯程致力于发现杭电校友的真善美事迹！

（5）队员李雨露：在不断的实践过程中，我不断地被采访对象的卓越思想和能力所震撼。人有小爱，方是美丽花朵惹人喜，人有大爱，却像是参天大树能避雨。被采访的叔叔伯伯们身上正是因为有着大爱，才有坚定的信念予之力量，创出一片辉煌，利国利民。我们当注重小爱，让温暖之情传递四方，也当树立大爱的观念，不断提高自我修养，向优秀的前辈们看齐，努力让自己的温暖之情在有朝一日普照四方。

二、“滤”化未来实践服务

“绿水青山就是金山银山。”随着我国村镇居民生活消费水平的提高，生活垃圾产生量日渐增加。据测算，生活垃圾含水量一般都在 50% 以上，且对环境造成的危害巨大，因此垃圾渗滤液处理问题是人们不可忽视的重要问题。本团队希望通过此次实践，深入探寻垃圾渗滤液领域行业的痛点和需求，了解当地居民、垃圾中转站工作人员急需解决的问题，并制订科学解决方案，从而达到建设美丽乡村、实现乡村振兴的美好愿景。

（一）指导思想

在 2013 年中央农村工作会议上，习近平总书记强调：“中国要美，农村必须美。建设美丽中国，必须建设好‘美丽乡村’。”此后，在2014年3月出台的《国家新型城镇化规划（2014—2020年）》中，“美丽乡村”被再次提到。2018年中央一号文件明确提出:“推进乡村绿色发展，打造人与自然和谐共生发展新格局。”为认真学习习近平总书记关于“三农”工作思想，深入领悟习近平总书记关于乡村振兴重要指示精神，贯彻落实《中共中央、国务院关于实施乡村振兴战略的意见》《乡村振兴战略规划（2018—2022年）》，进一步推进生态文明和美丽中国建设，共青团杭州电子科技大学材料与环境工程学院委员会“滤”化未来暑期社会实践团队走进浙江省安吉县，开展垃圾处理分类宣传、垃圾渗滤液处理的实践活动，进行实地调研，了解浙江新农村真实情况，结合专业知识，为美丽乡村建设提出建设化意见，用专业所长助力乡村振兴。

随着我国经济快速发展，人们对美好生活的向往已经逐渐转变成对美好生活环境、美好生活质量的向往。环境保护已经成为人民群众越来越关心的事情，更是我国民生工程的重要关注点。“要结合实施农村人居环境整治三年行动计划和乡村振兴战略，进一步推广浙江好的经验做法，建设好生态宜居的美丽乡村。”这是习近平总书记在2018年4月做出的重要指示。而作为拥有环境工程专业、环境监测与控制专业的材料与环境工程学院而言，利用专业知识推动环境保护，促进我国生态文明建设进程，也是材料环境学子们的“初心”之一。

浙江省安吉县作为“全国首个乡村振兴林业示范县”“全国绿色发展百强县市”和“2019中国最美县域”，是中国美丽乡村的先行地，也是全国美丽乡村的样板。浙江省相继制定实施了《美丽乡村建设行动计划（2011—2015年）》，指导全省的美丽乡村创建活动；发布了《美丽乡村建设规范》——全国第一个美丽乡村建设的省级地方标准；修订完善了《村庄整治规划设计指引》《村庄规划编制导则》《美丽乡村标准化示范村建设实施方案》等文件，形成了比较完整的美丽乡村建设标准化指标体系；引导先建县市根据行动计划和建设规范细化建设的指标体系，制定了《中国美丽乡村建设考核指标及验收办法》。

为了加强同学们对美丽乡村建设的认识和了解，并且能够利用专业知识助力美丽乡村建设的深入实施，探索乡村振兴绿色发展模式，材环学院团委成立了“滤”化未来暑期社会实践团队进行实地调研，旨在让同学们参与实践的同时，深入了解中国新农村真实情况，以环境保护、绿色发展和低碳环保等内容为重点，结合专业知识，为美丽乡村提出建设化意见。

“滤”化未来暑期社会实践团队充当着美丽乡村建设的助力剂，探索乡村绿色可持续化发展模式，寻找乡村振兴的新动力。

（二）实践背景

渗滤液产生量巨大，随着国家和人民对环境保护意识的提高，水环境保护和水污染防治，成为地方官员考评“重要科目”，不少地方环境状况不达标被中央督查“约谈”，这一举措会大幅度提高地方官员水环境保护的意识。根据部分渗滤液处理投资项目来看，目前我国单位渗滤液处理能力投资额在 10 万元左右，结合近年我国渗滤液日处理能力以及增量趋势，可以得出近年我国渗滤液处理行业新增投资规模：“十三五”期间，我国累计新增垃圾无害化处理能力 24.8 万吨 / 日，新增渗滤液处理能力 10.2 万吨 / 日，新增渗滤液处理投资规模 101 亿元。预计未来五年全国垃圾渗滤液新建加改造项目投资规模合计约为 167.53 亿元。

相比生活污水，生活垃圾有一个痛点问题，就是渗滤液难处理。生活污水的 COD（化学需氧量）浓度只有 300 ~ 500 毫克 / 升，而渗滤液 COD 浓度达到上万。带有渗滤液的生活垃圾焚烧热值低，直接填埋的话，会污染地下水，威胁饮用水水源。

随着我国村镇居民生活消费水平的提高，以及各种现代工业生产的日用消费品普及，大量的生活垃圾由此产生。由于我国目前垃圾分类尚不完善，生活垃圾含水量一般都在 50% 以上，因此垃圾中转站产生的渗滤液一般占垃圾转运量的 25% ~ 40%（重量比），部分地区受地域、降水等的影响，垃圾中转站渗滤液的产量占垃圾转运量甚至可达到 40% 以上。2017 年我国生活垃圾清运量为 21520.9 万吨，无害化处理率高达 97.9%（处理量为 21034.2 万吨），其中 57.2% 为卫生填埋（12037.6 万吨）处理，40.2% 为焚烧（8463.6 万吨）处理。类比法估算两者产生的垃圾渗滤液分别为 7222.56 万吨和 1604.87 万吨。假定未来几年垃圾焚烧处理率可达到 60% 以上，同时全国城市、县城生活垃圾清运量分别按 4.5%、3.0% 的增速线性增长，垃圾渗滤液占比不变，则 2025 年全国垃圾渗滤液产生量预计可达 12974 万吨，较 2017 年增加 33.53%。[1]

（三）实践意义

“两山理论”推动村镇聚焦生态建设。2015 年 3 月 24 日，中央政治局审议通

[1] 数据来自高熊、张泉等人的文章《垃圾渗滤液处理工艺对比及发展浅析》。

过的《关于加快推进生态文明建设的意见》中提出“坚持绿水青山就是金山银山”这一重要理念，强调良好生态环境是村镇最大优势和宝贵财富，实施乡村振兴战略应积极践行“两山”理论，将生态环境优势转化为经济优势，促进“绿水青山”与“金山银山”的良性循环。

垃圾污染问题阻碍新村镇建设进程。在“两山理论”的指导下村镇开始重视乡村生态建设，其首要面对的便是垃圾污染问题。全国 58451 个行政村，有生活垃圾收集点的约占 26%，对生活垃圾进行处理的仅占 10%。大量生活垃圾无序丢弃或露天堆放，对环境造成严重污染，不仅占用土地、破坏景观，而且传播疾病，严重污染了水环境、土壤和空气以及村镇人居环境。垃圾污染问题已成为影响农民生活生产、村镇城镇化建设和可持续发展的重要因素，阻碍了新村镇建设的进程，亟待人们解决。

垃圾渗滤液问题亟待解决。城市中垃圾渗滤液处理设施已经较为完善，但若将村镇垃圾运往城市填埋场统一处理则需耗费大量人力、物力成本，超出了其负担范围，因此许多村镇选择在村镇周边搭建转运站、填埋场等，就近对生活垃圾进行简易处理。这样的处理方式滋生了大量“高污染、高危害、难处理”的垃圾渗滤液，而相关渗滤液处理设备定价高，与村镇较为薄弱的经济基础条件相悖。由于经费和管理不足，该类处理设施难以推广普及，村镇垃圾渗滤液问题始终无法得到较好的解决（见图 7-7）。根据 2019 年中央生态环境保护督查组在全国各地进行实地督查，得到的问题反馈及专项督察意见，垃圾渗滤液问题屡次出现。主要问题有：①未按要求建设配套渗滤液处理设施；②虽有渗滤液处理设施但并不达标；③将渗滤液违规转运至污水处理厂处理；④将渗滤液直接排放等。

垃圾渗滤液的成分复杂，有毒有害物质含量高，具有“高污染、高危害、难处理”的典型特性，其中 22 种有机污染物已经被列入中国环保部门和美国国家环保署的重点控制名单。

人民网湖南频道介绍，渗滤液对人和环境的危害特别大，它包含的重金属等有害物质会改变土壤的成分及结构，使土壤的肥力和水分下降，其中有毒物质会通过食物链影响人体健康。此外，在雨水的作用下，其会造成地表水及地下水的剧烈污染，影响水生生物的生存和水资源的利用，对人体和环境造成严重危害。

图7–7　垃圾渗滤液直接排放污染环境

（四）实践内容

1. 项目沿革

2018 年，材环学院团委就联合浙江省环境科学学会开展“相约青春，绿行浙江”之环保科普行活动，深入浙江省台州市仙居县开展垃圾分类科普活动，在与村民们科普垃圾分类常识的同时，有细心的同学发现垃圾堆放过程中产生的渗出液极大地污染了环境。在这个基础上，材环学院团委在 2019 年继续响应“相约青春，绿行浙江”的号召，成立实践团队实地走访调研了杭州市附近几家垃圾中转站，发现垃圾渗滤液并没有得到有效的处理。2020 年．我们再度起航，前往两山理论的发源地——安吉县，并设计了居民调查问卷，希望可以借助这次暑假社会实践的机会，结合自己专业所学知识，为当地垃圾中转站制定垃圾渗滤液解决方案，造福当地居民。

居民调查问卷

1. 您的年龄阶段是？

A. 18 岁以下　　B. 18 ~ 30 岁　　C. 30 ~ 60 岁　　D 60 岁以上

2. 您的受教育程度？

A. 小学及以下　　B. 初中　　C. 高中　　D. 中专　　E. 大专　　F. 本科及以上

3. 您在购买电器时会首先想到购买节能电器吗？

A. 会，这样可以省电节能环保

B. 不会，价格高要好几年才能回本

C. 不会，但有朋友推荐也会考虑购买

4. 家用电器不用时您会关闭电源吗？

A. 会　　B. 不会

5. 您认为节能减排与谁的关系最密切？

A. 政府的事情，与个人无关

B. 生活在地球上的每一个人都息息相关

C. 是企业的事情，与个人无关

6. 您家每月电费开支大概是多少？

A. 30 元以下　　B. 30 ~ 50 元　　C. 50 ~ 100 元　　D. 100 元以上

7. 夏天你一般把空调温度调到几度？

A. 20℃以下　　B. 20 ~ 26℃　　C. 26℃以上　　D. 不用空调

8. 您与家人在日常生活中做过下列哪些节电措施？

A. 养成离开房间时随手关灯的习惯　　B. 多利用大自然的太阳光，能不开灯尽量不开灯

C. 睡觉时尽量关闭灯或者使用小夜灯　　D. 购买节能产品

E. 每月有节约一度电的习惯

9. 您的身边人是否有“不是自家用电，无所谓节约”的想法？

A. 大部分人是的　　B. 少部分人是的　　C. 没有　　D. 不清楚，不关心

10. 在景区时，发现景区中有大灯在白天没有关，你会采取怎样的措施？

A. 通知景区的管理人员关掉　　B. 当作没看见，不予理会

11. 您认为家里耗电最多的电器是什么？

A. 电灯　　B. 电视　　C. 空调　　D. 电饭锅　　E. 微波炉　　F. 其他

12. 感谢您参与此次调研活动，您认为我国现阶段居民环保意识程度如何？

2. 实践阶段（表 7–2）

表7–2　暑期社会实践日程安排

日期	主要内容	地点
7 月 22 日 ~ 7 月 26 日	讨论社会实践的形式及内容	杭州电子科技大学
7 月 27 日 ~ 7 月 29 日	宣传材料的准备、制作调查问卷及筹备物资	杭州电子科技大学
7 月 30 日	乘车前往安吉县	安吉县
7 月 30 日	参观浙江金环宝环境科技有限公司	安吉县
7 月 31 ~ 8 月 1 日	对天子湖镇居民展开调研	安吉县天子湖镇
8 月 2 日	前往天子湖镇垃圾中转站调研考察	安吉县天子湖镇
8 月 3 日 ~ 8 月 5 日	于金环宝公司实验室进行渗滤液指标测定	安吉县

（1）仙居县田市镇垃圾分类环保科普行。

2018 年暑期，由材料与环境工程学院团委学生会组织的“相约青春，绿行仙居”实践团队，来到了浙江省台州市仙居县田市镇开展了空巢老人垃圾分类环保科普行。本次实践由实践部部长王珂园担任队长，新闻中心部长林颂钧担任团队副队长，希望通过宣讲展示、体验分类小游戏、采访村民和驻村干部、张贴垃圾分类标识等方式了解村镇垃圾分类的现状，并进一步提高村民垃圾分类的思想意识和切实可行性（见图 7–8、图 7–9）。

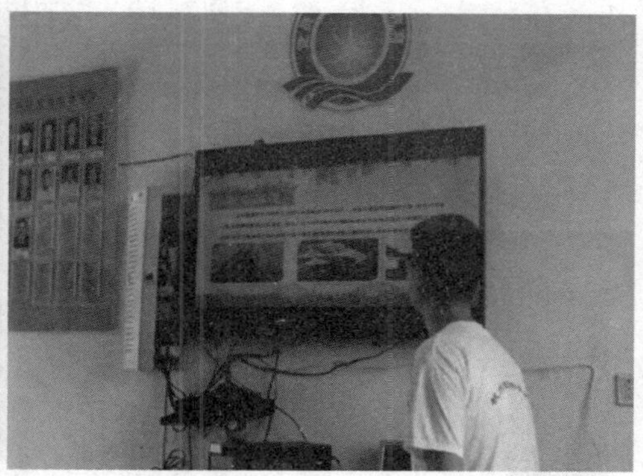

图7–8　宣讲垃圾分类相关知识

图7–9　分选垃圾分类纸牌

实践团向在场的每一位老人和孩子都发放了有关垃圾分类的宣传资料，并和他们一起学习其中内容。家长是孩子最好的老师，带着孩子从学习垃圾分类到正确地分类投放，在孩子们的心中萌动绿色生活的火花，争做垃圾分类的环保小卫士（见图 7–10、图 7–11）。

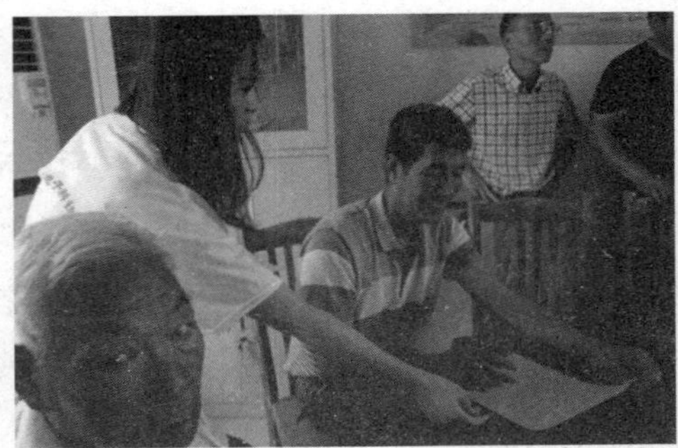

图7–10　发放垃圾分类宣传单页

图7–11　家长对孩子进行一对一辅导

实践团现场组织小朋友和家长、老人们做了一场关于模拟垃圾分类的游戏。准备“可腐烂”和“不可腐烂”两个垃圾分类区以及每组二十张印有垃圾文字和图示的卡片，在规定时间内能将全部卡片正确归类的将获得我们发放的纪念品一份。孩子老人们起初腼腆羞涩，在我们的简单演示后积极踊跃参与，儿童和大人相互讨论，进一步促进学习，对垃圾分类的标准和执行有了更加清晰的认识，指导他们在今后生活中的垃圾分类更好开展（见图 7–12）。

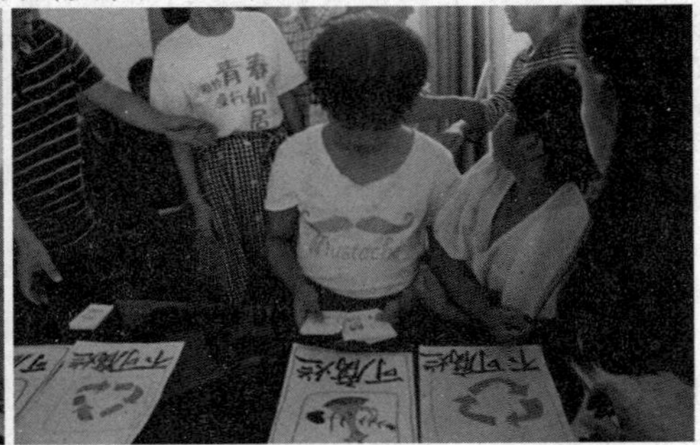

图7–12　村民们积极参与垃圾分类游戏

（2）安吉县瓜沥镇垃圾中转站调研。

2019 年暑期，材环学院团委再次组建实践团队，由研究生刘彦旭担任团队

队长，污水处理领域专家韩伟老师担任团队指导教师，随即对杭州市周边的数家垃圾中转站垃圾渗滤液处理情况进行了调研，调查结果发现大多数垃圾中转站都存在着垃圾渗滤液处理“难”这个问题（见图 7–13）。

图7–13　团队前往瓜沥镇东片与西片垃圾中转站进行调研

中转站工作人员向我们介绍到：垃圾中转站的渗滤液在理想状态下是使用膜物化处理的方式，但由于膜处理成本高昂，政府财政收入不足以提供长期支持，因此只能暂时选择直接排放，不可避免地导致了环境污染。

安吉地处浙江省西北部，邻近上海、杭州、南京、苏州等城市，被誉为“都市后花园”。安吉山清水秀、环境优美，也是长江三角洲经济区内一颗璀璨的“绿色明珠”。这里“川原五十里，修竹半其间”，这里“修竹拂云当户耸，暗泉明玉绕亭飞”。安吉县的环境治理非常好，垃圾分类工作卓有成效，是“两山理论”的发源地，是被誉为安吉工业发展的“金三角”和未来持续发展的“北大门”。

经过充分的准备，7 月 30 日，我们从学校出发前往湖州市安吉县天子湖镇，开始此次的调研之旅。人们每天会产生大量的生活垃圾，在太平洋中漂浮的规模庞大的塑料垃圾带形成了触目惊心的“第八大陆”，垃圾的去向是个长久以来被忽视却值得追问下去的问题（见图 7–14）。

图7–14　安吉对垃圾分类的重视

如果垃圾产生的渗滤液处理不当，久而久之甚至会污染地下水，威胁饮用水水源，带来极大的环境危害。由此可见，垃圾中转站的垃圾渗滤液处理问题不容小觑。团队成员首先对安吉县天子湖镇村民展开了调研，了解当地垃圾分类情况（见图 7–15）。

图7–15　向当地村民了解情况

（3）安吉县天子湖镇垃圾中转站调研。

团队继而来到安吉县天子湖镇垃圾中转站进行实地调研，而其散发出的恶臭，在一片青山绿水中显得尤为不和谐。因此，团队计划为垃圾中转站制订垃圾渗滤液解决方案（见图 7–16）。

图7–16　前往天子湖垃圾中转站进行调研

日常产生的垃圾通过物理方法进行挤压，将垃圾渗滤液挤出。继而将渗滤液存入罐中处理。团队成员对垃圾中转站制订了监测方案，其主要方法为对垃圾中转站的垃圾渗滤液产生端取样 COD/BOD、TN、TP 等排放量，计算污水中污染因子浓度。

（4）中转站垃圾渗滤液水质测定。

团队成员对安吉县天子湖镇的垃圾中转站渗滤液进行取样，并带回实验室进

行相关指标的测定（见图 7-17）。

图7-17　将渗滤液带回实验室进行相关指标的测定

在对于湖州市安吉县天子湖镇及其周边乡镇的走访调研过程中得知，该镇的垃圾中转站的日污水排放量在 2 ~ 5 吨左右，相比较城市垃圾中转站的日污水排放量来说要低得多。除此之外，中转站渗滤液主要由厨余垃圾、普通生活垃圾以及站内的冲洗废水所构成，含有的重金属成分较低（见图 7-18）。

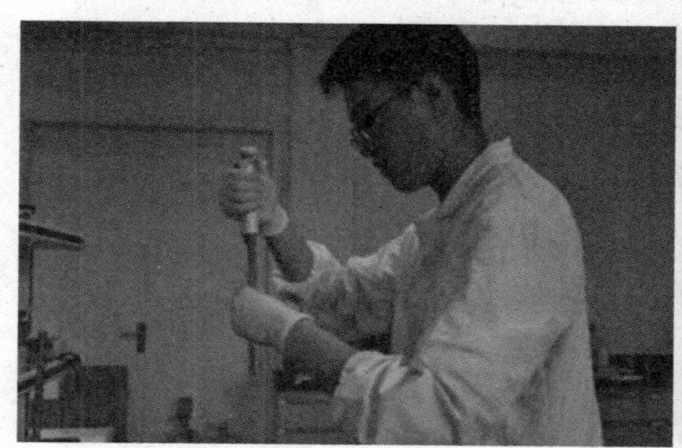
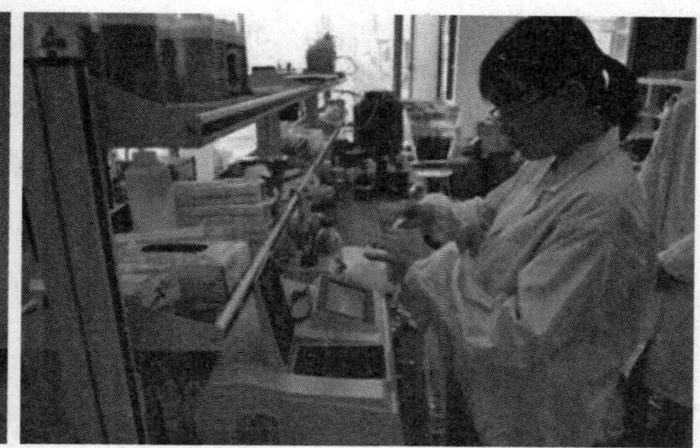

图7-18　对垃圾渗滤液指标进行测定

（五）实践成果

1. 调研报告

（1）调研基本信息。

①调查时间：2020 年 7 月初 ~ 7 月中旬。

②调查地点：湖州市安吉县天子湖镇良朋村。

③调查对象：当地居民、外来打工者、办事处工作人员、老人、低龄儿童、青壮年群体。

④调查方法：一对一采访、调查问卷、查阅数据等。

⑤调查人：材环学院“滤”化未来实践服务团全体成员。

⑥调查分工：团队负责人是杨宗翔，团队成员分为三组。

一组（组长赵瑜佳）：负责前期宣传材料的准备、制作调查问卷及筹备物资等；

二组（组长杨宗翔）：负责进入社区内部宣传，开展形式多样的宣传活动；

三组（组长雷宇豪）：负责走访及采访视频前期准备及录制、拍摄记录整个实践活动并且负责对外宣传相关事宜。

（2）调研主要内容。

①方案设计。调研主要分为前期准备阶段、中期调查和后期总结三个阶段。前期主要通过参观学习、查阅资料等方式进行信息收集，同时整理相关数据和信息，制作简单的宣传页、宣传册和 PPT 等。中期主要通过深入街道和社区进行环保宣传的路演活动，调查当地居民和群众的电力环保知识情况。后期主要为信息汇总、数据整理阶段，形成调研报告。

②调研过程。在调查的过程中，主要以公民环保意识中的节电意识为主题进行科普与研究，从被调查人回答情况入手，同时结合采访结果，分析在各个层次人群中的节电意识情况，判断分析当下的环境保护形势，并挖掘当前我们所面临的环境保护问题，运用专业知识提出一些具有可行性的解决方案。在这个过程中，既完成电力环保知识的向外输出，也不断地提高实践成员的知识水平与环保节电意识，将专业知识内化成能力，促进团队成员的相互教育，互相学习。一方面担负起保护环境的重任，全面提高环境保护与节约能源可持续发展战略意识，树立正确的环境价值观和环境道德风尚；另一方面也引导身边更多人从点点滴滴做起，从日常生活做起，为保护环境尽一份力。

③调研问卷。

a. 调查问卷的设计思路。问卷的调查部分由以下六类问题组成。第 1 类调查被采访者年龄、学历信息；第 2 类侧重调查被采访者关于家用电器的购买和使用的调查；第 3 类调查被采访者的环保意识；第 4 类调查被采访者家庭电费开支，第 5 类调查被采访者是否身体力行地做到保护环境，第 6 类调查被采访者对大功率电器的了解程度。调查问卷从多方面调查了城隍庙社区居民对环境保护行为和绿色消费的意识。

b. 调查数据的统计与分析。本次调查主要采用发放调查问卷与一对一采访的方式，因此接受调查的对象具有随机性和广泛性。共发放调查问卷 135 份，回收调查问卷 129 份。从被调查者的年龄分布情况来看，18 周岁以下 12 人，占总人数的 9.30%；18 ~ 30 周岁 75 人，占总人数的 58.14%；30 ~ 60 周岁 26 人，占总人数的 20.16%；60 周岁以上 16 人，占总人数的 12.40%。从被调查者的受教育情况来看，小学学历及以下 17 人，占总人数的 13.08%；初中学历 16 人，占总人数的 12.31%；高中（含中专、中技）学历 18 人，占总人数的 13.85%；大学专科 10 人，占总人数的 7.69%；大学本科及以上学历 69 人，占总人数的 53.08%。

在回收的 129 份调查问卷中，选择节能减排与生活在地球上的每一个人都息息相关的有 118 份，高达总人数的 93.65%，说明被调查的居民环保意识较高。由以上统计结果可以推测出，随着社会的不断发展和大众媒体的普及化发展，我国居民的环保意识将稳步提升。

在关于被采访者家用电器的购买和使用的调查中，选择优先考虑购买节能电器的占 83.85%，在家用电器不用时选择切断电源的占 84.62%。这说明近些年来，我国公民的节能环保意识水平有了大幅度的提高，但是还需要进一步提升公民的环境保护意识与绿色消费意识。

通过调查研究，我们得出：良朋村的居民的传统消费理念逐渐开始发生改变，绿色消费慢慢成为当今消费领域的主流。公众环境保护意识的逐步提高影响着制造商和经销商的生产经营思想，带有环保标志的产品也越来越受到各级消费者的青睐。从调查结果中可以看出，几乎所有的被采访者都更倾向于购买带有环保标志的产品，这样大家也为环境的保护尽了自己一份微薄的力量。

天子湖镇良朋村居民具有较好的环保素质和意识，但是能够真正身体力行的做到环保的公民却不占多数。这些调查结果在一定程度上反映出当地公民的环保意识和参与程度的反差。在这方面，我们通过分析得出：一是因为居民文化程度参差不齐，造成参与环保实际行动的不一致；二是部分居民为外来务工人员，本身对环保的观念可能较为淡薄；三是调研的群体可能集中在赋闲在家的老人，工作主力军的青壮年群体普遍被调查的数量较少。怎样让公民行动起来积极投身于环保事业，使公民的环保意识和参与水平达到统一，是可持续发展道路今后必须重视的问题之一，也是政府部门应该注重问题之一。

（3）具有可操作性的对策。

加强对节能环保的宣传。按照人群特点进行分类，不同的年龄或文化群体可采取不同的方式进行宣传。对于老人和低龄孩童，可采取形式活泼、寓教于乐的方式扩大宣传，比如播放露天电影、组织节能文艺活动、设立环保回收超市等。对于工作群体中的青壮年，则可通过企业单位、政府部门等进行活动策划，影响带动节能环保氛围的营造。

加大对绿色消费的倡导，开展更多的利民活动，使公民积极参与到绿色消费的队伍中来。通过大力倡导垃圾分类、废物回收利用、加大绿色基础设施的投入使用等方式引导居民节能观念的树立。

深入幼儿园、小学、中学等地，面向少年儿童进行电力环保宣传。通过对孩子进行趣味性的教育，使电力环保的观念深植孩子心中，并通过孩子带动家长做到生活中养成节电环保好习惯，进而达到电力环保的目标，真正做到节能环保。

通过这次实践调研，我们认识到，保护环境是一个重要的时代命题，环境保护与节能理念需要成为一种生活方式，更应该成为一种生活态度。环保不应该仅仅停留在表面的理论教育模式，也不能完全脱离知识的教化，只有做到理论知识与实践的有机结合，才能以最优化的方式将环保事业达到新的高度，使我们加入到爱护环境的活动中去共同构建一个美好幸福的和谐社会。

2. 解决方案

由于垃圾中转站废水的停留时间短，使其可生化性能良好，虽然有机物浓度较高，但绝大多数的有机物可以通过生化法去除。两级 AO 工艺具有较强的对抗负荷冲击的特点，因此提出采用两级 AO 工艺处理垃圾中转站废水。

以农村垃圾中转站真实废水为处理对象，设计试验方案，因为垃圾中转站废水中的各项指标均较高，生化法难以全部去除，因此采用两级 AO 为主，混凝和吸附为辅的组合工艺处理垃圾中转站废水，并研究系统最佳的运行参数，各阶段对 COD、氨氮和总磷的去除率并分析其影响因素，以真实垃圾中转站废水进行系统的污泥驯化和小试装置运行，得出的数据更接近实际工程运行结果，具有参考价值。

3. 媒体报道

实践成果被浙江学联青春抱抱团、杭州电子科技大学团委等公众号报道，引起了较强的社会反响。

（六）团队成长

1. 团队简介

2018 年暑期，由材料与环境工程学院团委学生会组织的“相约青春，绿行仙居”实践团队，来到了浙江省台州市仙居县田市镇开展了空巢老人垃圾分类环保科普行。本次实践由实践部部长王珂园担任队长，新闻中心部长林颂钧担任团队副队长，希望通过宣讲展示、体验分类小游戏、采访村民和驻村干部、张贴垃圾分类标识等方式了解村镇垃圾分类的现状并进一步提高村民垃圾分类的思想意识和切实可行性。

2019 年暑期，材料与环境工程学院团委再次组建实践团队，由研究生刘彦旭担任团队队长，污水处理领域专家韩伟老师担任团队指导教师，随即对杭州市周边的数家垃圾中转站垃圾渗滤液处理情况进行了调研，调查结果发现大多数垃圾中转站都存在着垃圾渗滤液处理“难”这个问题。

“滤”化未来实践服务团由八名成员构成，其中研究生六名，本科生两名。一组由赵瑜佳担任组长，负责前期宣传材料的准备、制作调查问卷及筹备物资等。二组由杨宗翔担任组长，负责进入社区内部宣传，开展形式多样的宣传活动。三组由雷宇豪担任组长，负责走访及采访视频前期准备及录制、拍摄记录整个实践活动并且负责对外宣传相关事宜。团队成员各司其职，能够自觉地进行分工合作，足以保证团队的调研计划有序开展。经过团队协作，各成员提高了自己的组织协调能力、交际沟通能力、分析洞察能力、专业研究能力和心理承受能力等。与此同时，经过此次社会实践活动，团队成员能将理论教学和实践训练结合起来，了解到真实的社会环境，切实对当前的垃圾处理难题贡献自己的一份力量。

2. 个人成长

习近平总书记曾说，“绿水青山就是金山银山”“保护环境就是保护生产力，改善环境就是发展生产力”“生态环境保护是功在当代、利在千秋的事业”。而作为拥有环境工程专业、环境科学专业的材环学院而言，利用专业知识推动环境保护，促进我国生态文明建设进程，也是材环学子们的“初心”之一。

通过亲身体验社会现实，在实践中增长见识，锻炼才干，培养韧性。社会实践活动给生活在象牙塔中的大学生们提供了广泛接触社会、了解社会的机会。深入社会，能从中学到很多书本上学不到的东西。

（1）增强独立思考能力。

团队成员发现垃圾渗滤液处理“难”的问题后，便开始思考如何去解决这个难题。在前期准备过程中，团队成员结合当地现状制定了详细的调研问卷。团队成员不放过任何一个细节，独立思考的能力得到进一步提升。

（2）提升社会实践与动手操作能力。

团队成员走访了安吉县天子湖镇垃圾中转站，利用现场采集的垃圾渗滤液进行相关指标的测定。在指标测定过程中，通过查阅相关文献、归纳总结后自主设计实验方案、确定研究方法，打破了以往被动学习的方式。

（3）加强人际交往与沟通能力。

良好的人际关系与沟通能力是大学生未来事业成功的必备素质。通过与当地村民和中转站工作人员沟通，团队成员深入了解了当地的环境及民生状况。在此过程中，虽然遇到了许多困难，比如语言交流障碍、村民不愿意配合等。但团队成员齐心协力，通过耐心沟通，让村民明白了处理垃圾渗滤液的重要性。

在本次实践中，不仅拓宽了同学们的知识和眼界，并且对于环保问题有了更深刻的认识，提高了自身环保意识的同时，也在社区内完成了科普与调研活动，收获颇丰。虽然暑假社会实践活动已经结束，但是社会实践活动带给我们的影响永远不会结束。它让我们走出课堂，走出校园，走向社会，走上了与实践相结合的道路。实践是检验真理的唯一标准，在实践中我们发现了自己的缺点和不足，发现了自己以后发展的方向。

3. 心得感悟

“离垃圾中转站好远就能闻到一股臭味，戴着口罩都抵挡不住垃圾渗滤液的恶臭，这可比我想象中的味道重多了！”这是我来到安吉县天子湖镇垃圾中转站时的第一感受。我是一名环境专业的学生，日常在实验室中面对更多的是数据与实验材料。在这次实践活动中，真实面对垃圾渗滤液的时候，我确实感受到了一份责任，作为一名环境人，我是可以用专业所学真实地改变现状，为当地村民和环卫工作者创造更好的生活环境！

——队长　杨宗翔

这是我第一次参加社会实践，我明白大学生社会实践是引导我们学生走出校门，走向社会，接触社会，了解社会，投身社会的良好形式；是培养锻炼才干的好渠道；是提升思想，修身养性，树立服务社会的思想的有效途径。通过参加社会实践活动，有助于我们在校大学生更新观念，吸收新的思想与知识。社会才是学习和受教育的大课堂，在那片广阔的天地里，我们的人生价值得到了体现，为将来更加激烈的竞争打下了更为坚实的基础。而这次实践也像一盏明灯，在我未来迷茫的时候，为我照亮前进的方向！

——成员　曹昕

第三节　创新创业训练营社会实践活动案例

一、基于毫米波雷达的室内人员定位及跌倒检测系统研究

该项目利用毫米波雷达的无距离盲区、高距离分辨、低发射功率且在任何光照条件下，性能保持稳定的优点，通过分析雷达回波，滤除背景杂波，构建人体回波模型，实时感知人体运动信息，实现人员定位；改变雷达天线方向测量目标俯仰角，获取人体高度信息，设置高度动态变化门限，实现人员的跌倒检测。

本团队成员均来自杭州电子科技大学杭电—Microchip 科技创新孵化器实验室（曾获得“2016 年度全国大学生‘小平科技创新团队’”的荣誉称号），成员均是品学兼优，学有余力，有较强独立思考能力，有创新意识和研究探索精神，对科学研究、科技活动有浓厚兴趣的同学。经多年积累，我们已经具备了电子系统设计的基本知识，能够使用 STM32 系统微控制器以及 Microchip(微芯科技）控制器进行编程开发。

团队成员曾参与完成“多功能盲人电子拐杖”“大学生科技创新智能实训平台”等省级科技创新项目，具有扎实的理论基础和实际工程经验，能保证本项目的顺利实施和完成。

（一）项目研究背景

1. 项目背景及已有基础

近年来，随着 5G 通信技术的发展，由 5G 衍生的各项技术研究成果逐步进入商用领域。根据 3GPP38.101 协议的规定，5GNR(New Radio，新空口）主要使用的两段频率为 FR1 频段和 FR2 频段，其中 FR2 频段即为毫米波频段。毫米波作为 5G 的核心技术，一直以高带宽、高速率、穿透能力强而备受研究人员瞩目。自 20 世纪开始发展到今天，毫米波雷达技术已经逐渐步向成熟。

基于毫米波雷达的室内人员定位和跌倒检测方法具有较强的穿透能力、非介入式传感、良好的隐私保护性，不易受环境因素（如天气、温度、光照等）影响等优点，具备与传统室内定位方法和视频监控、穿戴式传感器竞争的能力，近年来已受到国内外学者的广泛关注。但是目前该方法仍处于起步阶段，雷达回波信号处理方法尚未成熟，市场前景广阔。

目前，TI(Texas Instruments，德州仪器公司）已研制出用于车载雷达的毫米波 CMOS 单芯片传感器，将射频前端与 DSP(Digital Signal Processing，数字信

号处理）、MCU（Micro Controller Unit，微控制单元）集成在一起，在减小尺寸的同时明显提升数据处理速度与精度。

2. 研究意义

在无人监护领域，比如跌倒检测，市场常见解决方案为可穿戴设备或摄像头监控。可穿戴设备易遗忘佩戴，且一定程度上增加不适感，特殊场合下如洗浴或睡眠时不利于用户生活，影响用户体验；监控摄像头难以保护用户隐私，特殊场合如厕所不利于使用，但因厕所湿滑的环境，更易发生跌倒事故，这是此方案的一大漏洞。

毫米波雷达设备检测精度高，受环境影响小，且很好地保护用户隐私，具有明显优势。

3. 与本项目有关的研究积累和已取得成绩

本团队已针对此项目设计了较为完备的解决方案。无论是硬件架构还是软件算法，本团队已经有了丰富的准备和积累。

项目成员已授权的软著基础：

①基于无线自组网协议的控制系统 V1.0。

②基于用户行为分析的智能家居节能系统 V1.0。

③电器识别可视化系统 V1.0。

④基于语音识别的智能老人看护系统 V1.0。

4. 尚缺少的条件及方法

一方面，因室内环境复杂，毫米波雷达信号本身属极高频段信号，特殊物质如金属，其反射性能比一般物质更强，对人体识别可能有较大干扰，产生误判；又如水等液体，其对电磁波吸收作用较强，反射性能较差，也可能对定位造成较大误差。

另一方面，复杂的环境也对雷达信号处理提出了更高的要求，对于信噪比较低的场景提取有用信号需要更复杂的算法支撑，不同场景不同算法的表现也不尽相同，在实际使用中还需考虑系统的实时性。

拟解决的关键问题：

①减少背景杂波干扰，提高目标物体识别率。

② LFMCW 参数设置以折中雷达目标性能与实际硬件条件。

③单一线性调频方式产生距离—速度耦合现象，导致测量误差增大，雷达性能降低。

④算法复杂度较高，实时性较差。

⑤跌倒检测时由于相似动作引起的高虚警率，房间内其他物体引起的信号漫反射、弱多普勒信号的检测、多目标检测等。

（二）项目研究目标及主要内容

1. 项目研究目标

在硬件方面，毫米波雷达是一种具有高频带、窄波束、高抗干扰、成像良好的雷达系统；多通道雷达系统在对目标进行探测时，因其天线摆放位置具有多样性，可以获取目标更为全面的状态信息。本项目希望能够通过将毫米波雷达与多通道雷达系统结合，综合了两者高距离分辨、无光照限制、多角度、全方位等优点，构建更细致、更全面、更安全的室内人员位置监控及跌倒检测。

在算法方面，旨在解决环境内一些特殊物质回波对目标回波的干扰，滤除背景杂波及静止物体回波以达到对目标的精确监测。

2. 主要内容

毫米波雷达的发射波具有多种类别选择，其中包括连续波和脉冲波形。对脉冲波形毫米波雷达而言，其发射的高频脉信号传输速度极快，使得接收机系统接收信号的时间间隔极短。这对系统信号处理速度提出了很高的要求，同样也对硬件设备的规格有一定的规定。因此脉冲毫米波雷达的实际应用通常受到一定限制。与脉冲毫米波雷达不同，毫米波连续波雷达发射一系列已调连续信号，易于调制，在车载毫米波雷达中应用最为广泛，最常用的发射波为 LFMCW（线性调频连续波）。

①目标距离和速度估计。基于上述原因，我们决定采用毫米波连续波雷达通过发射机发送调频连续波信号这一方案实现目标距离和速度估计。发射信号经目标反射得到回波，该回波被接收机接收并与发送信号进行混频滤波处理变为差拍信号，即中频信号。对该中频信号的信号强度以及相位信息进行分析可以实现对目标的距离以及速度的检测。

②目标方位估计。为了实现对目标物体的检测和定位，除了目标的距离和速度信息，还要求了解目标的方位信息。对毫米波雷达而言，为达到角度估计的目的，通常采用 MIMO（Multiple-Input Multiple-Output，多输入多输出）技术，即在毫米波雷达发射端和接收端同时安装多根发射天线和接收天线。对同一发射天线而言，其发射信号经目标反射被不同接收天线接收处理后会得到不同的接收信号。通过提取各个通道的相位信息，计算各通道间相位差，将其换算成为角度来

估计目标方位。

③跌倒检测。我们实现跌倒检测的方案是通过改变收发天线朝向，采用类似收发天线水平放置时解算目标方位角的方法，将天线方向改为垂直放置，解算目标俯仰角，获取目标高度信息。设置高度动态变化门限，检测高度变化率与阈值的关系，判断是否发生跌倒事故。

（三）项目创新特色概述

1. 定位更准确

目前传统室内定位技术如电红外、蓝牙和 WiFi 等传感器结合 TOF 和 AOA 等技术进行定位，但它们在准确性、误报和环境变化（如黑暗、亮度和烟雾）方面存在局限性，多通道毫米波雷达主要是通过对不同场景中的车辆、行人等目标进行检测和定位来实现上述的各种功能，可以精确地测量人员和其他物体的相对速度及距离。

2. 使用环境限制更低

多通道毫米波雷达对诸如雨水、灰尘或烟雾等环境条件相对免疫。它们也可以在完全黑暗或明亮的白天工作。

3. 提高用户使用舒适度

在跌倒检测方面，市场常见解决方案为可穿戴设备或摄像头监控。但可穿戴设备易遗忘佩戴，并且会增加用户的不适感。特殊场合下如洗浴或睡眠时不利于用户生活，影响用户体验。多通道毫米波雷达的非接触式检测可以让用户免于因佩戴设备而带来的不便。

4. 保护个人隐私

监控摄像头也可以解决穿戴设备的麻烦，但它难以保护用户隐私。特殊场合如厕所不利于使用。但因厕所湿滑的环境，更易发生跌倒事故，这是摄像头方案的一大漏洞。而多通道毫米波雷达可以仅通过分析回波带回的信息来判断目标是否跌倒，不会侵犯目标的隐私。

综上所述，毫米波雷达设备检测精度高，受环境影响小，且很好地保护用户隐私，具有明显优势。

（四）实现方案

1. 传感器

本项目采用基于 FMCW 雷达技术的集成单片 mmWave 传感器 IWR6843AOPEVM，如图 7–19 所示，其可在 60 ~ 64 吉赫兹频段工作。它采用低功耗 45 纳米

RFCMOS 工艺制造，能够在一个非常小的体积下实现高集成度，是工业领域低功耗、自我监控和超精确雷达系统的理想解决方案。

图7–19 IWR6843AOPEVM毫米波雷达模块

2. 目标距离和速度估计技术实现

目标的距离和速度信息对应的是回波的强度和相位信息，所以我们需要分析回波信号。其信号处理结构框图如图 7–20 所示。

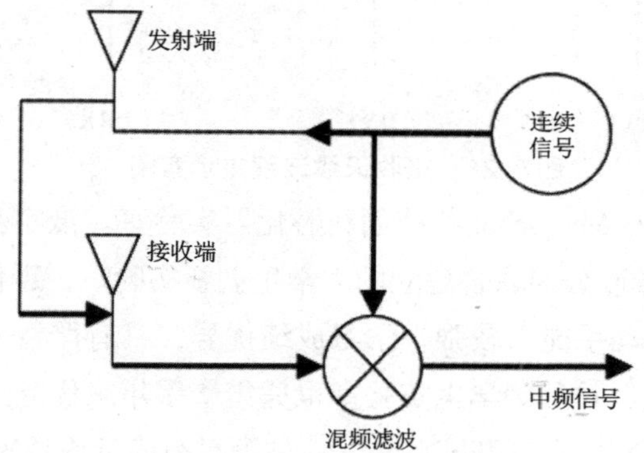

图7–20 毫米波雷达收发信号处理框图

发射信号经处理后，得到的中频信号中包含目标的距离以及速度信息。对于传统的周期性的连续调频波信号，其经发射端发射，在传播过程中经过目标物体并反射，被接收端接收。最终输出的中频信号形式为 $X(t,l)$，t 表示某周期内信号持续的时间，l 代表接收到的中频信号所处周期段。

对于所得到的输出中频信号，其相位中包含目标的距离及速度信息。离散后的中频信号可分为快时间维度和慢时间维度，即距离维度和多普勒维度。此时，对该信号矩阵使用二维傅里叶变换可以得到 RDM（Range Doppler Map，距离多普勒图）。对于所得 RDM，采用 CFAR（Constant False-Alarm Rate，恒虚警率）

算法可筛选出真实目标的距离和速度。

3. 目标方位估计技术实现

在远场条件下，由于目标与接收天线之间的距离远比接收天线间隔长，反射信号可假设为平行直射入接收天线，因而不同接收天线之间的接收信号幅度基本不变，而仅存在由于波程差而引起的相位差。该相位差中包含目标的方位角度信息，其示意图如图 7-21 所示，其中，d 表示接收天线之间的间隔，θ 表示目标与接收天线的相对方位角。因而，在远场条件下对接收信号向量采用一维傅里叶变换可以得到目标的方位角信息。

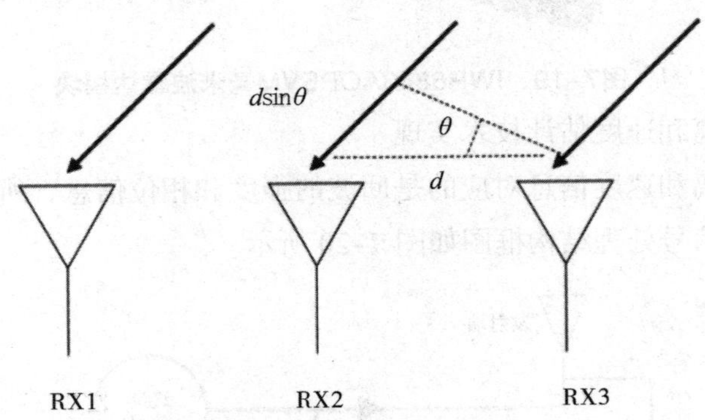

图7-21　接收天线波程差示意图

本项目依托杭电—Microchip 科技创新孵化器实验室。该实验室是杭州电子科技大学与美国 Microchip 公司联合建立的大学生创新实验室，孵化器的同学均有参加电子竞赛的经验，动手能力较强，学习成绩优异，具有严格的自律精神和浓厚的创新实践的积极性。并且该学生实验室也凭借着多年来优秀的科研竞赛成绩在 2015 年获得了“小平科技创新团队”的称号。该项目组成员均是该实验室正式成员，给本项目的研发提供了场地，以及各种电子和计算机所需器材和设备的支持。

配套经费方面，正式立项后将有教育厅的 1 万元的项目支持资金来完成本项目的设计实现。

（五）预期成果

本项目成果必须符合下列情况之一，且至少有一名项目组成员主要参与：

（1）开发并研制室内人员定位及跌倒检测系统。

（2）发表科技论文 1 ~ 2 篇，申请专利 1 ~ 2 项。

（3）培养实用性人才 3 名。

二、环境试验设备温度性能检测服务平台

（一）项目背景

随着城市化进程的不断加快，建设资源节约型、环境友好型社会是我国社会发展目标之一。如何引导企业按照国家的相关规定对环境试验设备温度性能进行定期检测，完善监督手段，提高检测的准确性、可靠性，减少检测纠纷，对贯彻落实资源节约型、环境友好型的发展目标具有重要意义。同时，国内民营的检测实验室逐步兴起，并成为主力军。2018 年检测市场竞争格局如图 7-22 所示。

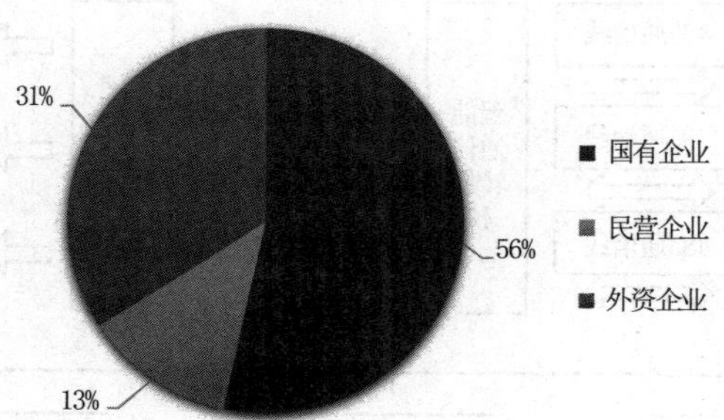

图7-22　检测市场竞争格局

国内外大多数封闭环境的温度检测系统价格昂贵，不易携带，不方便进行封闭环境的温度检测要求；常用灭菌检测装置相关参数如表 7-3 所示。环境试验设备温度检测基本是由国家检测机构及其下属公司所组成，企业申请产品检测流程烦琐，需要到检测机构来回跑动，耗费大量时间和精力，办事效率很低。

表7-3　常用灭菌检测装置相关参数

设备名	测量方式	测量范围	测量精度	价格
Kaye温度采集系统	“有线”温度测量	-20～200℃	+0.28℃	10万元以上
DT201温度检测仪	“有线”温度测量	0～100℃	+0.4℃	10万元以上
颐贝隆验证仪	“无线”温度压力测量	-40～100℃	+0.3℃	10万元以上

基于上述情况，检测服务平台研发的封闭式无线灭菌验证系统和一站式在线服务平台，能为客户提供良好的检测服务，提高了企业的检测服务效率。

（二）检测服务平台定位

检测服务平台总体定位是经过浙江省人民政府计量行政管理部门计量认证（CMA），拥有独立研发温度检测产品能力，集检测、教学、科研为一体的中型检测实验室。平台依托杭州电子科技大学国家级实验中心和全国大学生小平创新团队进行研发。同时，我们还是一个富有朝气、敢于拼搏的创业团队，且具有如

下优势：

①指导教师拥有检测实验室的工作背景和丰富的工作经验，熟悉该领域的专业技术特点。我们经历过多次计量认证（CMA），我们具有通过计量认证（CMA）的整个实力。我们有能力达到国家、省计量认证办公室要求的计量认证申请资料（包括质量手册、程序文件、作业指导书等），并通过书面审查。

②依托高校科研能力，研发封闭式无线灭菌验证系统和一站式在线服务平台。封闭式无线灭菌验证系统框图设计如图 7-23 所示。

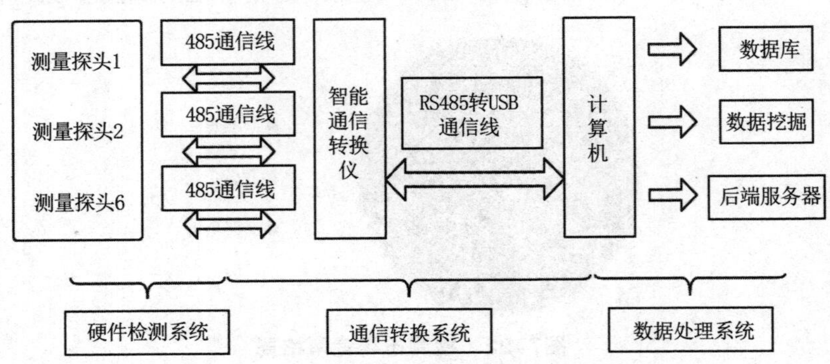

图7-23　封闭式无线灭菌验证系统框图

③团队成员为“90 后”大学生，青春朝气、思维活跃，具有“互联网 +”营销思维，并构建了全方位的“互联网 +”营销推广模式。

环境试验设备温度性能检测服务平台包括检测实验室认证、封闭式无线灭菌验证系统和一站式在线服务平台三大主体，平台组织框架如图 7-24 所示。

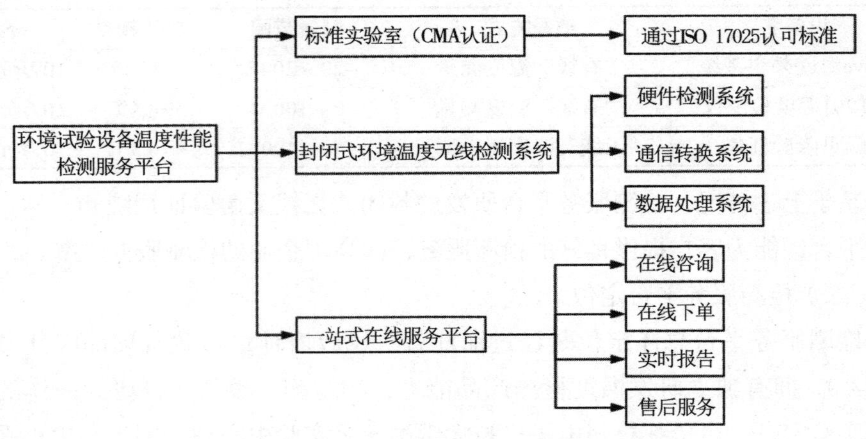

图7-24　环境试验设备温度性能检测服务平台

（1）检测实验室认证。

检测服务平台依据《检测和校准实验室能力的通用要求》和《实验室资质认定评审准则》建立质量管理体系，并严格按体系要求运行，坚持公正性、独立性、诚实性，对检测结果严格做到科学、公正、准确。质量管理体系的文件分为四级，依次为质量手册、程序文件、作业指导书、记录表格。

（2）封闭式无线灭菌验证系统。

灭菌验证系统的主体是一个测量探头，由低功耗的单片机、温度传感器、耐超高温锂电池、机械外壳等构成。保证测量数据的精确性，一次检测需要使用多个测量探头。通过通信转换系统实现多个测量探头的数据处理与分析，通信转换仪上由盒体、六个卡槽、USB 接口构成，六个卡槽能实现同时和六个测量探头相连，USB 接口则实现和电脑的数据发送和接收。设备实物模型如图 7–25 所示。

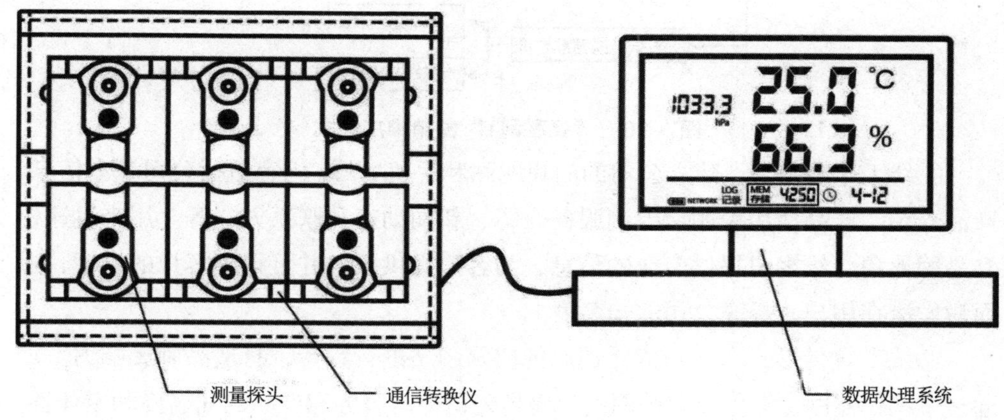

图7–25　设备实物模型

（3）一站式在线服务平台。

平台贯彻了国家“最多跑一次”的方针，实现在线咨询、在线下单、在线支付、定时服务、实时报告、售后服务等全程互联网化，大幅缩短时间，提高企业的办事效率。

基于“互联网 +”思维模式搭建线上平台和铺设线下渠道，构建了全方位的“互联网 +”营销推广模式，如图 7–26 所示。

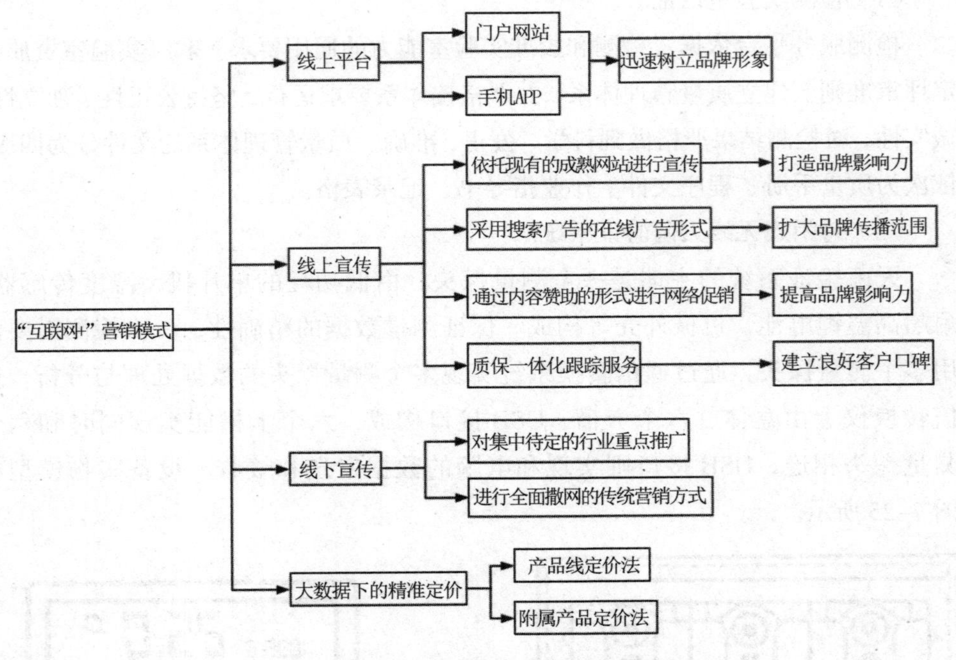

图7-26　"互联网+"营销推广模式

①线上平台搭建。建立公司的门户网站和手机APP，内容包括公司基本信息、产品介绍、产品使用说明、检测服务介绍、新闻动态和联系方式等。用来迅速树立品牌形象，给客户提供专业的信息，为客户提供服务并且得到客户的反馈，进而激发潜在用户，提高公司的知名度。

②线上宣传形式。一是依托现有的成熟网站进行宣传，打造品牌影响力。如通过中国仪器网、汇仪天下等网站，提高公司检测服务和产品的知名度和专业性。另外，也在伍一公司等平台上投放公司研发的科技产品，伍一公司是浙江省科技厅办的一个科技成果转移转化的共享平台，以此进行技术方面的网络宣传。二是采用搜索广告的在线广告形式，扩大品牌传播范围。根据我们检测机构的精确性、专业性等特点，确定相关的关键词，撰写广告内容并自主定价，在百度搜索等各大搜索引擎和手机APP上投放广告。三是通过内容赞助的形式进行网络促销，提高品牌影响力。本公司通过赞助不同网站上的专项内容，比如在食品检测、医疗卫生等主题内容上，使公司名称获得展示，以此更高效率地进行网络促销、精准营销，提高知名度。四是质保一体化跟踪服务，建立良好客户口碑。对于使用过我公司产品及服务的单位和个人，我们通过邮件方式，并借力社会化媒体平台进

行售后跟踪服务和关系维系，最大限度地争取市场份额，以此挖掘客户的潜在需求，培养顾客忠诚度，提升客户满意度，借以形成良好的口碑，提高试购率和试—常用转化率。

③线下宣传。考虑到检测行业涉及企业的上游供应商与下游采购方，并且各机构或客户在检测项目上自主性很强，各企业的品管部可以自主选择与决定第三方检测机构，不会类似电器等其他行业受到上游采购商的限制。我们可多灌输销售代表的专业知识，充分调动他们的积极性，进行全面撒网的传统营销方式寻找有价值的客户。

（三）检测服务平台客户群

检测服务平台立足杭州市，辐射江浙沪地区；主要面向医疗器械生产企业、药品生产企业和国有医疗机构等客户群开展检测服务。

江浙沪地区医疗器械生产企业约 3315 家，杭州地区约 235 家，其中包括：浙江友利医学科技有限公司、杭州西湖生物材料有限公司、杭州奥星医疗器械有限公司等。制药企业全国约有 9523 家（2018 年数据），且数量逐年稳定增加，江浙沪地区 1167 家（2018 年统计数据），其中包括：浙江九旭药业有限公司、杭州民生药业有限公司、浙江康乐药业股份有限公司等。

（四）经济效益和社会效益

1. 经济效益

按照市场占有率进行预估：1 ~ 3 年客户数量为 30 家，3 ~ 5 年客户数量约为 48 家，产品成本约为 800 元 / 探头，一家客户公司净利润为 5000 元，1 ~ 3 年净利润由潜在客户、市场占有量和预估净利润计算可得约为一年 150000 元。3 ~ 5 年净利润可得约为 225000 元。前五年净利润总额和营业额表如表 7–4、表 7–5 所示。

表7–4　前五年净利润总额表

年份	潜在客户数量（个）	市场占有量	净利润/客户（元）	净利润总额/年（元）
1 ~ 3年	4482	0.64%	5000	150000
3 ~ 5年	5000	0.96%	5000	240000

表7–5　前五年总营业额和总成本估计表

年份	预计客户数量（家）	每家灭菌柜购买数量（台）	检测费用/次（元）	预计检测营业额（元）
1～3年	30	5	1500	225000
3～5年	48	5	1500	360000
年份	预计客户数量（家）	预计检测仪销售数量（台）	检测仪价格/台（元）	预计销售营业额（元）
1～3年	5	5	7500	37500
3～5年	10	10	7500	75000
年份	总营业额（元）	总成本（元）	净利润（元）	
1～3年	262500	112500	150000	
3～5年	435000	195000	240000	

2. 社会效益

借力市级、省级创新服务平台，搭建公司“互联网 +”检测服务平台；通过参与产业技术标准制定，对药品生产企业、医疗器械生产企业和国有医疗机构规范化发展发挥积极的影响作用；积极推动药品生产企业、医疗器械生产企业和国有医疗机构规划发展；促进地区检测实力的提升。

三、新工科背景下的产学研三位一体实训平台项目计划书

大学生科技创新孵化器成员基于新工科背景下的产学研三位一体实训平台进行创新型公司孵化，于 2018 年 9 月注册成立了杭州遥临科技有限公司。

（一）项目概况

近年来，信息技术的蓬勃发展完全改变了经济常态，互联网与信息化更是成为社会发展的主要动力，随之而来对相关从业技术人员的需求也水涨船高。几乎每一所大学都有计算机或电子技术相关专业，初高中也在不断推行信息技术的引用，职业培训更是热火朝天。在这样的背景下，一类学习能力强、成长性极高的群体——学习相关技术的学生却面临所得资源与实际需求不符的尴尬现状。

在程序员的需求逐渐饱和，互联网相关产业寒冬的大环境下，各大互联网公司和科研机构对信息技术及电子相关专业的大学生提出了更高的要求，粗浅的理论和课堂编程实践并不能帮助学有余力的学生在完成课业的同时也满足业界需求。课堂不能提供实打实的项目研发实践和相关的理论建设是这种教学模式的最大硬伤，同时，教育理论的滞后性也意味着学生在进行商业开发和理论研究工作

之前需要很长一段时间的适应期。

针对这一现状，遥临科技团队结合自身实际情况以及所在实验室的实际运营情况，创立了杭州遥临科技有限公司，以期实现实验室资源的充分利用和先进信息即电子技术的传播。公司有研发和教育两大功能部门，研发部门负责自主产品的开发并承接项目外包，获取公司运营所需费用。其科研成果将以实训教育资源的形式输出给教育部门作为其第一手资料，而教育部门则是负责学生的课外实训教育，培养其创新能力及项目思维能力。通过本公司自主研发的科技创新智能实训云平台和实训平台，可以让不同学习阶段、不同时空和地域的学生在投身于科研项目的实训经历中快速提升其实战能力，掌握先进开发思想。其中表现优异者更可以被研发部门吸纳。两个部门通过实训项目和优秀人才的交流互相合作，最终实现公司的技术创新、产品研发和人才孵化目标，并创造经济效益。

（二）团队介绍

对于一个高科技创业公司，科研能力是其强大生命力的根本来源。主要团队成员中有三人具备科研创造能力和相应的项目开发和项目管理能力，且各自有其擅长的研究领域。在未来研发部门的日常项目开发过程中都能作为项目负责人实行管理和监督并在大方向上把握研究走向及进度，为公司日常所需费用的获取和实训教程的输出打下了良好的基础。此外，研究部门的重要性也避免了决策权的分散。非技术性人才中，有的同学具备社团管理和自主创业经历，在初创期可以使公司的组织架构尽快成型，并在管理上提供建议和相应措施，此外商业计划书的撰写和对外的形象工作展示也同样重要。团队中会计专业的同学也会以其专业知识对公司的财务进行管理，相关的竞赛和实习经历也有助于在金融方面规避风险和进行相关决策。

（三）市场分析

1. 项目背景及需求分析

（1）信息化成为经济常态，技术人才需求水涨船高。

随着时间的推移和信息技术的进步，我国的互联网和信息技术相关产业已经进入稳步高速发展阶段，从“我们万事俱备，只差一个程序员”到“创业如何寻找技术合伙人”，技术型人才在科技创业公司中的分量越来越重。对技术人员的行业标准也越来越清晰。2010 年后的移动互联网时代，中国互联网进入高速发展期，2015 年中国提出“互联网 +”概念，“双创”风起，随后大数据、人工智能、网络安全，相关领域投资水涨船高，中国涌现出一批公司估值超过 10 亿美元的独角兽公司。

2017 年 IT 行业从业人员已达 1950 万人，平均每年创造 15% 左右的新增人才需求。2012—2017 年，IT 行业每年新增人才需求由 240 万人增长至 290 万人。我国 IT 行业在近二十年中迅速发展，并且大概每 5 年就会出现新的行业热点，技术迭代更新快，对专业人才的水平要求高、需求大。随着我国经济产业结构不断升级，电子商务产业、移动互联产业的发展及云计算技术在全球范围内的推广，智能手机终端、移动应用、云管理、云物流、云手机等人才需求扩张显著，已成为新增人才需求最多的 IT 子行业。

在此情景下，大学及大中专 IT 专业毕业生在近年中呈现增长态势，但仍无法满足行业快速扩张的人才需求。2012 年，我国大学及大中专 IT 专业毕业生约 90 万人；2017 年大学及大中专 IT 专业毕业生约 105 万人，增长 16.7%。但与 IT 行业每年百万级的新增人才需求相比，大学及大中专 IT 专业毕业生的增长仍然杯水车薪，存在着巨大的人才供应缺口。除了数量上的供需不匹配，部分 IT 毕业生在校期间仅以理论学习为主，缺乏实际项目经验，无法满足用人单位的需求，进一步加剧了大学及大中专对 IT 行业的人才供应不足。

（2）人才需求具体多样化，教育与实际脱节严重。

在新工科教育模式背景下，IT 行业对从业人员的实践能力要求较高，实践能力和实践经验是用人单位考量的主要指标，也正是大学及大中专毕业生最为缺少的。IT 行业最普遍的问题就是大学及大中专与企业实际需求相脱节的矛盾。大学及大中专等机构偏重理论学习，对于学生实际项目开发经验要求较低，且 IT 相关专业教材的更新速度远比不上技术的更新迭代速度；用人单位则更为看重求职者承担具体工作任务的能力，并不过多考察对专业理论精准掌握的能力。因此，IT 专业的部分毕业生实践能力较差，与企业需求脱节，呈现出就业难的现象。

用人单位普遍倾向雇用具备 1 年以上工作经验的求职人员，从侧面反映出大中专教育与企业需求融合度有限。以大数据分析岗位为例，用人单位更为倾向雇用具备 1 年以上工作经验的求职者，招聘应届生及工作经验在 1 年以下求职者的职位不足 15%。对比投递者的学历构成，投递者中硕士及以上学历者占比已达到 27.2%，但求职者的普遍高学历依然无法改变企业对具备丰富经历求职者的偏爱，可见大学及大中专教育与企业需求融合度有限。

此外，项目和竞赛经验也是国内高中生大学生申请国外学校必不可少的加分项，而重视理论教学实行规模化教学的大学并不利于学生获取这方面的经验以及相关的经历证明，从而在激烈的全球化竞争中处于不利之地，也对自己的未来规划产生了一定的影响。

（3）初高中 IT 教学需求日益增长，产业尚未形成规模。

在 IT 技术蓬勃发展的今天，基本的技术知识正在如同数理化一样成为普及性知识的一部分，江苏、浙江、上海、北京等地都在大力推进技术科目的普及落实，尝试性地将其引入高考体系。学有余力的初高中学生对信息技术的热爱和竞赛需求也让他们逐渐踏足这一陌生的领域。

然而，相应适用于初高中生，较浅层次的 IT 知识普及教育并没有得到很好的重视和发展，甚至还处于探索阶段，现有的少儿编程班只是对职业教育体系进行生搬硬套，难度高、任务量大、无法应用于实际，容易让学生产生厌学情绪；或者所传授的知识太过简单，课程拖沓，浪费学生的时间和精力，这一产业并未成熟也无行业标杆出现。将技术知识普及引入现有的初等教育体系仍然还有很长的一段路要走，相应各种形式的课外辅导培训也会在未来的短时间内不断涌现。在未来这也将是互联网市场规模较大的相关产业之一。

2. 可行性分析

经过十年的技术积累与发展，团队不仅拥有了丰富的技术储备，也通过校企合作的形式获得了支撑产品研发与教育平台建设的优质资源，已经培养了一批又一批优秀的新时代工科人才。所以，以 IT 技术教育作为遥临科技除自主研究和外包项目开发外的主要业务，并非无的放矢。职业教育的兴盛和国内现行教育模式的欠缺、自身的先进教学方法和配套硬件，以及紧密结合互联网时代的全新推广模式，都让遥临科技有自信，也有能力在这一领域站稳脚跟，遥临科技发展架构如图 7–27 所示。

图7–27　遥临科技发展架构

（1）技术实力雄厚，研发团队运行模式成熟。

遥临团队的前身成立于2008年，由学生自主运营管理。团队的运营成员均为杭州电子科技大学电子信息相关专业中有技术实力、有团队合作经验和有项目开发能力的优秀学生。经过十年的积累，团队有了非常雄厚的技术实力与项目积淀，先后为各大高校、企业开发了基于PIC的口袋实验仪器、人体经络分析仪、中小学智能教辅仪器、无线自组网灯控系统等产品。累计签订技术开发合同达一百余万元，并申请专利几十个、发表论文几十篇。成熟稳定的项目开发和运行模式，使遥临未来的研究工作可以稳步开展并迅速取得成果，并向实训教程进行转化。这也是一个技术密集型公司的立足之本，而雄厚的技术积累和稳定的人才输入输出使得公司在创业初期就拥有稳定资金来源，在对应细分教育市场迅速站稳脚跟。

（2）学校企业双背景，教育资源丰富。

遥临科技依托杭州电子科技大学科技创新基地和电工电子国家级实验中心及电子信息技术国家级虚拟仿真中心，拥有丰富的实验教学资源。其中，中心与各类全球顶尖半导体及芯片公司联合共建的联合实验室，能够提供电子相关行业最领先的技术培训与实践机会。此外，遥临科技也积极通过项目外包、自主知识产权输出的形式与电子相关行业的企业对接，让学生“学有所用”，在企业级的项目中淬炼自身的项目实践水平。相应的科研项目和实习经历都可以转化为学生在教育培训中的丰富资源，使其对学生具有较强的持续吸引力。

（3）自主研发教学及实训平台，教学方法先进。

为了满足不同类型、不同水平学生的不同实训教学需要，遥临科技开发了一套集远程实验预约、数字化信息管理、智能电源控制、远程评分功能为一体的科技创新智能实训云平台。通过该平台，参与实训的学生可在APP和网页上自主预约实训的时间和地点。通过身份验证后，学生便可在对应时间、对应地点完成当次实训。不同于普通的实验课程，该平台在实训过程中产生的数据完全由数据采集设备和服务器自动获取，并在实训完成后以实训报告的形式呈现给学生。实训的评分者亦可通过实验过程中上传至云端的数据进行远程打分。实训平台的产生，使实训过程突破了时空限制，大幅简化了学生参与实训的流程，让学生能够“返璞归真”，专注于创新能力的锻炼和项目能力的提升。此外，杭州电子科技大学资深教师编写的教学计划和教程，对于学生的理论构建和系统的知识学习会有很大的促进作用。

3. 技术实现及创新

参与工程实训是锻炼项目思维最根本也是最有效的方式。为了更好满足实训教学的需要，遥临科技开发了科技创新智能实训云平台，包括人机交互系统、工程类实训教学套件、智能实训管理系统、通用实训桌四部分，适用于信息化实践训练、竞赛集训和创新能力锻炼。

学生通过平台预约并远程完成各类创新实训设计，教学者可以远程完成成绩评定；实训模式突破时空限制，让学生自主控制实训进程。

（1）技术先进性和创新性。

目前，互联网等技术发展十分迅速，然而，各高校学生参与实训类课程的方式仍然十分传统，传统教学方式产生的各种问题日益凸显出来。因此，把当下发展十分迅猛的互联网技术与学生参与实训课程的方式结合起来，是当代实验课程改革不可避免的趋势。而我们研发的适用于工科类工程实训教学、学科竞赛集训和开放实验使用的实训平台及配套管理软件，是使得实训课程教学走向创新的重要技术保证。于此，探究如何通过当代的新兴技术来优化学生接受实训的过程，已经成为当前重要的研究课题。

此外，随着初中、高中教育体系的不断丰富完善，对于初中和高中学生创新能力以及工程意识的培养也已然成为我国“素质教育”中不可或缺的一部分。对于初、高中学生而言，实训场地、仪器、教学资源的缺乏是阻碍其参加实训类创新能力培养的最大问题。此外，由于课业压力较大，如何利用好碎片化的课余时间参加实训，也是一般教育平台难以解决的问题。

科技创新智能实训云平台，通过自主实验预约，可以使学生通过课外自主实验，实现对理论的深入理解，起到深化理论知识培训的作用；通过智能数据采集，打破以往从示波器、扫频仪、万用表等大型测量仪器上，手动收集数据的方式，实现数据的自动采集和上传，同时也便于计算机进行多组数据对比分析，避免数据浪费，改变了以往测量仪器数据量少的情况；系统通过自动报告生成，改革了以往学生根据实训过程中获取的数据，手动记录实训过程的形式，提高了实训效率。

科技创新智能实训云平台通过人机交互系统实现实验的线上预约、个人信息核对、实验分数评定等功能；通过智能实训管理系统对实验的硬件设备进行管理、自动生成与评定实验报告以及采集与统计实验数据；通过丰富的实训教学套件给学生提供发挥思维的广泛空间；通过通用实验桌上的电源管理设备对平台的电源进行管理以及通过桌上的视频设备对图像进行实时传输；平台将四个分立的系统有机结合形成一个整体，优化实验操作从而优化实验教学方式，最终提高学生的工程创新能力和可持续发展能力，使学生受益。

科技创新智能实训云平台包括人机交互系统、实验教学套件、智能实验管理系统、通用实验桌四部分，结构框图如图 7-28 所示。

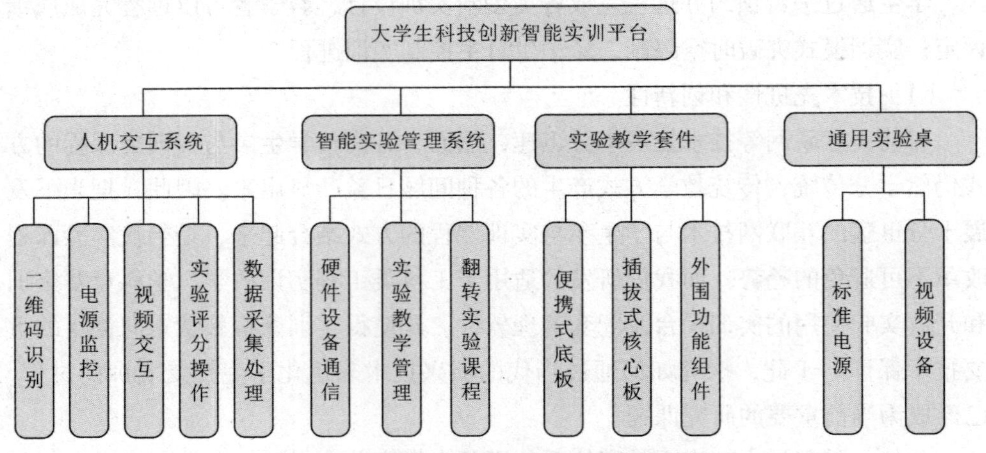

图7-28　科技创新智能实训云平台结构框图

①人机交互系统。系统主要由二维码识别模块、语音模块、显示模块以及图形交互界面组成，承担电源监控、视频交互、实验呼叫应答和数据采集处理等功能。学生通过扫描包含实训信息的二维码进行实验预约验证及实验操作，教师扫描包含工号信息的二维码后对学生的实验操作进行成绩评定。

②智能实验管理系统。不同于常用的教学管理软件，智能实验管理系统能通过 WiFi 与实验教学套件、视频设备、电源控制模块等硬件设备进行数据通信。系统集成了实验教学、成绩评定和报告管理等功能，能将虚拟仪器采集到的数据直接嵌入到实验报告中，并为用户提供超文本编辑器和实验报告生成向导。同时能满足翻转实验课程的教学要求，提供在线视频学习、课前知识测验、实验讨论和后台大数据统计等功能。

③实验教学套件。实验教学套件包括便携式底板、插拔式核心板和外围功能组件块三部分。便携式底板提供 3.3 伏、5 伏、±12 伏和 24 伏电源等。插拔式核心板包括 51 单片机核心板、PIC18 单片机核心板、STM32 单片机核心板和 FPGA 核心板，可根据实际需要进行插拔更换。外围功能组件包括物联网开发组

件、机电控制开发组件、无线电开发组件、电源学习组件及各类教师自制组件等。

④通用实验桌。实验桌提供了220伏交流电源和24伏标准直流电源，方便用户进行选择使用。220伏交流电源以无引线导轨的形式对外供电，24伏直流电源为各类实验教学套件和实验箱进行供电。每张实验桌配备了视频设备，通过WiFi将视频数据传输到管理系统。

（2）技术实现。

① 云平台技术实现。实验预约技术采用了restful api的设计模式，将功能拆解为微服务，通过进程间通信同步数据。

为了实现实验预约技术，在ThinkPHP搭建的主服务中设计了多个API，用于发送数据实现预约状态改变的功能。而服务器与单片机之间，使用了基于node.js实现的http api服务器，单片机通过tcp/ip发送数据包至服务器，api服务器对该数据包做出响应，从而实现了预约功能。

在数据安全上，下位机链接时，使用Outh2的方式对下位机身份进行验证，提高了安全性，防止黑客抓取到数据包后通过发送伪造的http请求篡改数据。

实训报告生成使用markdown作为页面内报告编辑器的填写方式，并集成了代码高亮截图上传和latax等实用功能，便于学生操作。

当学生填写完一部分内容后，页面内js将会在浏览器的localstorge内对应字段（实验编号）内追加存储当前学生填写内容直到进行到最后一项。

当学生填写完最后一项内容后，页面内js将localstorge中的内容追加载入到页面内，通过特定css进行修饰，以满足打印需求，最终将其打印为PDF，实现实验报告即时存储和导出。之后，这部分数据将被存放在数据库内，当教师需要导出时，重复上述操作，即可进行打印。

② 智能实验桌技术实现。该系统以STM32为控制芯片，ESP8266 WiFi模块实现实验台与云平台的通信，科大讯飞的XFS5252语音合成模块为用户提供语音提示，4.3寸TFTLCD电容式触摸屏与用户进行交互，二维码扫描模块GM-65用于验证用户身份，继电器用来控制实验台的上电。已在云平台预约的用户可在预定的时间，在预定的实验桌进行二维码扫码验证，学生信息会通过WiFi模块与云平台预约信息对比，验证成功后交互系统为实验台提供24V直流电压，学生可进行实验，预定时间结束后自动断电。

实验桌交互系统软件部分以嵌入式操作系统为基础，结合专业级图形库，包含了实验桌预约信息显示，学生教师身份验证，控制实验箱上电断电，教师打分并数据回传服务器，WiFi、提示音设置等功能，承担实验前后与学生老师进行信息交互的任务。交互系统软件设计图如图 7-29 所示。

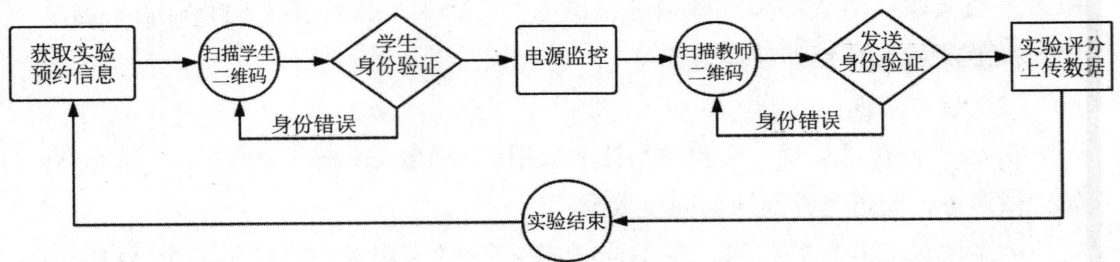

图7-29　用户交互系统软件设计图

本产品为便携式智能实验平台模块之一。安装方便，使用简单，拥有统一且丰富的接口资源。可方便地更改核心板型号、模块类型和数据输入输出接口。可以让用户方便地测量各个接口的输入输出情况。这作为实验平台，可以将用户从烦琐的接线、电源适配等底层劳动中解放出来，专注于实验本身。

核心板接口板集成了 J-link 下载调试器，CH340 USB 转 TTL 串口模块，可以使用 USB 接口连接电脑，实现了供电、代码下载和串口调试功能。引脚接口矩阵拥有 200 个排针接口，保证所有引脚都可连接。“金手指”接口保证了核心板方便更换，容易插拔且拥有良好的接触导电性。核心板接口板自带一块 2.8 寸触摸屏，可显示图形化界面和数据状态信息。

机电模块使用 12 伏 DC 座供电以保证功率器件正常使用，使用 L298N 电机驱动芯片，可控制两个直流电机或一个两相步进电机。编码器可读取电机转速，方便控制电机。多个舵机或伺服器使用 PWM 控制，可实现多种功能。模块使用杜邦线连接排针的方式实现与核心板的连接。用户可方便地更改连接方式。

数据采集装置是一款为实验数据采集并进行分析、显示的智能产品，由 Digilent Analog Discovery 2 和 PC 端组成。Digilent Analog Discovery 2 是一个迷你型 USB 示波器和多功能仪器，可以让用户方便地测量、读取、生成、记录和控制各种混合信号电路。同时可以搭配 PC 端 LabVIEW 软件调用 DIGILENT 智能仪器基础硬件进行编程控制及用户界面设计的 API 函数来自行定制属于自己的智能仪器创新应用及创新仪器用户界面，例如函数信号发生器、电压表、示波器等。极大提高了工作效率，降低了开发成本，使用起来更加方便。

4. 商业模式

（1）运行机制。

如图 7–30 所示，公司的运营模式为产学研结合模式，公司组织架构分为研发部门与教育部门，两个部门相互联系、相互合作，以科技研发提升实训质量，以项目实训培养创新型人才，以创新型人才输入反哺科技研发，产学研三位一体，实现公司的技术创新、产品开发、人才孵化以及零劳动成本风险下的盈利目标。

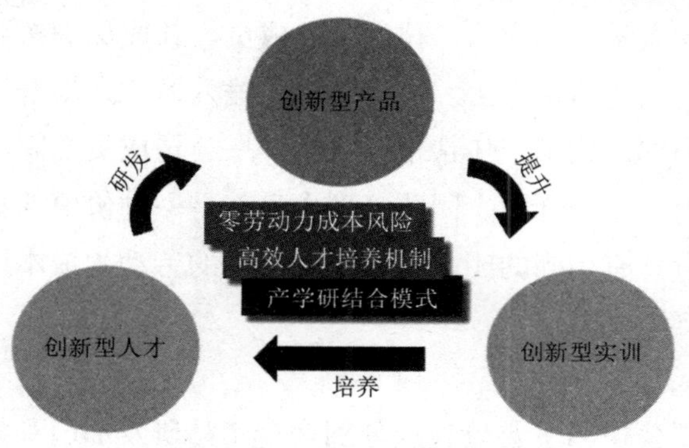

图7–30　遥临科技运营模式图

公司的研发部门主要负责自主产品的开发与项目外包，实现自主产权以及项目开发经验的积累，获取公司运营必需的经费并实现盈利；研发部门主要围绕智能家居、智能农业、智慧校园、智慧医疗四个方向开展项目外包与自主技术研发。研发部门将研发成果以实训教育资源的形式输出给教育部门，作为实训教育的第一手资料。

教育部门负责学生的课外实训教育以及创新能力和项目及思维锻炼。其中，实训教育的受众主要为在校工科类专业大学生以及有相关项目能力及背景需求的初中、高中生。同时，为了满足不同阶段、不同层次学生的时间、能力、学习兴趣的需求，我们开发了一套科技创新智能实训云平台，适用于信息化实践训练、竞赛集训和创新能力锻炼。学生能够通过平台预约并远程完成各类创新实训设计，教学者可以远程完成成绩评定；实训模式突破时空限制，让学生自主控制实训进程。

对于在校大学生，我们搭建了将课业所学的理论知识转化为实践能力的实训平台。通过项目训练的形式，在巩固与加深理论基础的同时，提升学生的实践能力及团队开发经验，缩短大学理论教育与实际工作岗位对学生综合能力之间的差距。我们的项目直接与相关领域的企业对接，让学生深入体验公司化的开发流程。在此过程中，公司也会完成人员的培养与吸收，为研发部门输送技术创新人才。

对于有相关项目能力及背景需求的初、高中生，我们提供了一整套从理论到实践的项目能力提升课程。理论课程包括项目开发相关基础理论及技术基础理论，以提升初、高中生的理论水平；实践课程主要为经过精心挑选的适合初、高中生能力与水平的实战项目，以锻炼创新思维、提升项目能力。

而作为研发、运营以及提供实训培训的主要人员，公司会吸纳部分受过遥临科技良好理论培养、实训教育及项目级思维和创新能力培养的、有团队意识、有责任和担当的优秀大学生，成为公司的核心成员。新成员们按照兴趣加入不同部门，共同参与到公司的运营中去。这样的人才输入模式，提升了公司成员之间的凝聚力，使公司内部形成了“传帮带”机制——公司成员之间不仅仅是同事，更是良师益友。同时，项目开发、团队管理本身就是一种价值的积累，而优秀大学生乐于奉献、有责任有担当的团队精神也使公司的劳动力成本风险降至最低，成为公司立足的关键因素之一。

（2）盈利模式。

遥临科技有限公司的主要盈利点分别来自产品研发部门和教育部门。产品研发部门主要通过自主产品研发以及项目和解决方案外包，取得一定经济效益；而教育部门则是对外输出实训教育，并取得相应的教学收入。

①项目开发收入。技术研究与产品开发是公司研发部门的主要职能，起到将科研成果转化为商业价值的关键作用。研发部门的项目开发主要以自主产品研发、专利授权、外包服务等形式进行。

②教育培训收入。教育培训部门是遥临科技主要的对外部门和盈利部门，通过对不同层次、不同教学目标的学生进行项目能力及实践能力的提升训练，并获取一定报酬，实现盈利。实践培训的种类有以下三种。

一是初高中普及教学。针对初、高中生开设线上＋线下的初级入门教学，可以在较大规模内对信息技术做普及性教学，收取单人较低、按学时的课程费用，并提供一对一、相对高技术含量的、竞赛科研相关的高价值、完整体系的特殊培训。

二是专业相关学生项目实训。为电子、计算机、自动化等专业的学生提供课外的、和课程高度相关的实训项目，在验证成熟的实训项目中帮助学员将知识融会贯通的小班化教学和团队型作业，同时提供竞赛和项目开发相关的更加专业化的进阶培训。

三是实战性项目培训。针对需求较为明确如科研专利、项目开发经历的高水平学员，提供专业化一对一的项目开发指导并根据工作量和重要性收取相应报酬，帮助其获取科研、出国等所需的项目开发能力及经验。

遥临科技教育部门根据不同的实训教育模式，针对不同定位的学生，制定相应的定价策略。同时，公司吸收在校优秀大学生成为公司教育部门成员，以较低的劳动力成本和风险，负责教育部门的正常运转与教育输出，最终实现公司盈利。

（3）营销策略。

遥临科技开发的线上教育系统本身就具备网络属性，结合公众号、网站进行线上经营推广将会成为公司的主要营销方式。此外，遥临科技扎根校园，在学校内有坚实的线下基础和较高的知名度，并且每年在在校本科生中招收新成员，进行线下宣传也会取得良好的效果。

① 线上宣传。加强公众号建设，将线上学习通道和报名通道引入其中，并通过对先进技术的转载和分享增加关注度和转发度。并对公司的主营业务和文化进行宣传，吸引更多人报名。

在线上开放部分课程的部分内容，供初等普及和项目实训的同学实验性学习，提高公司的知名度并积累线上用户对公司的信任。

建设公司主页，将公司主营业务和主要技术成果和教育资质及课程内容在公司主页上进行展示，着重突出教学内容和教学效果的宣传。

② 线下宣传。借实验室成员吸纳过程对公司的第二、三阶段课程培训进行宣传，鼓励更多的学生借这一渠道学习课外知识并进行一定的费用减免，增加更多学生的参与度并积累知名度。

在相关科目的学习中引入实训项目，以教师配合授课的方式让学生体会到这一教学方式的好处并引导其持续学习。

通过会员制建立线下技术交流组织，增加遥临科技受众的外围成员，定期进行技术分享探讨和线下宣传。